长城下的农耕者

马卫庆◎著

燕山大学出版社
· 秦皇岛 ·

图书在版编目（CIP）数据

长城下的农耕者 / 马卫庆著. 一秦皇岛：燕山大学出版社，2021.12
ISBN 978-7-5761-0234-5

Ⅰ. ①长… Ⅱ. ①马… Ⅲ. ①农民一生活状况一中国一摄影集 Ⅳ. ①D422.7-64

中国版本图书馆 CIP 数据核字（2021）第 212938 号

长城下的农耕者

马卫庆 著

出 版 人：陈　玉
责任编辑：孙志强
封面设计：刘韦希
出版发行：燕山大学出版社 YANSHAN UNIVERSITY PRESS
地　　址：河北省秦皇岛市河北大街西段 438 号
邮政编码：066004
电　　话：0335-8387555
印　　刷：英格拉姆印刷(固安)有限公司
经　　销：全国新华书店

开　　本：700mm×1000mm　1/16
印　　张：20.5
字　　数：373 千字
版　　次：2021 年 12 月第 1 版
印　　次：2021 年 12 月第 1 次印刷
书　　号：ISBN 978-7-5761-0234-5
定　　价：79.00 元

一个新闻人的历史使命感与责任担当

——读马卫庆《长城下的农耕者》有感

新闻和历史，是两个不同的学科领域。两者有鲜明的分野——时态有别，也有着共同的质的规定性——完全真实。

大教育家蔡元培在为徐宝璜《新闻学》撰写的序文中说：“余惟新闻者，史之流裔耳。”（《徐宝璜新闻学论集》第 41 页）

革命先驱李大钊在《报与史》一文中说：“报纸的性质，与记录的历史，尤其接近，由或种意味言之，亦可以说，‘报是现在的史，史是过去的报。’……报纸上所记的事，虽然是片片段段，一鳞一爪的东西，而究其性质，实与纪录历史原无二致。故新闻记者的职分，亦与历史研究者极相近似。今日新闻记者所整理记述的材料，即为他日历史研究者所当蒐集的一种重要史料。”（《李大钊全集》第四卷第 236 页）

通读马卫庆厚厚的《长城下的农耕者》书稿后，这种认知和理念，得到了坚实的印证和加深。

这是秦皇岛域内长城沿线村庄和人口生活状况的精准扫描和真实呈现。

这是一个新闻人十余年执着追踪、锲而不舍的汗水和心血的结晶。

有一首叫作《长城谣》的歌曲唱道：“万里长城万里长，长城外面是故乡。高粱肥，大豆香，遍地黄金少灾殃。”

其实，就是在现在的和平环境和新时期，长城沿线虽然总体上和全国一道在发展，在进步，但也不完全是田园牧歌式的理想境界，那里也有困境和无奈。把那里的光明和不足如实地记录下来，传播开去，以期引起社会关注和供相关政策安排与决策的参考，是新闻工作者的职责。在媒体浮躁的当下，十几年如一日乐此不疲地做这样一件事，谈何容易。但是，马卫庆做到了。

马卫庆是我在秦皇岛日报社工作的同事。1996 年《秦皇岛晚报》创刊伊始他加盟晚报编辑部，此后，他集摄洗印于一身，一木独支晚报摄影业务许久，以其埋头苦干、兢兢业业的风格，为晚报提供了许多富有视觉冲击力的新闻照片。按照市委领导要求，晚报创刊两个月后，我的主要工作精力放到日报，此后对他的业务工作了解得不多。再后来随着退出一线岗位和退休，只知他的摄影作品高产，而对他这么多年有关长城沿线村庄的连续报道没有单独地予以关注。直到见到这一摞书稿，才豁然看到他这方面的苦心孤诣和偌大的精力付出。我相信，这种付出是值得的。

纵览书稿，给我留下的突出印象是，这些原汁原味不事雕琢近于原生态的图文，报告的是新闻，记载的是历史，沉淀的是文化。我由此想到，如果戚继光时代有现代的摄影技术和马卫庆这样的热心人，我们对那时长城及其沿线人居生产生活状况的了解，一定会比现在翔实得多，鲜活得多。也由此想到，《长城下的农耕者》虽然是碎片化的呈现，但它所蕴含和折射的政治、经济、文化、社会、生态等诸多方面的信息，必将成为今人和后人可资利用的资源。虽然，这只是作者职务作品的副产品，是新闻业务成果之一斑，但是作为一个新闻人，也是可以聊以自慰的，夫复何求！

秦皇岛日报社原总编辑、高级编辑
李春泽
2021 年 9 月 16 日

聚焦长城沿线“原住民”的文化进步

长城沿线地区久远的戍边历史、世代延续的独特地域文化，形塑了长城脚下居民的传统习俗和心理模式，通过他们的生活状态传递出鲜明的命运印记。

这里的人们，在观念和生活方式上，传承了勤恳坚韧、吃苦耐劳、守土敬祖的民风，也沿袭着根植故土、听天由命、靠天吃饭的惯性，家族性尤其浓厚。人们怀念往昔、珍重旧习，但又不免盲目自尊、闭目塞听。这样的文化观念代代相传、年复一年，也与固守的贫穷、落后、烦恼相伴。

一方面，长城作为古代的军事防御系统，本身修筑于峻岭险塞之上，深山区的居民受地理位置和自然条件的制约，长期依靠从事比较原始的农耕为生，经济发展受限，这也正是我国北方沿着长城形成一条相对贫困带的客观原因。另一方面，我们也不该忽略由于人们长期身处边远而形成的进步缓慢的文化观念的负面影响，这种影响不仅在冀东的长城脚下乡间社会中明显成为占主导地位的价值观和生活态度，在长城沿线的其他地区也往往十分普遍。

这促使我们思考文化价值观与人类进步的关系。文化的力量明显可见，但文化与进步之间的关系却很复杂——悠久厚重的文化遗产是经济社会发展的包袱吗？一个地区是否有可能既保留自己的历史和文化特性，同时又具有发展的竞争力？这既是当前经济全球化发展的一个世界性的大课题，在长城沿线也受到政府、社会、媒体广泛关注。

本书作者马卫庆是秦皇岛闻名遐迩的摄影记者，他跑遍秦皇岛境内的长城，还曾在长城脚下驻村工作，深入村民中间调查、思索，因此为这本摄影报道作品集赋予了村庄史、民族志的人类学、社会学味道，借由这本书呈现了生存在长城脚下乡村居民的原生态。

世代生息于斯的村民并不是古老的独特民族，但至少在明长城修筑早期的明洪武年间，大约600多年前便在此定居下来，并且有着明万历年间蓟镇总兵戚继光从东南沿海调发将士迁此戍守的历史记载，有关长城后裔村的代际更替近年也得到家谱文献的印证。他们世代繁衍在长城脚下，没有人比他们更能从热爱长城上获得文化价值的自我意识、自我肯定，获得自身主体性的终极意义。这里居民的流动性不强，像原住民一样，成为长城沿线居民社群的一个样本。

“畇畇原隰，曾孙田之。我疆我理，南东其亩。”在本书镜头和文字里的人们，有斜倚在用长城砖垒成的院墙上的村妇，有午饭后在墙根下坐成一排晒太阳的“光棍儿”，有在长城下开荒、剪枝、打核桃的男人，也有织毛裤、做棉被、存白菜的一家之主。爬完长城下来的城里人，看他们城堡内修梯田，城堡外种玉米，问几句农事，讲一番典故。他们住着老式的门楼、宅院，用着祖传的农具、作物、烧炭、驴驮，守望着土地，操心着生计，这充斥着往事、岁月、旧时光的田园生活，如果没有孩子们的喧闹，村子里会是沉寂一片。即使生机蓬勃的孩子们，童年的颜色也可能都是一样的。最让我印象深刻的是这样一个细节，村民许国其说：“过去长城沿线城墙下都生长着野韭菜，现在到了夏秋季还能看见。一般割头茬的，颜色是青紫色的。这都是当年戍守长城的士兵种下的，直到现在还有不少。每年开春后，就有村民上山采摘野韭菜。”人们世代在辛勤劳作中重复着生活，仿佛变迁在这里从未发生过！

或许有人喜欢用文艺腔调去赞美这样的一成不变，认为这就是留住了诗意的乡愁。但事实是它仅仅是艺术视角的一曲挽歌，却不符合今天这些居民的利益，固然其中不乏小小族群内部的美好温馨，但由资源匮乏带来的压力，使得这种原始未必和谐，却根深蒂固地遗传着贫困的基因，长期地与城市社会对立，正如本书所言“古城门记录了曾经的历史，却承载不了快速变迁的生活”。

黑格尔曾说，世界历史虽然从东方开始，但东方是一成不变的，所以东方没有历史，没有时间——时间可以几千年、几千年地过去，中国的村庄生活也一成不变，所以它没有时间感。黑格尔讲得虽然武断，但如果考虑到他所定义的历史是人类追求自由和自由实现的历史，那么上面这番话便不无道理：迟滞匮乏的生活显然产生不了人们精神生活和物质生活自由发展所推动的历史进步。

当然，今天这些长城村落也开始出现当代的故事，但无一例外全是外界推动的结果，例如，政府拨付革命老区资金修水泥盘山路，老人有了基础养老金，困难户得到了低保补助、教育扶贫、危房改造，生活有了保障，还有光伏电站、以奖代补的养殖项目，加上社会力量扶持，村子在“美丽乡村”建设中慢慢有了变化……生活的确好些了，但这些都来源于生产、消费、金融、信息、技术的催化，是政策推动下资本化和商品化的结果，实际上和文化没有太大关系，当地人由文化观念进步而内生的动力还没有出现，因此从这个意义上讲，村民们的人生并没有发生质变，长城身旁的乡村依旧。

实现文化观念的进步亟须行动。首先，我们要对文化传统加以辨别和扬弃，让那些真正适合人的全面发展的习俗成为广泛倡导的传统，而非一概留恋守旧的田园。传承文化传统，要与尊重人的发展权利统一起来，跟上时代的脚步。同时，长城原住民新生代的教育问题应当受到特别的重视，将丰富的现代文明成果引入教育，帮助孩子们不仅认识长城传世的伟大遗产，还要走出长城投下的巨大影子，跳出家族的局限，开拓新的视野，站在新高度弘扬长城文化，成为面向未来而不是囿于过去的人才，从根本上促进自身的文化变革。

近年长城沿线的文旅融合进展受到关注，这些长城村落的旅游开发随之被普遍看好，但须及时提醒的是，同是长城村不可一味趋同，更不可在文化产品供应上大规模输入所谓“国际化”“全球化”的“一体化”文化观，保留它们的多样性才能活化长城村落的灵魂。当前，长城沿线许多地方将国家大力实施的乡村振兴战略与正在建设的长城国家文化公园重大工程有机结合，因地制宜，尊重乡村秩序，结合乡村传统的文化元素，进行了有益的探索。做到这一点，离不开依托不同地域的长城文化特色和以原住民为主的多元主体，探索给他们文化的创新自主权，有利于将长城文化进行创造性转化，培育自立兴业的创新精神。特别是，资本在文化面前要懂得节制，才能真正彰显文化引领的力量。

长城的文化内涵极其丰富，是最富包容性的中国文化符号，既讲和平统一，又强调求大同、和而不同；既追求相安无事，也希冀交流互鉴、互通有无；维护了绵长秩序，保护着繁荣富足。遗憾的是，时至今日我们对于长城的文化内涵挖掘依旧多有欠缺，话语传播仍然不够清晰。发挥长城的文化推动力，关键是形成当代性的文明对话，以便讲好长城故事，讲好中国故事。这样看，长城沿线广袤地带的原住民们是不应被忽视的民间传播者。

文化遗产不应成为发展的包袱，进步的文化价值观本身就是可持续发展的基础和根脉，它有伦理发展的规律，会源源不断地推动人们形成继续创造、追求卓越的心态。但一些地方的案例也表明，如果不能兼顾眼前和长远，那么再被看好的开发，也只是一种工具主义的经济方法。如果旅游开发仅仅是为了致富，一度盛行的“文化搭台、经济唱戏”只是为了吸引投资和媒体，那么一旦取得经济收益，最宝贵的文化价值观也就随之消失，令人扼腕。

这本书的总体价值是呈现事实，由真实现状引发思考，激发梦想，对长城沿线其他地区亦有启发。作者秉持田野考古般的采访风格，深入长城线上深沟远村、瓦屋野舍，不辞辛劳，乾乾翼翼，用情用心拍下那些长城雄浑背景之下戍边军民后裔子孙生生不息的身影，成为书写长城地区乡村社会史的珍贵资料，开卷即可令人获益。

祝贺本书出版，向作者的付出致敬！

燕山大学长城文化研究与传播中心常务副主任、教授

陈 玉

2021 年 9 月于燕园

目录

第一辑　给孩子未来

第二辑　岁月已暮

第三辑　坚韧的希望

第四辑　人生况味

第五辑　山村的文化元素

第六辑　创业之坚

第一辑

给孩子未来

广袤的土地需要知识和科技才能繁衍出真正的富裕

这片土地上的少年啊

2004 年 5 月 10 日至 7 月 10 日，记者作为秦皇岛市第二期驻访帮解工作队员入驻卢龙县燕河营镇上兴隆庄村。在短短的两个月工作时间中，与村民同吃同住同行，深感农民不易，更体会到解决“三农”问题的根本是提升农民教育水平和教育意识。

张亚男的眼泪

第一次见到张亚男，是在入户走访期间。

5 月 18 日上午，村里很安静，学生们起早上学，大人们起早下地干活。村委会门口两棵百年老槐树下，几位上了年纪的老太太坐在荫凉下拉着家常。

不远处一农户家门口，坐着一位文静的小姑娘，面前放着一只硕大的铁盆，姑娘正费劲地搓洗着厚实的衣裤。走近问一声：“小姑娘，咋没上学去？”

小姑娘的双手停止了揉搓，低头不语。

“你多大了？”依旧是低头不语。

村主任张秀峰介绍说：“她叫张亚男，今年14岁，在燕河营镇中学念初一。”

“咋不上学呢？”又问。

“太累！”张亚男终于开口说话。此时，她的眼里噙满了泪，一副委屈的样子。

张亚男的母亲倚着门补充说：“上镇中学每天往返10公里，路还难走，孩子骑车费劲，总喊腿疼。到县医院检查，医生说缺磷。这不，念了一学期就回来了。”

“孩子在家里能干啥？”

“啥也干不了，待着呗！”母亲无奈地说。

再见到张亚男时已是20天后，在她家承包的果园里，张亚男踩着凳子帮助母亲给苹果套袋子。

7月4日这一天，村村通工程正式在燕河营镇至上兴隆庄村的土路上实施。等铺上了平坦的柏油路，村里的孩子们会轻松地骑车上学。张亚男呢，她会不会重新寻回上学的梦？

下兴隆庄把村委会卖了

6月10日上午，在驻访帮解工作队的帮助下，山海关综合高中为上兴隆庄小学送来了一台29英寸的电视、6台电脑、90套课桌椅，以提高该小学的标准化程度。为此，该小学举行了一个隆重的欢迎仪式，燕河营镇中心小学的乐队赶来助兴，演奏起热烈的迎宾曲。在欢欣鼓舞的气氛中，站在主席台下的一位中年汉子注视着眼前发生的一切，默默地哭了起来，他是下兴隆庄村委会书记——魏凤舞。

这一细节是后来得知的，很想约见魏书记，但是他忙，早出晚归，在修理村里的水库。

6月17日下午，穿过一坡又一坡甘薯地，越过两道山梁，在水库施工工地找到了魏凤舞。坐在堤坝上，卷一支旱烟点燃，随着吐出的一缕烟雾，老魏开始讲述他为什么把村委会的房子卖了。

下兴隆庄村和上兴隆庄村相距不过百米，上兴隆庄村地处高地，下兴隆庄村位于洼地。1998年根据撤乡并镇的重新规划，上兴隆庄、下兴隆庄、白家坊三个村子保留

年纪尚小的张亚男已经开始了农耕生活，她的生活，是否还会有新的转机呢？

面对当代教育，农村教育从小学就开始分优劣。上兴隆庄小学是一所完全小学，既要九年义务教育达标，又要应付各种学习比赛，优秀生吃“小灶”成为普遍现象

自左至右，张莹、张子怡、白丽侠、张蕊 4 个女孩均在燕河营镇中学上初一，和所有渴望求知的农村孩子一样，她们将披星戴月地在乡村小路上奔波 3 个春秋

白靖洁母亲灿烂的笑容中所包含内容太多太多

同一片土地上，周伟才和表兄将演绎不同的人生

下了原先的乡小学，由三个村联合办学，定名“上兴隆庄小学”。原乡中学迁往燕河营镇，因此小学迁了到原中学校址。

2002年，上兴隆庄小学翻建，共40间，每间6900元，共计27.6万元。资金来源为国家扶贫款加上三个村自筹资金。当时国家扶贫款到位16万元，剩余部分需要三个村分摊。下兴隆庄村由于筹集资金困难，村委会开会讨论后，一个无奈的结果出台：卖掉村委会12间房，能收入2.8万元，以解燃眉之急。

如今，村委会办公是在魏凤舞自家的炕上。

喜　　报

“不惧迎晨曦霜露侵身，不惧送晚霞寒风刺骨，披着星星来，载着月亮归……”

5月17日，一张制作粗糙的大红喜报贴到了上兴隆庄村委会的公开栏上。上兴隆庄村的白靖洁、王磊、周伟才、张丹4位同学参加全镇学习竞赛成绩优异，特向父老乡亲报喜。其中白靖洁、周伟才将免参加中考，直接上卢龙县一中。

5月31日下午，上兴隆小学正在上课。在与校长李都闲谈时看见窗外校园里，一位衣着朴素、面色白净的女孩却在闲庭漫步，很是诧异。李都指着那女孩说：“她就是喜报上的白靖洁，中考免试上县一中，提前放假了，没事来母校看看。”李都言语之中透着喜悦和自豪。

同是村里的孩子，也有优劣之分；同是乡村教育，也是喜忧参半。6月17日晚上的话题就很沉重。

这天晚饭后，天已漆黑一片。房东家的小卖部里有一盏灯亮着。几位中学生模样的男孩聚在一起唠嗑。向房东家打听，才知道这几个男孩都已辍学在家。于是在院墙边或坐或站地和他们聊起来，起初谈话比较沉闷，熟悉后就畅所欲言，直抒胸臆了。

暗淡的光线中看不太清他们的模样，但可以分出高低胖瘦。个子最高的男孩叫李佳（化名），今年16周岁，初中没有毕业就在秦皇岛开发区打工了。有些涉世经验的白天明（化名）比李佳大一岁，初中毕业后在卢龙职高上了一年学。1989年出生的白歌（化名）在读初一时挨了体罚，遂厌倦学校并远离。岁数最小的张创（化名）今年才13岁，小学六年级，距离小学毕业2个月时离开了学校。他们是一群迷途的羔羊。

言谈中感觉到这4个孩子在学校学习成绩均不理想，纪律涣散、挨罚、逃课，从而厌倦学习和学校。他们都说对将来没有什么打算，在挨日子，到了年龄就外出打工，他们自信地说：“靠自己的双手劳动能够养活自己。”

一块土地上的两种人生

6 月 2 日，信步走出驻地村庄，沿着乡间小路步行 15 分钟，就来到了广阔的田野。正值农忙时节，田野一片郁郁葱葱。勤劳的农民在各自的田地里忙着喷洒农药、施肥、除草、松土，三三两两的。

在一处农田旁发现，农民的农作方式很传统：一头毛驴，两个少年，一个在前牵引毛驴，另一个扶犁挥鞭，正在为白薯地松土。于是上前搭讪，原来他俩是表兄弟。表兄叫李营，17 岁，农活娴熟，自然是扶犁挥鞭者；表弟叫周伟才，16 岁，不善农活，但牵着毛驴走垄还是自如的。

原来，这位牵驴的少年就是喜报上的那位周伟才。提前放假后在家里帮助母亲干点农活。他擦着脸上的汗说，哥哥中专毕业后在市里独自闯荡，父亲长期在外务工，地里的农活只能靠母亲，忙不过来时找亲戚帮忙。周伟才说他 6 月 9 日就要去县一中报到，对自己的前程充满了信心。

“李营，你呢？”

“我呀，小学念完就不上了！”李营憨笑不语。

6 月 24 日，海港医院专家在上兴隆庄村里义诊。在人群中看见了李营，便招呼他过来，从摄影包中取出早已洗好的照片送给他，乡亲们呼啦围了上来，七嘴八舌地说起来：

“啊，这哥俩还挺像那回事的！”

“嘿，这照片拍得真不错啊！”

“李营，拿这相片去相亲吧！”

“这拍片要钱吗？”

……

李营只是憨笑并不作声。等乡亲们说笑够了，他接过照片，仔细地装进衬衫口袋，默默地离开了人群。

周伟才（前一）学员照，毕业于武汉海军工程大学，现在广东湛江某基地服役

走过十年的少年们

十年的时光，足够被记得，也足够被遗忘，足够因梦想而闪光，也足够为追梦而受伤。十年，对一个孩子来说是褪去了懵懂；对一个青年来说是增加了阅历……转眼间，十年了，卢龙县燕河营镇上兴隆庄村那些十年前曾经被定格在山村土地上的少年们，他们都经历了什么？现在何方？2014 年春夏，记者重又回到那个偏远的山村，寻觅当年少年们的人生轨迹。

白丽侠自述：初中是在燕河营镇中学度过的，书念得还行，但是中考时差了几分没考上公费。还好，村里的孩子能跑能跳，肯吃苦，结果成就了体育特长，最后因这个特长助我考上高中，是个让人骄傲的好高中。那三年最累最苦，姐姐在上大学，我上高中。家里很穷，就靠种地借钱维持。所以我很努力，教练也很照顾我。最后，顺利地考上了廊坊师范学院。

进城上大学，去看一看外面的世界，我从来没想过可以走出家乡。记得真真切切，家里为我准备的10000块钱，有3000元是福彩给的资助，有3000元是姑妈家卖驴给的，家里再把羊、猪、小马驹都给卖了，东拼西凑的。大学四年，后三年18000元学费一直靠着在信用社贷款，到现在还没能还上。我给家里带来的是辛苦劳累，只有用好好学习来回报。大学四年，做兼职打工，奖学金，加上父母的血汗钱，就这么过来了。但，我不想毕了业回村里当老师，又回到村里的生活。我承认，外面的世界吸引我，我想再走远点，最后决定考研，来南方看一看，于是就考取了南京师范大学。

考上研究生，很开心，高兴得一晚上没睡觉。学费要10000元，但我不想放弃，最后，在家里人的支持下，我还是来到学校。以后的路还很长，我可以做的就是向前走下去。我最最感谢的是一直支持我的父母，这份情是用什么也还不了的。我想将来稳定下来时，带他们出来走走。享享福！不管我在哪儿，有他们我就不觉得寂寞。

周伟才因学习成绩优异，中考免试，直接被卢龙县一中录取。他的父母亲骄傲地说，他当年的高考总分数是560，远远超过了军校招生分数线，于是义无反顾地上了军校。

记者曾联系上海军现役军官周伟才，等记者说明采访意愿后，周伟才婉言谢绝了，他什么都不想说。也许是他身处保密的军事基地，也许是多种原因，他不愿再提及过去的生活经历。

白靖洁从安徽合肥环境建筑工程学院毕业后，考上了沈阳航空航天大学研究生。由于家里经济实在困难，再也负担不起她的学业，她忍痛放弃了。当年，父亲到秦皇岛火车站给考上武汉大学的哥哥购买火车票时，突发脑出血，造成半身不遂。9年了，生活不能自理。家里家外只靠母亲一个人。为了供孩子们上学，维持生活，家里欠下很多账。除了家里的5亩多地要种，还要伺候不能自理的父亲。记者多次联系正在苏州工作的白靖洁，始终无人接听。后来，白靖洁的母亲说别找了，她不愿意说。

张蕊初中毕业直接考上了河南郑州幼儿师范高等专科学校，毕业后被分到江西九江市实习三年，每年春节回家待不上十天就又走了。在江西，张蕊结识了现在的丈夫，结婚生子。夫婿家是做生意的，每天都很忙。张蕊除了带孩子还要照顾门市房的生意。张蕊经常和妈妈通电话，时长总是超过一个小时。她想家，和妈妈说话能缓解

白靖洁，毕业于安徽合肥环境建筑工程学院，现在苏州工作

白丽侠，毕业于河北廊坊师范学院，现在南京师范大学读研究生

张蕊，毕业于郑州幼儿师范高等专科学校，现定居江西九江市

张亚男，因身体素质差，初一时辍学，现出嫁在抚宁区留守营镇张各前村

张子怡，毕业于北戴河民航职业技术学校，现定居北戴河区河东寨村

张莹，高中毕业后打工几年，现出嫁定居卢龙县刘田庄镇后茶牙山村

一下紧张的生活带来的压力。张蕊前不久来电话和妈妈说，要和丈夫去西宁做生意，创业期间希望妈妈能帮助带孩子。

张莹的家在卢龙县刘田庄镇后茶牙山村，记者赶到时已是正午，大门锁着，邻居说她回娘家了，调转车头赶往燕河营镇上兴隆庄村。张莹的丈夫在秦皇岛务工，一个月只能回来两次。公公婆婆正忙于地里的耕种。张莹一个人在家照看孩子，寂寞了就坐班车回趟娘家。

张莹说，那年参加高考，总分距离二本线差了十几分，但上三本是绰绰有余，可是学费太高，家里承受不起。爸爸看着女儿难受的样子也很无助，试探地说，要不再复读一年。“我当时一横心，算了。”张莹说，“高中毕业后，我就来到北戴河一家疗养院打工，我的好几位同学、校友都喜欢北戴河。因为姐姐在苏州学习广告设计，姐夫也是做广告设计的，他们建议我去边干活边学习。暑期结束后我就去了苏州，想学习这门手艺，但是没学成，只待了三个月。妈妈嫌太远，让我回来了。回来就回来吧，结婚前的生活就是这样，每到暑期我就到北戴河打工，冬季里就回村里休整。”

张莹的丈夫是她在北戴河打工时认识的，是同学的同学。那几年，工作之余，就是几个相识的同学、朋友聚在一起吃吃饭聊聊天，排解一下单调日子的苦闷。偶尔也会想，如果上大学，现在也该毕业了，会去城市里工作，该会很快乐吧。

张子怡说：“拍照那年我们都在燕河营镇中上初一。初中毕业后我没有上高中，当时学习成绩不是多好，也不愿意耽误时间，就选择了离家很近的专科学校——北戴河民航职业技术学校，这样毕业后能早点参加工作，为家里分担一些压力，因为我还有弟弟，比我小十岁呢。2007 年，我去了北京，在北京机场国际航站楼实习，半年后签约，在国际航站楼工作了两年。到期后没有续约，回到秦皇岛，在茂业做销售两三年。2012 年 10 月就结婚了，之后就一直在家里。生了孩子就一直在家带孩子。今年 5 月准备再出去上班，但孩子现在还没断奶呢。”

张亚男在燕河营镇中上初一，因为骑自行车上学要往返 10 公里的乡间土路，这让身体素质差的张亚男不得不放弃读书，辍学在家务农。

“我是 18 岁那年外出打工的，主要是在北戴河区的饭店。我从小就喜欢大海，而且离家也近。打工之前从来没有到过城市，我丈夫就是在海滨打工时认识的，他当时也在那里打工。而且我的姨姨家就在海滨太和寨村。”提起早年辍学，张亚男说：“其实我辍学也不能说是很遗憾，从小身体不好，每天骑车上学很苦，加上家里的经济条件不好，不上就不上了。那些年就这样过来了。我最不能接受的是 2007 年妈妈的去世，感觉天都塌下来了，低落的情绪一直到我外出打工后才慢慢地恢复。现在弟弟上中学了，我很希望他能考上大学，也算是圆姐姐一个美好的梦想。现在条件好，我想如果有机会，还是多学点知识好。”

“我们一家三口住在这个富贵家园，结婚时花 10 万元买的。老公是家里的独子。因为家里地少，婆婆公公都在外打工。我嫁到这里后再也没机会下地干农活了。真的，有时想起来还挺怀念土地的，整天在地里干活，虽然辛苦但是很自在。十年过得真快，我女儿都快能打酱油了，哈哈。”

后记：经过几天的寻访，当年四张照片里的 8 位少年有 7 位采访到本人或者通过其父母了解到基本情况，只有李营没有采访到。村里人说，十年间，他的父母相继去世，李营也结了婚。现在只有媳妇一人在家，李营早就去东北打工了。

这几位曾经的少年，现在均离开了生养他们的小山村，一部分进入城市生活，一部分虽然依旧还在农村，但也将逐渐远离农耕生活。

春天里，夫妻俩买来 25 斤花生种子，准备种在开垦的坡地上（2019 年 2 月 25 日摄）

方喜纯家的日常生活

2019 年 12 月 18 日，抚宁区大新寨镇程家沟村方家沟自然村。

大雪过后的山村清冷寂静，也不见冬闲时喜欢扎堆晒太阳的老人。明显的是这里的气温要比城里低几度。山上背阴处和山坳里一座座瓦房顶上覆盖着一层白雪，依山而建的民居前唯一的村路在雪后经过反复融化又封冻，形成了一道道冰辙。

强烈的阳光很轻松地穿透蒙在木质窗户的塑料薄膜，照射在温热的火炕上。郑春侠伏在炕桌前，目不转睛地制作 150 厘米长、60 厘米宽的钻石画“麋鹿发财树”。她说已经连续 20 多天了，就快完成了。女儿方月则背靠着卷起的被褥，安静地在腿上写着作业。

在王家沟四通中学上初三的方月，在家已是第二天，因为下雪，学校临时停课，但是方月说有几位主课老师通过 QQ 学生群布置了作业。方喜纯不在家，郑春侠说应该是街坊老哥几个打牌去了。

今年春上，方喜纯和郑春侠坐在炕沿边剥花生，这是刚从镇上种子店买回来的 25 斤花生种子，准备种在自己开垦的坡地上。郑春侠念叨说，他闹毛病了，去年一直就在家待着。方喜纯说："我是三级残疾，曾经摔碎了膝盖骨，现在重活干不了，偶尔能打个短工。在家种些玉米、谷子、大豆、花生的，主要是管理大小 1000 棵板栗树。"方喜纯接着说，"去年板栗的收购价不错，我卖了 2 万块钱，就是产量比往年低点，一家人全靠这点钱过日子了。"

郑春侠制作钻石画消磨时间，也能默默地陪伴女儿学习（2019 年 12 月 18 日摄）

方月在家里喜欢靠着被褥写作业，她说这样光线好，很放松（2019 年 12 月 18 日摄）

郑春侠在院子里养了 5 只蛋鸡，主要是给女儿补充营养（2019 年 2 月 25 日摄）

方喜纯一家依旧住在祖上传下来的老屋里（2019 年 2 月 25 日摄）

春种结束后，夫妻俩先后外出打工。郑春侠和村里几位妇女去了坟坨管区一家公司的蔬菜大棚里种菜。“早晨天不亮就起床给女儿做饭，不等她吃饭我就出门了；晚间女儿放学回来后我还没到家。”郑春侠说着话都感觉到身心疲惫，累！在那里两个月后，她决定不干了，一是天气热，大棚里温度太高受不了，更重要的是放心不下上学的女儿，家里不能没有人。郑春侠说那里的日工资是 70 元，两个月的工资抵得上在家里种 3 亩玉米呢，只是每天早出晚归的太辛苦。

方喜纯则去了市里一处建筑工地做力工，有活就去干，没活就回家，如此断断续续的小一年，实际上满工作日加起来只有 3 个月。他说工地上的日工资是 120 元，但是不管吃住。只好几个工友合租住房，轮流做饭。方喜纯苦笑道，我们都是农村老爷们，在家里哪做过饭，难吃也只能对付着。

方喜纯说今年板栗减产，收入只有去年的一半。不出去打工可不行，日子过得紧巴不说，孩子念书需要钱呢。夫妻俩育有一儿一女，儿子大专学的专业是建筑，现在在北京一家教育培训机构工作，其实就是打工。上初三的女儿学习成绩很好，东屋镜墙下贴满了各种奖状。郑春侠很骄傲地说，以前那里贴的都是儿子的奖状。

临走时也不见方喜纯回来。郑春侠说别管他了，这些年村子里的人越来越少，想聚几个人打牌都不好凑。

方家沟自然村位于全村 5 个自然村的最高点，抬头仰望，蓝天上高悬着承秦高速路的高架桥，方喜纯家就在桥下，住的是老屋。正面院墙全是用红砖砌成的，和大门里面老屋的砖灰色形成很不协调的对比。

郑春侠说：“我结婚就在这老屋，是公婆留下来的。这一片方家老屋是连脊房，现存下来的只剩下 12 间，早年要好得多。因为年久失修或不住人，不是塌了就是拆了。我家曾经有着仿古式的拾级而上的二进门，买了三马车后不方便就给拆了。”她打趣道，“早知道还有人稀罕就不拆了。”

宁春莲在果园里给苹果树剪叶透光（2020 年 10 月 14 日摄）

父母恩情缀满枝头

深秋时节，卢龙县燕河营镇梧桐峪村这个住户不足百人的小山村，街道上少有人走，寂寥无声，遥望高耸的远山，山脊上一线古长城镶嵌在辽阔的蓝天上。

此时村民们的大地农作物收获已经接近尾声，而山下一片一片的茂密的绿树丛中正硕果累累，摘取果袋的富士苹果在明媚的阳光照耀下，仅用了十数日就见红，红得惹人喜爱。另一种紧张的收获正在酝酿，再有一周时间就可以采摘了。

一清早，村民宁春莲就骑着电动车赶到自家的果园，仔细地为每棵果树结果处剪

王纯明带着迁安的果商查看苹果的品质（2020 年 10 月 14 日摄）

夫妻俩在荒坡上开垦荒地栽种果树（2015 年 4 月 10 日摄）

朝天椒也是家里经济收入的一部分（2018 年 9 月 17 日摄）

宁春莲独自一人在地里出花生（2018 年 9 月 17 日摄）

经过数年的精心管理，苹果树已经硕果累累（2020 年 10 月 14 日摄）

去遮挡光线的叶子，为的是让阳光透射进来，加速苹果上色。她家有500多棵苹果树，分别在三处果园。她的丈夫王纯明早已骑摩托车出去，带着迁安的果商逐村看苹果，他忙里偷闲，这样可以挣点介绍费。

2015 年前后几年里，王纯明、宁春莲夫妇陆续在自己开垦出的荒坡地里栽种下苹果树，经过数年的精心管理和呵护，如今已有很多到了盛果期。这也产生了一个难题：家里的苹果树因为缺人手，管不过来，每年秋收收不完，就烂在地里。宁春莲说丈夫基本不到远处打工，家里还管不过来呢。也不敢雇人，没钱啊。只能自己干，能干多少是多少。

“我们家供两个孩子上学，负担很重。过去种农作物不挣钱，只能满足一家人的口粮，但是无法供两个孩子上学。前些年政府号召退耕还林种果树，我们也积极响应，现在得依靠经济作物才行！”宁春莲说，女儿上大学一年需要 3 万块钱，她在山西太原上大学，是学美术的，很费钱。没办法，入学前就给她申请到了助学贷款，每年 8000 元，一年一贷。今年都上大四了，还要准备考研呢，这得花多少钱啊。儿子也和他姐姐一样是学美术的，从初中到高中也是花钱没数了，那也得供呀。以后毕业能有份不错的工作，总比在家种地强。家里要管的人多，公公上年纪了，病病歪歪的，大伯子有精神病，花钱的地方太多了。

她说，丈夫王春明这几年无论春种还是秋收，得空就去周边的村里帮工，啥活都干，只要能挣点工钱。家里的活就和老公公一起慢慢干。除了果园里的活一起干，剩下的小活都是自己一人干，出花生啦，摘朝天椒啦。去年因为灾情重，家里的收入少得可怜，苹果才卖了 1.5 万元，都不够给孩子们交学费的。仅家里 2 亩地花生自己就出了一个多星期还没出完呢。

今年光给苹果套袋就几万个，用了 1 个多月，累啊。眼看十一到了，就赶紧拆掉所有的袋子上色。这不，再有一个星期就可以下果了，真是忙不过来啊。还不知道今年的行市怎么样呢！

女儿爱学习成绩优秀，让父母看到了希望（2016 年 8 月 22 日摄）

父亲的希望

2016 年对于徐胜国和娜钱堆夫妇来说是喜忧参半的一年。

这一年徐胜国 61 岁，妻子娜钱堆 44 岁。儿子徐忠良今年中考成绩优异，考取了青龙满族自治县一中；女儿徐晓萍正在石门寨镇上庄坨石岭小学借读，学习成绩优秀。

女儿开学上四年级，自幼儿班开始就在上庄坨母亲的外甥女家借宿读书。徐胜国说自己不会骑车，也没有自行车或电动车，到了女儿上学时就犯难了，接送女儿上学成了问题。另外，花厂峪村 11 组所处的北沟只有女儿一名小学生，冬季里由于距离校车停靠点远，赶不上，再加上校车途经的饽饽岭弯道多、坡度大，做父母的不放心。

徐忠良暑假里和同学到昌黎黄金海岸餐厅打工，能为家里挣点生活费。兄妹俩一年中难得见几次面，但是两个孩子关系很好，且学习都很积极向上。

徐胜国多年以来被腰疼病困扰，他说："我 43 岁才结婚有了自己的家，老婆还是从云南（怒江县傈僳族人）讨的。那一年经人介绍，我们村去了三个人，每人都带回来一个女人，就这么简单地结婚了。我家兄弟四个，姐妹四个。父亲去世早，那是 1962 年吧。大哥为了帮助母亲，一辈子都没有结婚，拉扯大我们兄弟姐妹，不容易啊！我是兄弟里最小的，母亲一直都是跟我过日子。1992 年母亲去世，这之前她瘫痪在炕上就有八个年头啊！"徐胜国欲哭无泪。

徐胜国诉苦道："儿子考上了县一中，我们家人都很高兴。但是还没开学，就收到了三张票据：军训服装两套 600 多元，书款 800 元，还有什么费用 400 多元。差不多快 2000 元了。这还没算上生活费和住宿费呢！一年下来有几千斤玉米舍不得卖，用来养 6 口猪；再就是 400 棵板栗树。家里只有我和大哥两个人的耕地，山场主要是

徐胜国、娜钱堆可以说是一对患难夫妻（2018 年 11 月 6 日摄）

腰部做过手术的徐胜国走道都疼，还得要咬牙坚持（2019 年 5 月 5 日摄）

徐忠良考上青一中，但学习和生活双重压力迫使他过早地承担（2016 年 8 月 30 日摄）

给村民们带来希望的整体搬迁，最后无疾而终（2016 年 8 月 16 日摄）

荒坡地，山高路远，无法开垦，最多是打点柴火用。除了吃饱肚子，就指望这些供养两个孩子读书了。”

徐忠良 6 月 29 日知道中考分数后，第二天就和同学到北戴河海滨刘庄打工去了。不久又接到通知，务必 8 月 2 日到青龙一中速交三项费用 1900 多元。徐忠良来不及回家，从北戴河直接赶往青龙一中交各种费用，之后返回海滨继续打工。由于 8 月 20 日需要到一中报到参加军训，8 月 18 日，徐忠良才回到家里，打工 45 天是按照暑期工开支的，每天 60 元。徐忠良拿到 2700 多元的工资。他给妹妹买了海滨出产的点心等好吃的，还从网上花了 80 元给爸爸买了一部手机，其余的 2400 元钱都交给了父亲。

8 月 30 日上午，徐胜国爷仨刚从山上收完高粱回来，现在已进入收秋季节，这种重体力活老徐因为腰椎间盘突出不能胜任，只靠妻子扛大梁。徐忠良 8 月 28 日军训归来，在家只休息三天，31 日返校，正式进入决定自己人生未来的高中生阶段。他腼腆地说，今年全村就两个男生考入青龙一中，村里的高中生越来越少。

因为是男孩，徐忠良小学二年级后就去祖山兰亭中学寄宿读书，一周回家一次。上中学后，他每次都是自己徒步走饽饽岭回来，单趟 15 公里的山路，春夏秋冬不间断。徐胜国说，校车只停在 9 组，距离家还有 3 里，况且坐一次校车 8 元钱，为了省钱，初中三年，他没坐过一次校车，就这么走过来了。

转眼到了 2018 年 11 月 6 日，再次来到徐胜国家。

徐胜国叹口气回忆，有一天儿子从学校放假回来，很难过地对我说，学习太紧张，成绩上不去，才 300 多分，这样下去连二本都考不上，加上父亲的身体不好，希望能早日帮家里分担一部分。

2018 年 3 月开学伊始，徐忠良到学校办理了休学，继而就去了北戴河海滨一家演出公司打工。“在青龙一中学习时，他每个月都需要 1100 至 1200 元的生活和学习费用，实在是负担不起。做父亲的我实在是希望他能学好，就是要了老命也要供他上大学，但是事与愿违，孩子的意思是不上了，等高中毕业考试时返校参加考试，拿到高中毕业证就去上技校。好在女儿徐晓萍在 2017 年第二学期转学到祖山兰亭中学住校学习，她现在是我最后的希望了。”

2019 年 5 月 5 日，徐胜国拿着身份证、户口本、扶贫手册等有关证件去村里复印，准备委托乡亲去祖山镇兰亭中学办理女儿住宿补助，半年 500 元。徐胜国家是“十二五”建档立卡户，可以节省不少。但是他的腰不能乘坐三马车，一路颠簸得受不了。“前不久，我在市第一医院做了腰椎间盘手术，腰椎管狭窄，给支了 6 个棍。懂事的儿子一直陪在床前，但他一个人翻不动我的身子，还花钱雇了一位护工，24 小时倒班，5 天就 1000 块啊。”

刘影（右二）和同学趴在学校院墙上写作业（1996 年 10 月 19 日摄）

刘影的选择

2016 年 7 月 23 日，正值汛期，北部山区洪灾尤其严重。这天，原计划前往青龙满族自治县祖山镇花厂峪村采访受灾情况，但是村庄由于道路冲毁情况不明，就先去干沟乡南胡哈村采访。回返时又不甘心，再三打听花厂峪村可否进去，镇政府回复是可以，但是需要冒险乘车翻越 13 公里饽饽岭险峻山路。

一路谨慎小心驾驶，终于抵达花厂峪村，在村委会等候的是村妇联主任刘影，在她的引领下，我们徒步前往受灾最严重的第 7 村民组。

持续多年的精准扶贫，刘影一家的生活也大大改观（2020 年 1 月 12 日摄）

刘影在受洪灾最严重的村民 7 组了解灾情（2016 年 7 月 23 日摄）

和婆婆一起做饭，相处融洽（2018 年 10 月 9 日摄）

刘影在村民 11 组整体搬迁协议签订大会上作登记（2016 年 8 月 16 日摄）

刘影到村民 11 组看望刚失去老伴的王义中（2018 年 10 月 9 日摄）

在听刘影介绍情况时，记者惊喜地发现，眼前的妇女主任很像是 20 年前在该村小学采访时拍摄过的那个小女孩。于是一番仔细询问求证，得到确认：真的是她！

“你还记得 2000 年春天，我去祖山兰亭中学看过你吗？”“有印象，但是没记住你的模样，嘻嘻！但是你没有给我那张和同学的合影相片，只给了吴丽华，我还是从她那里知道有这么一张合影的。”刘影欣喜地描述着那年我为他们拍摄的一张合影照片。

刘影说，那年在花厂峪小学校半截院墙上趴着写作业的四个同班同学，分别是吴丽华、米大良、吴之福和自己。那时候学校都是复式班（由于教育资源有限，一位老师要同时给两个年级的学生教课。通常是 A 年级讲完后离开教室到院子里写作业，B 年级接着上课），课下大家在一起互相批改作业。刘影告诉我，小学毕业后，她和吴之福去镇里上中学，吴丽华和米大良辍学。

2016 年的整个夏季，因为采访花厂峪长城修缮，去村里的机会变多，虽然和担任村妇女主任的刘影频繁联系采访事宜，但是一直没有机会坐下来细谈。8 月 5 日，在刘影父母开设的小超市里，记者终于有机会听她详细讲述过去 20 年发生过的许多故事。

刘影回忆，2000 年她 13 岁，在祖山兰亭中学读初中。在一年级第二学期开学不久，领到了书后就决定不念书了。直接原因是父亲被查出患有严重的股骨头坏死，需要治疗，而巨额的治疗费让五口之家陷入困境。家里的三姐妹都在上学念书，也是一笔不小的开支。况且山区的孩子一旦上中学，一要乘车往返，二要住校吃饭，这些花销对于贫困的家庭来说都是不小的压力。虽然那会儿已经实行九年义务教育，每个学生都可以读完初中，但教育改革后，山村学生住校的食宿、路费等仍然让像刘影这样的贫困家庭很难承受。

刘影辍学第二年，特长生姐姐初中毕业考取了青龙一中，原本对姐姐的前景充满希望的刘影又面对一个冷酷的事实，姐姐也因为家庭经济困难停止了继续求学。

刘影说当时的想法既朴素又幼稚：因为家庭经济困难，自己辍学省下的钱可以让姐姐上高中，等姐姐以后当了老师，可以供妹妹继续念书，这样把家里有限的钱放在一个孩子身上，总不至于姐妹三个都无法念书。然而事与愿违，迫于家庭经济负担太重，姐姐也决定不上学了，回家务农。刘影和姐姐双双在家务农，种地、做家务、陪伴父母。除了父亲，那时候，母亲身体也一直不好，每年看病抓药的费用也很高。

刘影家姊妹仨，她排行老二，仨姐妹年龄都相隔三岁。姐姐初中毕业，刘影只读到初一下半学期，难以预料的是小妹在读到初二时也因为家庭经济困难辍学了，三姐妹都没有完成期待中的学业。（注：1986 年 4 月我国颁布了《中华人民共和国义务教育法》，自此至 2000 年，九年义务教育及扫盲处于普及阶段，直到 2006 年 7 月 1 日正式实施。）

后来数年里三姐妹先后嫁人，等到刘影的儿子上小学时，村小学校早已在帮扶单位和社会力量的资助下进行了重建，过去的复式班也随之消失，小学校的教育软硬件都得到极大改观。刘影说现在供儿子上学不像过去那样难了，只是希望儿子努力学习，将来能上大学，圆自己一个读书梦。

长城砖垒起的院落是家，是儿女们的记忆，对贾凤英来说幸福与苦痛皆源于此（2019 年 7 月 30 日摄）

留守奶奶

2019 年 7 月 30 日，驱车近两个小时，来到卢龙县刘家营乡桃林口村。静谧的古村落被炎炎烈日和蒸腾的热浪包裹着，村里街道少有人走动，耳鼓里充满了此起彼伏蝉儿们的响亮鸣叫声。

五楼路 13 号，这座长城砖垒砌的院落就是贾凤英的家了。

印象中，贾凤英总是独自在家，守着自家的老院落，不识闲地做些力所能及的家务事。几次家访，她不是盘坐在炕上纺羊毛线，就是为在天津塘沽打工的大外孙缝制新棉被，再就是房前屋后地冬储大白菜、退玉米粒。而老屋后的院子里，总是栽种着农家人喜爱吃的时令蔬菜，自己吃不了，大多是让老伴儿分别送到儿女家享用。

年逾古稀的贾凤英笑眯眯地迎出来，很明显的是她的背更驼了。幸运的是今天她不是独自一人，老伴儿前几日带着已经放暑假的孙子和外孙回来了，这让她从里到外的喜不胜喜。她乐得合不拢嘴，说每逢寒暑假，就是自己的节日。都在上小学的孙子和外孙，父母们都在上班、打工，假期里没有时间照管孩子，送到农村老家托付给父母代管。这可是责任重大，既要为孩子们做饭，也要监督孩子们完成暑假作业，但是毕竟家里多了几口人，重有了鲜活人气。

老伴儿李洪宾此时正在灶台边，烟熏火燎地一边续柴火一边翻炒大铁锅里的花菜。他很兴奋说："这不孙子们放暑假了，城里也待腻了，都先后回到老家待一些日子，他们的爸妈都上班，没人看管。在城里我是名副其实的全职保姆，做饭接送孩子都六年了，过去在家里哪里干过这种事，都是女人家的事情嘛。"

孙子们能在自己的家里待上一段时间，贾凤英打心眼儿里高兴（2019 年 7 月 30 日摄）

冬季里千斤棒子干透了，贾凤英得闲空儿就退玉米粒（2017 年 11 月 30 日摄）

贾凤英担心在天津塘沽打工的大外孙冻着，买来棉花和花布缝制棉被（2016 年 12 月 6 日摄）

纺线的木质老纺车，如今早已束之高阁（2010 年 4 月 30 日摄）

大白菜水分蒸发差不多了，就砍下来冬储（2017 年 11 月 30 日摄）

这六年来，每到春耕秋收，李洪宾只能在双休日赶回村里，帮老伴儿种地收获，耕地虽然不多点，但也不能荒废了。“平日里都是只能在县城儿子家，村里如果没什么大事，我都不回来。难为老伴儿了，她总是一个人在家，家里空落落的。”

贾凤英老两口养育了三个孩子，老大是女儿，嫁到潘庄镇大杨各庄村；老二也是闺女，嫁到榆关镇修理庄村；老三是儿子，上完职业高中后就开始打工了，他是学建筑的。儿子一直固定在县城里找活儿干，后来在那里搞了对象，买了房就结婚了。

贾凤英说老伴儿在县城儿子家当保姆也是出于无奈，本来应该是她去，但是腰不好，带不了孩子，就自个在家待着，反正也不喜欢进城，爬楼梯费劲，还不习惯。那时孙子刚刚 5 岁，上幼儿园学前班了，儿子儿媳都固定上班，这每天往返接送、给孙子做饭，就只能是爷爷全力以赴了，这么多年也是给逼的，乡下男人哪有烧火做饭的，这不，现在家常饭都会做了。

她有点内疚地说：“因为腰不好，还有胆囊炎，不能为儿子家带孩子做饭。在家里我还能照顾好自己，我总提醒当家的，家里如果没啥事就别回来，老是坐班车来回跑多费钱啊。他在县城里忙得叽里咕噜的，担心我独自一人在家应付不了。其实家里什么都有，吃的用的不缺啥。”

贾凤英说，早年家里有条铁皮船，每年夏天老头子在青龙河上给游客摆渡，也能挣个千八百的。现如今不行了，政府说这河是水源地，不能有丁点儿污染。我们都上岁数了，地也没力气种了，也没法挣活钱，还总是贴钱。再熬几年吧，等我孙子长大了，我们老两口就可以踏踏实实安安静静地过晚年了。

夜深人静，在宿舍里王会艳要给丈夫织毛裤，她说东北那边很冷的（2015 年 4 月 22 日摄）

留守妻子

每逢星期三，是抚宁区驻操营小学水门寺校区学生改善伙食的日子。窗明几净的食堂内，厨师长王会艳和其他三名女员工一起兴奋地择菜、剁肉馅、和面，她高兴地说："今天给孩子们吃包子和饺子，能不高兴吗！"

2015 年 4 月采访王会艳时，她在这所寄宿学校工作已是第四个年头了。平日里，王会艳住在学校员工宿舍。农忙时节，她要利用双休日赶回家种两亩地的玉米，还要管理分散在几个山头上的果树。

王会艳今年 40 岁，是平顶峪村人。她曾经在村小学校任代课老师多年。农村教育整合后，村小学撤掉了，她就辗转在乡村之间打打短工，抚养女儿。丈夫常年在辽宁务工，一年里只有十一和春节能回家来待上几天。去年（2014 年）春节，丈夫要在打工的公司值守，她就带着女儿前往辽宁和丈夫团聚过年。如今，独生女儿也上中学了，寄宿在学校，每周回家一次。

“苦也一天，乐也一天，为什么不乐呢？”开朗爽快的王会艳对于一家三口分散在三个地方生活已经习以为常，始终保持着快乐的心态。每到周五，她都很高兴，因为放学回家的女儿总要和妈妈亲热一阵，女儿说：“想妈妈做的蒸饺了，学校一天到晚总是米饭。”

“想爸爸吗？”

“不想，他总不在家，我习惯了。”女儿不假思索地说。

听了女儿的话，王会艳的嘴角掠过一丝苦笑：“我们就这一个孩子，为了她将来有一个好的生活，得多挣点钱啊。”

放学后，老师教学生学习“霸王鞭”舞蹈，喜爱跳舞的王会艳也加入其中（2015 年 4 月 22 日摄）

每天看着小学生们吃着自己亲手做的饭菜，王会艳感觉像是自己的孩子在吃一样开心（2015 年 4 月 22 日摄）

实在没事可做时，王会艳也感到寂寞，毕竟一家三口在不同的地方，聚少离多（2015 年 4 月 24 日摄）

每到周五，王会艳独自给女儿做钦点的韭菜蒸饺（2015 年 4 月 24 日摄）

农忙时节，王会艳利用双休日回家种地、管理山上的果树（2015 年 4 月 25 日摄）

西蚂蚁滩小学有一年级学生 4 名、幼儿 4 名

山村教书匠

一个独院，一间教室，一台没开启的柜式空调机；一位老师，七八个懵懵懂懂的学生，一平方米白板上书写有几行十位数以内的加减算式，所有这些构成了西蚂蚁滩小学。强烈的阳光照射进教室，温度依旧很低。

2016 年 2 月 29 日开学第一天，没有升国旗仪式，没有上课铃声。31 岁的王昌准时站在讲台上，面对 4 名一年级学生和 4 名幼儿班孩子，开始了新学期的教学。这是王昌任教的第二个学期。

2015 年，王昌报名参加青龙满族自治县教育局偏僻校点教师招考。8 月底，被录取的王昌举家来到自己选岗的草碾乡西蚂蚁滩村小学任教。王昌是隔河头镇北山根村人，为了支持丈夫工作、照顾丈夫生活起居，妻子闫小伶带着两岁的女儿一起来到村里，一家人租住村里的民房。

2005 年毕业于衡水学院数学专业的王昌有自己的梦想：到城里打拼，创出一片天地。毕业后携女友来到秦皇岛，王昌就职于一家私立学校管理岗位，女友在一家幼儿园做幼教。两年后，王昌转行到一家室内装潢设计公司主管工程管理。“在城市里工作压力很大，也很锻炼人。我和妻子家都在农村，并不富裕。单身时倒不觉得有多难，结婚后有了孩子，情形就不同了，许多现实的困难就摆在眼前。和妻子商讨后，都认为该换个生活工作环境，定位就是回到农村，过那种单纯的生活，而教书很适合我，就来了。”

2015 年秋季开学后，王昌一家暂住在学校一间空闲的小屋里。进入冬季后，学校断电 50 多天，教室温度太低，学生太冷，王昌在村书记协调下租住了学校后面一家空置民房，把课桌椅搬到家里，坚持给孩子们上课。这一举动感动了学生家长，王昌家不时有村民送来新鲜蔬菜或一捆捆柴火。

“你看，墙角下那一堆柴火就是学生家长刚刚送来的。”王昌内心充满温暖地说。

数学课上，王昌教孩子们用十指运算 10 以内的加减法

开学第一天，王昌准时给孩子们上课

放学后，王昌从水窖提水去打扫教室

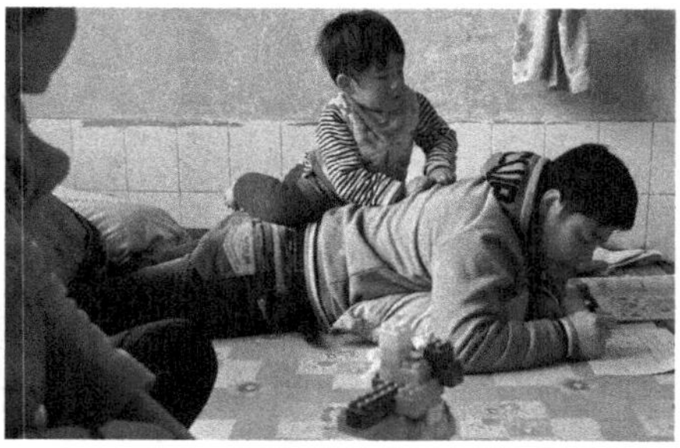

晚饭后，王昌习惯性地趴在炕上备课，女儿总盼着爸爸陪她玩

开垦出 20 多条宽 1.5 米的植树带，还要为板栗树苗拓穴，砍去遮阳的荆棵、刺槐等灌木（2016 年 7 月 12 日摄）

山村留守母亲

2016 年 6 月 13 日，记者前往青龙满族自治县隔河头镇花果山村采访。途经箭杆岭村，在长城脚下的一片水田里，几位妇女正在插秧。停车驻足水田边拍摄时，其中一位系黄头巾的喊着问，能给照片吗？于是记了她的手机号，回头加上微信，她就可以如愿以偿了。这位要照片的妇女就是张玉英。

经过数次微信聊天，并征得同意后，决定采访她。

7 月 12 日，赶到箭杆岭村张玉英家，她的丈夫因为外出打工没有找到活儿，正在家里待着。得知记者要来，夫妻俩一直在家里等着。简单聊了一会儿，就随他们一同上山，才知道山上有着一大堆活儿要干。

沿着弯曲狭窄的山路向上，边走边聊。张玉英说，2015 年收秋后，家人经过商议决定，雇佣钩机开垦荒山栽种板栗，在倾斜度近 45 度的山上开垦出 20 多条宽 1.5 米的植树带，人工费每天 115 元，总计 200 个工，栽种板栗树苗 1100 棵。20 多天里，趁着丈夫在家，夫妻俩一直在山上忙着为板栗树苗拓穴，砍去遮阳的荆柯、刺槐等灌木。

张玉英说："去年还准备把对面的山场承包下来开垦，栽种上核桃树苗，但是力不从心啊！"

丈夫不在家，山上地里的农活全靠张玉英一个人完成（2016 年 9 月 1 日摄）

栗子开口成熟了，收获让张玉英感到些许欣慰（2016 年 9 月 1 日摄）

收割谷子是个力气活，婆婆心疼她，能帮多少是多少（2016 年 9 月 24 日摄）

在长城脚下的一片水田里，张玉英正帮工乡亲插秧（2016 年 6 月 13 日摄）

出花生很累人，患有腰疼病的婆婆不忍心让儿媳妇一个人干（2016 年 9 月 1 日摄）

杀虫季节，张玉英要身背 25 公斤重的药箱上山，给果树打药（2016 年 7 月 15 日摄）

7月15日，第二次来到箭杆岭村，张玉英告诉记者，丈夫接到北京工友电话，有活儿干了让他立即去，昨天就走了。此时正值要给板栗树打药，张玉英独自背起几十斤重的农药箱上山。

8月25日，张玉英正在家看着女儿和儿子练习写毛笔字。半年来，张玉英最幸福的时刻莫过于暑假。上大学的女儿俞美玲回到山村，懂事的她除了陪妈妈、弟弟一起去看了一次大海，就再没离开过。张玉英感慨地说："闺女说在妈妈身边的日子并不多，而且以后将来都是如此。这个暑假里又没能见到爸爸，不去游玩也不去聚会，就安静地在家和妈妈、弟弟一起度过暑假。"

2009至2013年间，张玉英曾经在秦皇岛打工。先是在渔人码头养海鲜、卖海鲜，后学习制作凉菜。因为工资太低，在熟人的介绍下跳槽到绿洲酒店，收入不错。2013年秋天，因为儿子要上学了，不得已回到村里，重新持家务农。那时候女儿正在上中学，很独立的一个孩子。到了2012年高中阶段，压力增大，每当回到家后，却看不见妈妈，有话没人诉说，心里难受。高三这一年，她告诉妈妈，自己想她，希望妈妈能够回家。妈妈回来了，家里有了妈妈这个精神支柱，女儿如愿考上了大学，弟弟也在这年秋天上学。再后来，日子就这样平静地过着。

张玉英在打工期间，一个月只能回家一次，住两三天。她心里也七上八下的，担心婆婆一个人带不好孩子，综合考虑后，她终于踏上了回家的班车。

和普通农家妇女一样，张玉英有多个身份。作为儿媳，她在家要陪伴照顾有病的婆婆；作为母亲，她要伺候上小学的儿子一日三餐和上下学的接送；作为家庭主妇，在丈夫外出打工的日子里，她要打理山上山下的所有农活儿。

9月1日早晨，张玉英匆忙给儿子弄口饭吃，就急急骑电动车送他到6公里外的王家沟上学。回到家后一刻没停，拎着柳条筐就上山去捡栗子。张玉英苦笑道："该收秋了，农活儿很多。昨天出了一天花生，没做好准备，耽误了儿子开学吃饺子。"

箭杆岭村有这样一个习俗，每逢开学，母亲要给孩子包饺子吃，祈福孩子学习进步。"早晨没赶上，中午得给孩子包上。"张玉英看看表说着，背起半袋子板栗下山回家。和面、拌馅、擀皮、包饺子，直至下锅，张玉英一连贯的动作娴熟利落。

张玉英叹息道："8月27日闺女返校走了，紧接着儿子也开学了。家里只剩下我和婆婆，而辛苦的收秋也开始了。婆婆年纪大腰有病，山上捡栗子、打核桃的活儿她干不了，地里出花生、劈苞米、打谷子的活主要是我一个人干，那里是全家的基本生活来源。儿子的学校距离家很远，又没有食堂，每天除了早送晚接，中午还要做好饭送到学校。这个月很忙！"

过早地失去父母的亲情与呵护，兄妹俩的眼睛告诉你——他们的无助（2016 年 7 月 15 日摄）

童年的颜色

2010 年 7 月的一天，记者在抚宁区大新寨镇箭杆岭村采访时，北街一家老宅正在翻修，门槛上一对小兄妹和两只小狗在玩耍，随手拍了几张照片。以后几年里，一提起箭杆岭村，总忘不了那两个孩子的大眼睛。

2016 年 7 月 15 日，记者打印一张当年的照片重又来到这座古城村，希望能够再见到这两个孩子，他俩应该长大很多。

村民们端详着照片却唏嘘感叹：“可怜的孩子啊，年纪小小的，爸爸死了，妈妈走了……”这情形是我始料不及的，也难以想象，怎么短短的几年间发生这么多变故。循着村民的指引，空旷的街中一老宅门下坐着一位老太太，她是陈帅、陈美兄妹的奶奶。

奶奶段凤霞已 78 岁高龄，说起这对兄妹，老人泣不成声："我儿人高马大长得俊，谁知好日子没过几年，得了怪病，浑身上下烂得露出骨头，人还没咽气，孩子妈就走了。"

"想妈妈吗？""想！""妈妈想你们吗？""不知道。"妹妹陈美轻描淡写地回答，哥哥陈帅在一旁欲言又止。

陈帅和陈美，一个 12 岁，一个 11 岁，都在上小学。爸爸去世后一直和奶奶生活，但是奶奶年纪大了，身体也不好，除了能给这兄妹俩对付着做做饭，什么也管不了。兄妹俩每天上学时，都是由独自带女儿生活的三叔负责骑车接送，而一直没有娶上媳妇的四叔一直在外打工，每月除了给自己母亲 500 元生活费外，还给兄妹俩各 500 元生活费和学费。

正值暑假，兄妹俩每天和小伙伴们上山下河地疯玩，无忧无虑的欢声笑语回响在寂静的古城村北街上。陈帅、陈美兄妹俩现在还不很理解，他俩从今往后有一个不那么好听或者不近人情的名字——孤儿，将始终伴随在他俩的生活。

当奶奶诉说家里的不幸时，兄妹俩似懂非懂地听着（2016 年 7 月 15 日摄）

邻居叔叔送一只钓鱼竿，挖蚯蚓做鱼饵在河边钓鱼成了兄妹俩最大的乐趣（2016 年 7 月 15 日摄）

爸爸病了，陈帅和陈美还有妈妈温柔的怀可以依偎，以后发生的事情他俩无法预知（2007 年 7 月 26 日摄）

村里没什么娱乐，兄妹下河洗澡回来，遇到下棋的也上前围观（2016 年 7 月 12 日摄）

家里3亩多地的所有农活就指望张艳军一个人干（2016年10月17日摄）

为孩子们的母亲

如果2012年夏季不被山洪围困一个半月，村民们不会有搬迁的念头；如果2014年没有政府划拨（中国革命老区）专业支付资金150万元项目修建6.7公里的盘山水泥道路，这个距离乡政府最远、山路最难走的山村几乎没有外人知道。

2014年11月13日，记者驱车进入青龙满族自治县官场乡石门子村，这个村拥有9个自然村，绵延在8公里狭长的山沟里，是该县最南端的村庄，与卢龙刘家营乡交接，村民们赶集宁可去25公里之遥的刘家营乡，也不翻山越岭地去相距8公里的官场乡。

时任村主任张海生介绍：“村里 330 户人家，1240 口人。可耕地只有 800 多亩，山场两万多亩，因为植被很差，没有林果。人均年收入 2000 元。全村的基本劳动力主要靠外出打工赚钱，只剩下老幼在村子里。加上三年自然灾害，村民们人心波动……”所谓三年自然灾害，即 2012 年水灾、2013 年风灾、2014 年旱灾。

石门子村的房屋不像青龙典型的尖顶瓦房，而是水泥平顶。问原因时村民们齐声回答道：尖顶瓦房费钱，盖不起！

在走街串巷的采访中深有感触的是，命运多舛的石门子村，最让村民们伤心的是孩子们的教育，最上心的也是孩子们的教育。

刚下地回来的张艳军开始忙着做中饭，上小学的两个孩子今天期中考试，她头也不抬地说：“我大女儿差四分没考上青龙一中，现在在渤海中学。一年的学杂费两万多是贵了，但是为了女儿的前途豁出去了。老公打工挣钱都为了大女儿有个好前途。”

2019 年 7 月 3 日，记者再一次走进张艳军的家。

79 岁的婆婆张玉珍正在洗衣服，放假的六年级儿子张衡正在看电视，因为村子里已经没有他熟悉的小伙伴儿可以玩。

一大早，张艳军就应约去水库边一户农家帮工拔草，通常晌午不回家，东家管饭。为了要见到她，只好让村妇女主任打电话叫她回家一趟。

等待时和小张衡聊了起来。5 年前他刚上小学不久，身体瘦小但满脸憨厚，笑起来两眼眯成一条细线。眼前的张衡长高不少，依旧细瘦，秋季开学却是要上初中了。

张衡说，大姐张杰现在在保定上大学，已是大二学生；二姐正在渤海中学读初二。环顾四周，这间屋子变化不大，20 世纪 90 年代时兴的组合柜依旧是主要家具。组合柜中央整整齐齐贴满了奖状，张衡说大多是二姐张佳的，只有一张是自己的。他笑着说自己在班上学得也不赖，不过，二姐刚进了实验班，还是她学习好。

张艳军家还是在“十二五”时被评定为贫困户，但是微机录入时阴差阳错地遗漏了，直到 2017 年全县农村贫困人口建档立卡“回头看”时才被补录。（这是在精准脱贫工作中的动态调整，每年进行一次对扶贫对象精准不精准识别认定，够条件的纳入，不够条件的排除。）

张艳军骑着摩托车回来了，手里拎着两条鲤鱼，她说是人从水库里打的。她说丈夫是在农历五月初七才走的，外出到建筑工地卖小工。现在活不好儿找，一年也干不了几个月，收入也不高。

张艳军在村里属于多子女家庭，每年光是孩子们上学一项支出就令人咂舌。她说大女儿现在在保定上大学，是河北幼儿师范高等专科学校大二学生。二女儿六年级就

三个孩子都在外面上学，家里只剩下婆媳二人（2016 年 10 月 17 日摄）

张艳军下地帮工，婆婆则在家洗衣服，看着放假回来的孙子（2019 年 7 月 3 日摄）

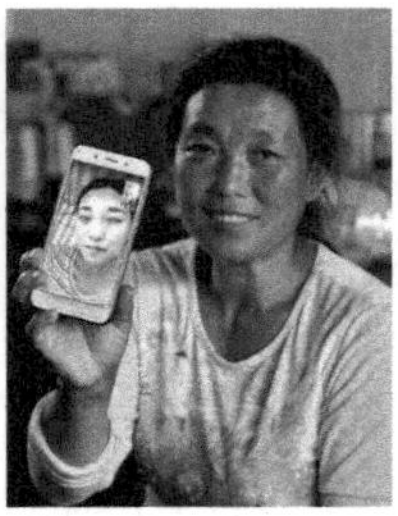

在保定上大二的漂亮女儿几乎每天都要和妈妈视频通话（2019 年 7 月 3 日摄）

如果没有孩子们的喧闹声，村庄里会是沉寂一片（2014 年 11 月 13 日摄）

孩子们催促赶快做饭："今天是期中考试，早点到校复习。"（2014 年 11 月 13 日摄）

看着孩子们健康成长，张艳军眼里充满希望（2014 年 11 月 13 日摄）

送到渤海中学，一年的所有费用 2 万多元。张艳军从手机里翻出最近给学校的账单，这个学期先交了 7458 元，包括住宿、伙食、学杂等费用，前不久又先后交了 1180 元，说是下学期的，不知道是什么费用。每月放假一次回家，我们要打车到学校去接，一个来回多少钱？回去时还得打车一个来回。孩子小，又是女孩子，每次回家大包小包的她拿不动，床单被罩衣服的要拿回家洗。

张艳军回忆，过去家里养过羊，那还是结婚前，生产队解散时分的十几只，满以为依靠养羊能赚钱贴补家用，但是后来羊价越来越低，加上家里没有人手，就放弃了。孩子爹只有外出打工挣活钱。家里地人均 8 分，加起来不过 3 亩多。山里土薄缺水，只能种五谷杂粮，收秋去了本钱连口粮都换不回来。“你想啊，一亩玉米 1000 斤值 800 元，去了成本最后落下四五百块钱。”张艳军无奈地说。

10 余年来，执着的张艳军承受着经济压力把大女儿送到私立渤海中学读书，当大女儿考上大学的同时，她又义无反顾地把小学六年级的二女儿也送进渤海中学，如今二女儿已经读到初二，学习成绩很让她放心。

张艳军说：“家里这边没有好老师，为了孩子能有出息，我们只能忍辱负重，借钱也要把孩子送出去上学。如果身边有好老师，我们哪能过得这么艰难啊。最近这几年孩子他爸每年外出打工的日子加起来都不到半年，家里又没有多少农活儿好干。我今天去帮工拔草，一天工钱 50 元，管午饭，但是要从工钱里扣除 3 元，不吃也要扣。来去来回地自己开摩托车，油钱自己掏，细算算挣不多少了。”

村妇联主席介绍说，目前石门子全村建档立卡贫困户 94 户；全村现在渤海中学就读的中小学生 30 名。来自贫困家庭的学生每学期有 1000 多元的补助，但是相比一个学年上万元的费用只是杯水车薪。

临别站在村路边等车时和张艳军聊起村小学现在的状况，她说，孩子越来越少，两个老师两个班，幼儿班加一年级还有 9 个孩子。“所以说啊，村民们只要能筹借到钱就早早地把孩子送到城里上学。我儿子在渤海中学都快小学毕业了！”

“两个孩子都在渤海中学，这得花多少钱啊？”记者更加吃惊了。

“哈哈……”张艳军捂着嘴笑出了声，分明能看见她脸上挂着笑容，眼里噙着泪水……

为节省土地，白云山在承包的果园里种下了白薯、花生、黄豆（2014 年 6 月 9 日摄）

为学子的父亲

供养一个大学生需要多少钱？供养一个研究生需要多少钱？一对农民夫妻十年间供养出两个研究生，该需要多少钱？

2014 年 6 月 9 日，刚从亲戚家吃喜酒回来的白云山夫妇来不及换衣服就烧开水拌饲料，给院子里的各种牲口和家禽喂上食料后，接着准备化肥、各种犁耙，套上马车就下地了。白云山说：“现在正是苗肥的时候，不能耽误。”

在卢龙县燕河营镇上兴隆庄村，说起村民白云山人人都知道，他是个多才多艺的能人，性格开朗、心地善良的白云山喜欢动脑筋，只要是喜欢的就学，一学就有模有样。他有木匠手艺，酷爱扭秧歌，自制唢呐、板胡，挑头拉起了村里的秧歌队，得空儿就扭几圈。他的家也和别家不一样，有着全村唯一的月亮门，最具特色的是他家被村民戏称为“动物园”。

白云山家的院子里，猪、马、驴、羊、鸡、狗一应俱全，一日三顿不能少，不然，猪哼、马嘶、驴叫、鸡鸣、狗吠，一刻不得安宁。偌大的前院除了各种牲口圈就是牲口食料盆。屋里、过道堆满了加工过和未加工的饲料。为了省钱，白云山买了粉碎机，随时加工。每天光是动物们吃饭，夫妻就要忙上两个小时。

白云山说：“我的两个女儿相差两岁，自小学习都很优秀。为了女儿们有个好前程，我们两口子只有像陀螺一样不停地干。那年大闺女考上大学，家里穷，为学费发愁，她妈做梦都在嘀咕——咋整啊？大闺女上大学的钱都是向亲戚朋友借的。一个前脚走，后一个紧随其后。刚过了两年，二闺女又考上大学，实在没法，家里把羊、猪、小马驹都给卖了，再借了几千元钱，才算是送二闺女进了大学门。”

白云山二闺女大学第二年开始，他从镇信用社办理了农村助学贷款，一年 6000 元，三年 18000 元。这些年供姐妹俩上学，家里拉饥荒 7 万多元，直到现在都还没还完。家里喂猪的饲料都是先赊，等年后卖了猪再还上。为了让两个女儿好好读书，夫妻俩仗着自己的身体好，没白没黑地拼命干活，就像是两台上满发条的机器。

白云山愧疚地说：“我女儿没生在好家庭。除了交上学费、住宿费，一年的生活费我只能给她们三四千块钱，不够自己想辙。闺女们平时都相当节俭，课余兼职打工，学习优秀还有奖学金。前天二闺女说花了 600 元买了一台旧电脑，写论文用。那是她自己挣钱买的。”

白云山的大闺女已在天津工作，二闺女正在南京读研究生二年级。

三亩地，种玉米也要精耕细作一年，那是家里牲畜的口粮（2014 年 4 月 25 日摄）

牲口的大部分饲料都是协议赊来的，每到年后卖了牲口再给钱（2014 年 6 月 9 日摄）

家里饲养的猪马驴羊的一日三顿都不能耽误，这是家里主要经济来源（2014 年 4 月 25 日摄）

10 年 3650 天，面朝黄土背朝天的白云山，只为两个闺女有个好前程（2014 年 4 月 25 日摄）

劳累了一天，妻子做晚饭，白云山偶尔会拉拉板胡放松一下（2014 年 6 月 9 日摄）

姜宗军每天接送小帅上下学，往返在 7 公里崎岖颠簸的山路上（2015 年 8 月 31 日摄）

小帅上学

2015 年 8 月 31 日秋季开学后，一次午饭间，姜宗军和家人说起收秋的话题时带出一句：小帅要是住校就能节省不少时间。话一出口，饭桌上的气氛瞬间凝固，刚上小学三年级的儿子小帅幽幽地哭了起来——他不想住校。炕头上坐着的奶奶低着头不吱声。

姜宗军一家三代人仍然居住在花城岭，这是抚宁区驻操营镇平顶峪村的一个自然村，坐落在海拔 800 米的群山之中。一条 3 公里长、落差大、弯道急的砾石山路盘旋于山腰上，是通往山下的唯一道路。因为遥远、偏僻、路险、难行，几乎不为外人所知。因为如此，村里原住 145 口人，现在不到 30 人，基本上是老人。就姜宗军一家全乎，除了女儿外嫁到衡水，一家 5 口都还在村里生活。

姜宗军的父母都是 80 岁的老人，孙女嫁人后，小帅成了他们的心头肉，一天不见想得心疼。老太太说："我家宗军其实也能走出去的，舍不得我们啊，孝顺着呢。"为了满足父母的愿望，姜宗军心一狠，从儿子上学那天起，不住校，每天骑摩托车接送小帅到远离村子 7 公里的水门寺寄宿学校上学。小帅是村里唯一跑校的小学生。

除此之外，姜宗军家的 10 亩地，他要独自耕种能够基本满足全家人生活的玉米、高粱、谷子、大豆等；另外养了几十只绒山羊，日常生活费用全指望着这群山羊。姜宗军不无忧虑地说："孩子一年一年地长大，不住校不合群，将来不会处世。我还得做做他爷奶的工作，争取让小帅下个学期住校。"

小帅是奶奶的心头肉，每次出门都要嘱咐一番（2015 年 8 月 31 日摄）

每年收成的好坏是姜宗军最关心的事情（2015 年 10 月 19 日摄）

小帅是这个三代山民之家的中心，也是现实矛盾的焦点（2015 年 8 月 12 日摄）

几十只由姜宗军年迈的父亲和老婆负责放的羊，是全家的主要收入来源（2015 年 10 月 19 日摄）

小帅的妈妈负责全家人的两顿饭（2015 年 8 月 12 日摄）

崔义军一家的短暂的幸福生活都记录在这个小镜框里

远山的呼唤

2013 年 2 月 21 日，抚宁县驻操营镇西沟村，空旷，寂静，清冷。

“想妈妈吗？”“想！”“妈妈现在在哪里？”“……照片上有。”

“啊，这张照片是妈妈在长城上照的。”崔云龙掀开板柜，从里摸索出一沓照片，几经翻找，找出了他最喜欢的那一张。在昏暗的屋子里，唯一一件家具——板柜上，摆放着那种农村家庭都有的照片框，里面镶贴着家人各个时期的照片。那个很大的镜框里几乎镶满了很久以前崔云龙和爸爸妈妈及其他亲人的照片。

12 岁的崔云龙已经有整整 8 年没有看到妈妈了，虽然那时候他还很小，却依稀记得和妈妈在一起快乐的几个生活片段，每当想妈妈了，他就会在箱柜前凝视一会儿妈妈的照片，然后趴在板柜上写作业。

崔云龙的家依山而建，没有院墙。几只土鸡和山羊正在四处觅食。破旧的屋前是一个由四根木头高高支起的囤子，里面装满着黄灿灿的玉米棒子。父亲崔义军叹声道："山里头尽是坡地，也种不了啥，这些棒子是全家人的口粮。"

破旧、昏暗的小屋有 50 年了，是砖木结构的；墙没有粉刷，糊着的报纸都发黄了。木格窗户上没有玻璃，用塑料布蒙着。屋子里最鲜亮的东西是窗台上的两盆花和一个用塑料桶自制的鱼缸，鱼缸里依稀可见有黑、红两条小鱼，那是在崔云龙的嚷求下，爸爸从集上买回来的。"孩子说是写周记用，这山里没啥东西可写的。"崔义军尴尬地嘟囔。

默默承受家庭重担的崔义军只要见到儿子，就会释然许多

小云龙与妈妈相距千山万水，只有妈妈的照片不时地唤起他幼年的美好回忆

正在山海关龙腾学校上中学的崔云龙（2018 年 2 月 1 日摄）

一张地图已经翻得很旧了，多少年来，崔义军对生命的那一半始终难以释怀

一家五口人的晚餐（2013 年 12 月 24 日摄）

崔云龙的妈妈叫娜奇花（谐音），是崔义军从云南领了结婚证娶回来的，那几年生活是苦点，但是小云龙的出生无疑给这个贫困的家庭带来了些许快乐。然而好景不长，在小云龙 4 岁那年，妈妈娜奇花对崔义军说想家了。于是，一家三口坐了三天三夜的火车再转汽车，总算是到了云南省怒江州福贡县马吉乡一个偏僻山寨。

年幼的小云龙不知道，终日在山美水美的山寨里和妈妈嬉戏快乐的时候，妈妈已经暗下决心不走了。8 年过去了，小云龙还清晰地记得妈妈的家在一条大江的旁边，有高山有竹林，还有高高的木屋和跨江的铁索桥。

无奈的崔义军只好背着小云龙失落地回到西沟村，从此开始独自挑起了照顾小云龙和失去劳动能力的父亲、姐姐、弟弟的担子。

在北部山区，像崔义军父子这样的家庭还有不少。艰难的不仅是生活困苦，更有失去母爱温暖的孩子们，内心对妈妈的呼唤……

2018 年 2 月 1 日，紧邻长城旅游公路的崔义军家，在美丽乡村建设中有了变化，门前的沙石坡路变成了水泥路，还砌起了护墙。这几日，崔义军正在山上忙着给板栗树剪枝。走进院子里，地面也抹了水泥，很干净平整，经年烟熏火燎的老祖屋里依旧光线黯淡，收拾得倒也整齐。

整整 5 年过去，崔义军看上去变化不大，只是家里接连发生变故，令他心力交瘁。两年时间里常年患病的父亲和姐姐先后去世，让他短时间内落下不少饥荒。如今家里剩下他和先天患病没有生活能力的弟弟，只有远在山海关龙腾学校读书的儿子成为他生活的寄托和精神支柱。

说起儿子，崔义军回忆起小云龙小学毕业那年，杜庄镇一位自称叫“梦姐”的动员他让小云龙去龙腾学校上中学，不但免费还能寄宿，教学也抓得很紧，对家里和孩子都有帮助。“现在儿子正在上初三，学习成绩总是在前三名内。这几年拿了几十个奖状，什么期中期末第几名、三好生、优秀学生会干部的，我很知足。”

下午，记者赶到龙腾学校，几年没见，崔云龙长高了，脸上布满了青春痘，见了人还是那样害羞地微笑。崔云龙说，期末考试结束后，老师正在集中同学补习语文，放寒假可能在小年那天。他说那位热心肠的“梦姐”每个学期都来看他鼓励他；父亲则是每月一趟，总带些好吃的，每次要给他零花钱，崔云龙都拒绝说不需要。

再有一年就要中考，问他有何打算时，崔云龙眼睛一亮说：“争取考上秦一中，我要上大学。”在学校大门前，照相机定格了这位来自困苦家庭、为了读书走出穷乡僻壤的少年那充满朝气的笑脸。

王鲜花、王佳悦姐妹逐渐适应新学校生活（2019 年 10 月 14 日摄）

再苦也不能耽误孩子

2019 年 10 月 14 日晌午过后，坐落在昌黎县的华夏中学校园里，吃过午饭的学生们三三两两地在操场散步，王鲜花和妹妹王佳悦也在其中。秋季刚转学过来的王佳悦说很快就适应了这里的学习和生活，因为有姐姐的陪伴。

时间回拨到 2014 年 10 月 29 日。

青龙满族自治县隔河头镇城山沟村东沟上窝铺王文忠家，正在读小学二年级的王鲜花蹲在锅灶前费力地生火，她想吃一碗方便面。身患脑梗和白内障的奶奶在旁边却无力帮助，让人看着凄凉。

王鲜花的爷爷王印今年已经 86 岁，奶奶蒋桂英也 85 岁，父亲王文忠 51 岁。王鲜花的母亲在她 4 岁时离家出走后，至今杳无音信，她的妹妹那时才两岁。当时年幼的王鲜花和妹妹王佳悦是父亲王文忠一手拉扯大的。王文忠说父母年纪大且身体多

年幼的王鲜花早起想吃方便面得自己烧火（2014 年 10 月 29 日摄）

一家五口人在老旧的房子里一住就是几十年（2014 年 10 月 29 日摄）

精准扶贫年里，王文忠家在享受政策条件下建起了新房（2019 年 1 月 11 日摄）

就要开学了，姐妹俩自己动手洗衣，好带到寄宿学校去（2019 年 8 月 7 日摄）

全家的经济支撑全靠王文忠父子俩的勤奋劳作（2019 年 1 月 11 日摄）

病，他无法外出打工，一直在家务农。

家里兄弟五个，王文忠是最小的。家里现在耕种 4 亩坡地（人均 4 分地），包括大哥家的（大哥大嫂已经去世），因为坡耕地贫瘠，只能种五谷杂粮。他说去年玉米 0.8 元一斤，自己赔了 3000 多块钱。

王文忠是村里的贫困户，2018 年根据国家扶贫政策补助 2.6 万元，他家的房屋进行了翻建。他说翻建老房总计花了 23 万元，借款不少，直到现在，门窗、装修、砂石料、水泥、人工等费用十几万都还没有着落。

王鲜花和妹妹在隔河头中心小学读书时属于跑校生，每天上下学需要坐校车，两个孩子每学期是 1400 元。但是要在学校吃午饭，每月 160 元。村书记吴子刚说，王文忠虽然现在已经退出贫困户，但是根据现实情况依旧享受国家扶贫政策，包括教育扶贫项目。

王文忠激动地说，他家三年都没有交新农合的钱了，实在是没有钱，今年还是政府给交的。他掰着指头说："家里兄弟五个，大哥去世，二哥、三哥是光棍；母亲得过脑血栓，现在是白内障，只有一只眼睛能模糊看见；父亲去年做了前列腺大手术，就花了 1 万多元。"王文忠接着说，"新建的这六间房，其中三间是我们爷仨和父母住，另外三间是二哥的。"

2019 年 8 月 7 日，已经 13 岁的王鲜花和妹妹正在自己洗衣服，准备秋季开学带到学校，而妹妹也要转学到姐姐现在就读的华夏中学。11 岁的王佳悦开学该上六年级，姐姐王鲜花正是在六年级第二个学期前往昌黎华夏中学的。

王文忠说"这里的教育质量不行，我怕耽误孩子，宁可借钱也要让孩子们接受良好的教育。其实在镇里上学也不少花钱，而为了省钱，女儿们不住校，还折腾我接送，费时费力的。我家就我一个好人，我不能不下地干活啊。大女儿去了一个学期，各门功课都提高了几十分，我就感觉自己的选择是正确的。一个月放三至六天假，来回都是校车免费接送，我放心，所以决定把二女儿也送去。"

吴子刚书记介绍说，现在上窝铺这片 40 多户人家，除了跟随父母到城里打工上学的孩子，留在村里上学的孩子还有十多个，这其中就有一半孩子都送出去上学了。

王文忠为了两个女儿上学也盘算过：华夏中学一个学期的费用就达到 4500 多元，两个孩子在那里就是一个不小的数目。"从下个学期开始，我必须每个学期都要为女儿们缴纳近 1 万元的费用。虽然两个闺女的费用贵，我认了。依靠家里的百十棵板栗和苹果树根本不够供孩子们读书的，我需要向亲戚借一部分。另外，那十几只羊我卖了，不养了。今年春天，我花 2600 元买了一个猪产床，花了 1 万元买了两口 500 多斤的母猪，在家里下崽育肥。我把宝压在这两口母猪身上，就是指望着它们卖钱供孩子们上学呢。"王文忠说。

刘纪携妻女在长城下开荒（2013 年 5 月 3 日摄）

长城脚下的垦荒人

2020 年 6 月 22 日凌晨 4 时，刘纪就起床来到院子里配农药，然后背着几十斤重的药箱徒步上山，他是去长城下给自家的几百棵板栗树喷药。他说这几天气温高，山上的农活都得起早干。此时他的媳妇和小女儿还在炕上熟睡。

认识刘纪还是在 2013 年 5 月 3 日，记者在抚宁县（今抚宁区）台营镇石碑沟村采访时，正值壮年的村民刘纪携着妻子和小女儿，正在长城下坡地上开荒。他说家里可耕地太少，人均几分地养活不了全家，还要供孩子上学。交谈中问起他的家庭与生活，刘纪的回答有些苦涩：“我们夫妻两家里人口多，父母年纪大还多病。能种粮食的地少，开块地种些苹果树能增加点收入。”

当时了解到的情况是石碑沟村人均耕地面积不到一亩，全是山坡地，山场面积5000余亩，其中荒山面积占到一半，是省级贫困村。

不远处柳翠云身边的红衣小女孩是他们的小女儿，乖巧地寸步不离妈妈。然而在第二年听到不幸的消息，他们的小女儿患了不治之症夭折了，那年小女儿还不到7岁。夫妻俩带着小女儿四处求医也没能挽回她幼小的生命，好像一朵花蕾，还没有绽放就凋谢了。夫妻俩失去女儿的悲伤在很长一段时间不能释怀，直到2016年又有了女儿小岳岳。小岳岳出生不久，刘纪说当时不清楚是出于一种什么心情，拿出不多的积蓄把房子粉刷装修一番。他说这房子还是原来生产队的饲养处，买下来后重建的，那时候还没娶媳妇呢。

2019年12月19日，记者来到石碑沟村第四村民组。

刘纪和妻子柳翠云赋闲在家，他们的小女儿转眼已经3岁多了，此时正坐在炕上吃着芝麻糊，眼睛盯着电视里播放的动画片。刘纪介绍说他们的大女儿是承德护理职业学院的学生，现在抚宁区医院实习，已经是20岁的大姑娘了，明年毕业。

这一年已经50岁的刘纪没有心思种地，他把地交给亲戚后就外出打工。第一次和大多数青壮年农民一样，农忙时在家种地，农闲时外出打工。刘纪是建筑钢结构安装工，属于高风险工种。有活干的时候日工资最高能达到300元，工地能管吃管住。但是一年四季活儿并不多，合计下来只干了3个月。他说今年在山东莱芜打工一个月，之前还去过哈尔滨干了两个月，近一万元的工钱还没着落。

妻子柳翠云说丈夫外出打工时只能独自在家里，因为上有老下有小，需要照顾的人多，小女儿岳岳、80多岁独自过活的婆婆。刘纪家里是哥俩，十年前同村的哥哥出车祸去世，照顾年迈的母亲落在他身上。柳翠云母亲是聋哑人，父亲患有脑血栓，几乎不能自理。虽然在十来里路的柳各庄村住，但是柳翠云家是姐俩，妹妹外嫁比她远。没有分身术，柳翠云需要经常两边跑。她发愁地说，小岳岳3岁多了还没有上幼儿园，一直带在身边。山区不比平地，虽然幼儿园和小学校距离十多里，但是遇到雨雪天都不敢骑电动车。

刘纪家有几百颗板栗树，基本上是新树，结果少。“那年你在山上看见我们开荒，是种上了苹果树苗。因为管理得不好，加上缺水，得了腐烂病都死了。后来换成了板栗树苗，今年刚见果。”这些年外面的活少，家里也没多少地可种。今年的板栗收入只有3000元，还不够他自己抓药的。刘纪有肝病，脾也不好。他不好意思地解释说：“我已经把酒戒了。”

刘纪说，大女儿现在区医院实习，每月的开销不能超过1500元，和同学合租宿舍。女孩子大了，宁可不吃也要讲究穿啊。但是闺女的学习他们不担心，她是学校的尖子，每年都能拿到奖学金，还有助学金，为家里省了不少开支。孩子说要升本科，家里肯定支持。柳翠云说自己只有小学文化，母亲不会说话，也没法教，小时候总是贪玩，把自己耽误了。

板栗开花时节，除草、打药、疏果，刘纪忙得不亦乐乎（2020年6月22日摄）

五六十亩的荒山变果园，刘纪把希望都寄托在这里（2020年6月22日摄）

小岳岳的降临抚平了夫妻俩的伤痛（2016年8月8日摄）

外出打工数月的刘纪看到小女儿格外高兴（2019年12月19日摄）

第二辑

岁月已暮

午饭过后，老人们都习惯性地集中在一起闲聊，其中不乏光棍

老无所依

2018年9月7日，记者在卢龙县燕河营镇重峪口村采访村支部书记陈跃新，了解农业结构调整后的村庄变化时，情况介绍很顺利详尽，末了兴致正高的他却话锋一转，叹口气说："全村贫困户55户（2014年建档立卡），现已去世了3户，剩52户，其中包括低保户17户、五保户18户、光棍33户。唉，村子里光棍多得难以想象。那33户光棍是60岁以上的，加上我们村30岁至60岁之间的光棍不得有上百人啊！"

陈跃新思索片刻给出几点原因：一是不思进取，脑瓜筋落后，待在家里守着那点林子和地；二是外出打工，够吃够喝就满足的。概括起来就是家庭收入太少，娶不起媳妇。

这种情况引起了记者的注意，就试探性地问："可以采访吗？"陈跃新摇摇头没好气地说："这有什么好采的，都脾气怪着呢。你能扶扶贫给他们找个老婆？那敢情好……"

时隔两个月的2018年11月7日，记者心事重重地走进重峪口村，随机进行采访。

陈冬，37岁，家里只有兄弟俩。初中文化，在家务农或外出打工。2015年出过

车祸，身体状况不好，从此不再外出务工。而在家里也只能干点轻巧的活，因为他的腿受过伤，不能负重。

自述：年轻时也曾处过几个姑娘，但是都互相看不上。如果能娶媳妇，我也只能把父母现在的房子装修一下，因为没有钱盖新房。我的弟弟已经成家单过。我这种情况需要守在父母身边，互相有个照应。家里有 12 只羊，我负责放羊，但是走的时间长了腿很疼，尤其阴天，晚上疼得睡不着觉。

我父亲 60 岁的人了，为了生活还在外出打工。

我还是在十六七岁的时候就有人来提亲，但是没成。之后就越来越凉了。处的时间最长的有三年，最短的只有半个月。现在我感觉这样生活也挺好的，简单，也不给别人家添麻烦，自己也省心。

陈来 52 岁，现住在父母遗留下来的老屋里。家里有一姐姐两妹子。

自述：我是独子，只有小学文化。年轻时没有处过一个姑娘，也不会。在家务农，种种地、打打短工。在我 45 岁那年母亲去世，48 岁时父亲去世。现在我和父母的地加起来有 3.6 亩，父母去世后，我也不爱种地了，都交给了我妹子，我就靠给人打短工挣点钱过日子。

我两个妹子都嫁在了本村，我们关系融洽。我在屋后院子里种了一些旱烟，够抽一年的。现在挣的钱只够我一个人用，如果家里再添个人、再添个孩子，我就得外出打工了。

我年轻时不懂事，嘴巴也笨，谈姑娘总是不得要领，所以没有处过一个姑娘，就一直独自生活。

陈龙 61 岁。他说年轻时始终没有找到合适的，估计处过有十来个。

自述：我身体有毛病，她们都对我不满意，主要是性生活。家里哥五个，我是最小的。四个哥哥都先后成家了，都在一个大队里（村里）。

我现在住的是父母的老宅子，六间房。我分得三间，四哥分得三间，都是危房了。今年政府准备给我这危房翻建，但是没有必要了，就在后面建了一间新房，我还没住进去呢。

在家务农，3 亩地，其中 2 亩果园，有核桃，再就是种点玉米。

顾廷来 71 岁。自述：家里有哥仨，大姐在 89 岁时也走了，现在就剩我自己了。大哥没有成过家，二哥成过家。没人跟我啊，介绍得不少，但是都没处过。我是低保户。

郭财，82 岁，直到 60 岁时才娶了一个老伴，在一起生活了 18 年，没了（去世）。郭财说他俩没有起结婚证，就是搭伙过日子。现在郭财是低保户。

自述：我年轻时从没有谈过姑娘，因为家里很穷，兄弟四个，我是老三。他们都结过婚了，唯独我没有结婚。分家的时候，我得到了父母老屋一间，隔壁东屋是我的哥哥和侄子的。今年我住的西屋给危房改造了，不然这屋子要塌了，你看东屋没改造，没法住人。平日里自己做饭，我只吃素的，荤的能吃几口，多了就要吐。

我们四兄弟关系不咋地，也许是我不联系他们，逢年过节的也不来往，来干啥？我这落魄的样子。

郭军 77 岁，家里哥五个，他是老大，下面几个都先后成家了。郭军曾经担任过生产队队长，但不爱说话，或许是久不与人交谈，不知道该怎样说话了。

刘瑞林 61 岁，是现任村妇联主任的叔伯哥。自述：我家穷啊。一个兄弟丢了，三个姐姐都已出嫁。我们不走动。现在吃在堂妹家，她弟弟刘国林也独身，55 岁。

杨平 65 岁，五保户，排行老三。自述：家里哥五个、姐妹四个。他们都成过家，就我没成家。哥哥已经走了俩了，姐姐走了一个。我十几岁就摔坏了腿，哪有人跟我啊。庄里就我和老四了。

杨启华 64 岁。自述：家里有哥俩，兄长结婚在昌黎生活。年轻时也没订过媳妇，修水库那年摔断了腿，耽误了。一个姐一个妹都在昌黎。我现在还能种地，是低保户。

今年 67 岁的杨义美，家里有兄弟四个，他排行老二，唯一的妹妹出嫁到亮马山村。父母均已作古。

家里老大杨义林也 70 岁了，在本村娶妻单过；老三杨义宝 64 岁，现住在父母遗留下来的老院；老四杨义民 59 岁，现在和自己住在一起。

自述：其实现在这屋子是老四的，这些年我的身体不好了，也无法单独生火做饭。老四说，三哥过来和我一起过吧，这样我就来老四家一起过日子。

我家四个兄弟都不外出打工，老大是农村厨师，日子过得不错。你看着这屋里地上摆满的鲜花都是老大家的侄女送来的，我还嫌弃占地方呢。

现在我们三兄弟都在一起吃饭。你问为什么不结婚，说实话，不订（结婚）是因为父母太老实，家里穷、没房子，所以把我们都给耽误了。

年轻时，村里修水库，我们兄弟几个都在工地干活挣工分，那个累啊，大冬天的浑身臭汗味，人家姑娘都嫌弃。我 38 岁那年结过婚，过了有 15 年吧，她是带着两个闺女过来的。我们没有再生过孩子。后来还是过不到一起就离婚了。

我有 1.3 亩耕地，但是啥也干不了了，地都让老四耕种。我现在是低保户，由政府养着呢。

我家老三、老四都没有结过婚，因为我的缘故。兄弟之间很重情义，或者是农村的传统习俗，兄长没成家，则当兄弟的不能走在前面。我当哥哥的也曾催促和鼓励他俩订媳妇，但是他俩不听啊，这就不怪我了，没办法。

赵富礼 75 岁，没有成家。家里有哥仨，老大在上兴隆庄村，老三在 20 多岁时去世了。

自述：我年轻时穷，也没啥能耐，所以娶不上媳妇。现在日子好过些了，岁数也大了，也就不想了。年轻时连房子都趁不上，谁来啊。今年政府把老屋翻建了。我的父母早亡（生产队时期），没有赶上分地，我只有 1.35 亩地，种玉米和花生，花生主要是打油的。家里有一个姐姐和一个妹妹，也都出嫁在本村。姐姐 80 多岁了，妹妹死了，亲戚也不走动了。我以前是低保户，政府看到我挣了点钱就给撤了，改为现在的五保户了。

庄河村称之为“官场”的地方是村民茶余饭后喜欢聚集的地方（2009 年 11 月 27 日摄）

门楼下的寄居者

还是在 2002 年初春时节，因为频繁前往董家口村采访，庄河村又是必经之村，每次乘车穿过庄河村，都忍不住透过车窗多看几眼街景，村里的街道虽然狭窄，但是一闪而过的居民家古色古香的门楼却令人兴奋，心想着有一天要来这个村庄好好看看这些门楼。

然而，这一天直到 2008 年的冬季才实现。漫步在一条街又一条街上，形式多样的门楼、建设讲究的老宅院，以及门楼、房屋上装饰着的内容丰富的石雕、砖雕，令人目不暇接，恍惚中自己仿佛穿越时空，回到了遥远的过去。

似乎与庄河村有个默契，每次来都是在冬季。后来，又分别于2009年冬季和2016年冬季走进庄河村，依旧是来看那些不能释怀的门楼和老宅院。门楼和老宅院作为一种建筑文化样式固定着留存至今，也许有100年，也许更久，而传承者应该是里面居住着的人。那么，门楼下宅院里的人们一代代繁衍生活，又有哪些故事发生呢？过去了这么多年，才有了这个想法，也许还不算晚。

2019年3月4日和28日，先后两次驱车前往庄河村，在庄河村民俗专家刘永池引领下，逐户采访居住在老门楼里的家庭。刘永池介绍，庄河村东西走向共六趟街，现存门楼和老宅院大多集中在一至三趟街。

一趟街：曹文兴，55岁，独身，住养正堂的西厢房

一趟街：曹文兴，55岁，独身，住养正堂的西厢房。东厢房是侄子曹振（30岁，独身，他的父母去世早，在外打工过日子，房子久不住人就无法居住了，搬过来和叔叔住在一起，但是极少回家）。

养正堂的东厢房，是四扇木质雕花门扇，两侧的两扇固定不动，中间两扇可以开阖。门扇上部为镂空雕花设计，下部为实木浮雕效果，传统的祥云图案，象征着和谐共融、吉祥安宁。

曹文兴只在村里和周边邻村打短工，不外出。他是一个勤快利落的鳏夫。家里家外收拾得干净整齐，很难想象这是一个只有男人的家。

大侄子曹振没念过几年书就辍学了，他弟弟也是小学念完后外出打工，后来处了个对象结婚，老丈人还给买了楼房。

到了晌午，曹文兴回家了，把农具放在东厢房后，热情地把记者让到西厢房他自己的住处，拉起了家常。村民们都说曹文兴是个忠厚本分的热心肠，谁家有事都喜欢叫他去帮忙。

曹文兴家里有哥四个，他排行老三。大哥去世好几年了。“我父母原来在这里住，还是土改时分到的房。这房子小，但是我爷爷却说给哪个房子都行。我爷爷和大爹都是当兵出身，大爹还参加过抗美援朝战争，立过三等功。”曹文兴说。

曹文兴说，大爹的一些情况是他后来知道的。大爹是铁一师的炊事员，现存有三枚纪念章，分别是华北解放纪念章、抗美援朝纪念章，还有一枚是朝鲜颁发的什么纪念章忘了，因为是银质的，后来熔了打成戒指。大爹去世多年后，曹文兴收拾家里，

大爹是铁一师的炊事员，现存有三枚纪念章

从一个镜框后面发现的奖状和纪念章。

曹文兴说："大爹退役后返乡务农，在三年困难时期死了。大爹人老实，在村里总挨人欺负，那时他也结婚了多年。他死时，我大姐6岁、大哥3岁、二哥才9个月。后来，大妈改嫁给我父亲，以后又有了我、一妹子、一兄弟。"

曹文兴说，自己一直没有成家，是家里太困难娶不起，也没人给提亲。如今大哥去世了，二哥娶了东北媳妇，却没有孩子。活着的都在村里。曹振是大哥的儿子，现在听说在陕西打工，给一个包工队干装修，他只是一个小工子。

曹文兴父亲在20世纪80年代就去世了，母亲是活到86岁走的。"母亲双目失明18年，我就伺候了18年。不孝顺自个儿的父母，还能孝顺谁啊。"曹文兴若有所思地说。

一趟街：黄志和、高翠荣夫妇家。

黄志和、高翠荣夫妇

这是一个垂花跨院式门楼，院子里有正房五间、西厢房三间，居住着三户人家。西厢房现在居住着都80多岁的黄志和、高翠荣老两口，正房住着李庆东（去年去世了）、靳淑英夫妇及儿子李鹏一家。

黄志和、高翠荣家有一儿一女。女儿48岁，一家人居住在山海关，她在山海关兴龙广缘超市工作；儿子47岁，是在石家庄念的书，现在是山海关正大公司的会计，住在抚宁。高翠荣说儿子只给生了一个孙子，正在上高中，女儿家有两个女儿。

黄志和患有脑梗，经常头晕，时不时就得躺在炕上。高翠荣情绪有些激动地说，她这辈子生活很坎坷。

她说："我结婚晚，因为我很孝顺，母亲长期患有哮喘病，为了照顾母亲，把什么都耽误了。年轻时候有很多人给自己提亲，我一个也没答应。我是驻操营中学毕业的，后又被保送到秦皇岛一师上学。毕业后正在待分配时，父亲因病去世，我赶回家奔丧，母亲也因此病倒了，我就再也没有离开过村子，工作就这么给耽误了。"

高翠荣说，她曾经在村小学当民办教师，那会儿是"四清"运动时期，啥时候缺

黄志和、高翠荣夫妇居住的西厢房和二进门

人她就去学校当老师。在村里她是有文化的妇女，感觉自己一生很坎坷，就是什么活都要自己动手干。“唉，那时候如果不拒绝那个‘四清’队长就好了，日子绝对不是现在这个样子。”当着老伴儿的面她毫不忌讳地说，“挑对象挑花眼了，最终嫁给了黄志和，因为他当年是民兵排长，生产队长一干就是40年，直到生产队解散。”

高翠荣接着说：“到了1977、1978年时，给落实政策，因为我是师范生啊，赶上这个关键时刻，可偏偏我儿子年纪太小离不开，这一错再错的，唉，没劲。”

高翠荣说：“我俩是1966年结的婚，开始住在一进门的西门房，那是两间半房子。住了多年以后，那屋子漏雨快塌了，就搬进二进门西厢房三间，但是屋里太黑了，光线不好。这个院子里住了三户人家。我们搬到西厢房有十年了吧。”

老人回忆，这个大院的住户都还是土改那年分的房，分配之前是老姜家的，后卖给老刘家。听说土改前姜家得信，赶紧卖给了刘家。土改工作组进村时，这个院子早已人去楼空，没人住 。土改时，这个大院分给了老黄家、老李家，都是因为家里子女多。

“我们现在住的西厢房是老伴他大哥的，大哥从军下江南走了，就卖给我们。”高翠荣说。

靳淑英家的木质屏风隔断依旧保存完好（2019年3月28日摄）

一趟街：李庆东、靳淑英夫妇家。

靳淑英67岁，她的老伴儿李庆东在2017年去世，现在和儿子李鹏一家同住，此时她的儿子不在家，应该是下地干活去了。

靳淑英说结婚后正房装修过一次，但只是换了窗户。女儿嫁在本村务农；儿媳妇是黑龙江北安的，是儿子在外打工时认识的。孙子23岁，一直在外打工，孙女刚11岁，上小学。祖孙三代一直都在一起居住生活，儿子一家住西屋，老太太住东屋。

靳淑英说，她的公公是老革命，庄河村秘密成立第一个党支部就担任书记，直到新中国成立后的1957年换届，才由支书变为支委，1996年去世。45岁的儿子李鹏在家

垂花跨院式门楼，靳淑英已经进出几十年（2019年3月4日摄）

务农，现在参加镇里的什么“三农”学习班，免费学习电焊，要45岁以下的，他刚赶上。

靳淑英说，家里去掉海港区政府承包的她和儿子的17亩，剩下的地不好，只能种点玉米啥的。大约还有几百棵板栗树，占地4亩多。

一趟街：刘井文、李玉霞夫妇家。

现在这个二进四合院居住了三户人家。西厢房是曹文兴，东厢房曹振（父亲去世）。正房（东、左）是姜宗泽家（老伴去世），正房（西、右）是李玉霞家75岁（丈夫去世）。东厢房雕花石三块。

刘井文、李玉霞家（2009年11月27日摄）

刘井文（2010年去世）、李玉霞夫妇有3个孩子，大儿子是服役13年的退役兵，在市里成家工作；小儿子在村里务农；女儿嫁到半壁山村。

李玉霞骄傲地说，大孙子是共产党员，大学毕业后响应国家号召去了新疆喀什工作，还是公务员呢。小儿子在村里成家务农，大女儿刚上大学一年级，小女儿还在上小学。

刘井文生前在村里担任过民兵连指导员，当过几年队长。

刘井文、李玉霞家，门楼经过十年风蚀已经面目全非（2019年3月28日摄）

李玉霞回忆，结婚时先是住在“官场”（村北一处人们喜欢扎堆、聚集的地方）。这里原先是供销社，它搬走后（大约是1973年前后）她们就搬过来了。这房子原本是老李家的，供销社使用后把隔墙用的雕花屏风给拆掉了，很可惜。

李玉霞说：“我娘家就是庄河的。小儿子结婚时单独盖了房，没和我一起住。老伴去世后就我自己一个人在家，自己伺候自己，谁也靠不上。”

冬季赋闲在家的王桂茹（2009 年 11 月 27 日摄）

一趟街：张余良、王桂茹夫妇家。

张余良（55 岁）、王桂茹（56 岁）家。王桂茹刚上山给果树剪枝回来，把树枝锯断，以备生火做饭用。丈夫在一家石矿从事机修工作。后院是兄弟盖的房。

很巧，张余良刚回家，正在煮饺子。他说老婆在 21 号就去了长城村娘家，伺候母亲。80 多岁的人了，啥也不能干了，得吃饭，专门做饭去了。

站在街口门楼下的张余良（2019 年 3 月 28 日摄）

张余良是机修工，在当地一家矿山上班。刚才接到东家通知，说朋友的矿上需要机修，让他去趟青龙。

夫妻俩有两个女儿，都先后出嫁。大女儿在石门寨，二女儿在唐山。张余良夸奖自己的老婆很能干，家里的农活几乎都是她一人干。

张余良说：“这个院子是我们兄弟俩住，我在西屋两间，他在东屋三间。因为他在山里养牛，那边盖了两间简易房，平日里不回来。这都是我父母留下来的房子。说实话，这屋子一直有人住，不然早塌了。这个院子是后来买的，我家原先在城子峪村，搬到这里 61 年了，记得这么清楚是因为我二哥那一年刚好出生。父亲是兽医，大伯是公社中学的教师，父亲为了上班方便，就决定搬过来，在这里买下了房子。如今，我们家 5 个兄弟都在庄里。”

一趟街：朱长武、贺淑萍夫妇家。

朱长武（58 岁），妻子贺淑萍（56 岁），儿子还没成家，在辽宁绥中打工；女儿已出嫁。贺淑萍结婚 34 年了，一直住在这里。丈夫是泥瓦匠，每到开春后就有活干，出去给人帮工了。她不怎么外出，只是在附近找活干，打短工，带上中午饭，一天工钱一百元。这两年因为平地都承包出去了，家家就剩下坡地上的林果树需要管理。

贺淑萍介绍，这个门楼里不是四合院，正房、厢房布局随意，住家多。因为院子大，早年谁家缺房就在院子里找块地方盖。从门楼到现存的唯一正房之间，由地上青石铺成

朱长武、贺淑萍夫妇在自家门楼前（2019年3月28日摄）

的一条小路连接，仔细看这几块雕花青石板原本是镶嵌在大门柱两侧墙体上的装饰。

贺淑萍说，她结婚后就把老房装修了，老房的屋架没动，把隔墙木板涮了油漆，显得亮堂。“不瞒你说，结婚时这房子简直没脸见人，那个破啊。北墙上的窗户忒小，小屋里黢黑，后墙外没人家就是野地，晚上有个什么动静很吓人的。”贺淑萍说着自己也乐了。

贺淑萍娘家是辽宁绥中黄木杖子村的，她说：“我是经媒人介绍嫁到庄河村的。当姑娘时我们村就几户人家，这里人多，比娘家强多了。不过那里也是革命老区，辽西地区第一个党支部就在我们村，现在开发红色旅游了，如今入党宣誓、组织生活什么的都上那里。”

贺淑萍家哥四个、姐俩，姐姐和她一样都跨省嫁到了河北，不过只是隔一座山，她的姐姐嫁在东山根村。“我娘家那边山场大，有许多保护林，因为林场面积大，家家承包的山场里能值点钱的东西多，砍几棵树、挖点药材就能卖钱，轻巧的。哪像这里，地方小还没啥稀罕物的。不过娘家那边山太高、林子太密、村子太窄小，嫁到庄河村后感觉这里的天都大了许多，可是这里的山场小，还没什么值钱的。”贺淑萍调侃地说。

贺淑萍也不忘了埋怨几句，她说结婚后和公公婆婆一起住，唉，他们家哥仨，其他人都不管老头老太，都是她伺候走的。没办法，老公是家里最小的。

原本是镶嵌在大门柱两侧墙体上的雕花青石板早已铺装路面

朱长武接到老婆电话说有记者打听老房子的事，从村头干活的工地赶回来。他说自己家住的这个院子先前是老刘家的，土改时分给他爷爷、父亲那一辈。他是家里最小的。这家姓刘的是地主，被清算后搬出去了。那时父亲和大伯住在这里，大伯住在西屋，父亲住在东屋。后来大伯搬家到老丈人家，他就买下了西屋。这些年来，院心变化很大，格局也变了。

朱长武说：“我的父亲是老泥瓦匠，但是他从来没有带过我，他只带二哥。我也从来没有跟过父亲干活，都是以后自学成才的。在村里，依靠泥瓦手艺打打短工，也就年吃年喝够了。耕地也租出去了，家里没有山地，所以现在也不用种地了，老婆在家偶尔也打短工，闲着也是闲着。只是儿子到现在这个岁数没结婚，总是放心不下。我儿子属龙，31 岁，一直在绥中打工，他是司机，跑物流，到现在也没对象。”

何长启、姜宗月夫妇（2019 年 3 月 4 日摄）

二趟街：何长启、姜宗月夫妇。

69 岁的何长启说，门楼还是过去的老式样原封没动，曾经在 1994 年翻盖了东厢房和正房三间。现在三代同堂，儿子儿媳、孙子孙女一起住。何长启、姜宗月夫妇有一双儿女，儿子从石门寨高中毕业后就参加了工作，现在一家玻璃厂上班；成家后在杜庄镇买楼居住，儿媳在一家房产门市部做营销。女儿嫁到承德市围场，她毕业于河北民族师范学院，后通过当地特岗教师招聘留在了那里。

姜宗月回忆：“听我奶奶说，我们现在住的院子一直是属于姜家。在我的记忆中，当年这个院子里住着奶奶、爸爸、妈妈、哥哥、姐姐，我是最小的。我结婚后嫁到黄土营村，这个院子由哥哥继承。但是他应征入伍当兵去了，后来又考上了长春一所大学，学的是兽医专业，这都是 20 世纪 60 年代的事。他不再回来住，就把这个院子让我家住。我们 1977 年结婚，1983 年就搬家过来了。”

何长启说：“当时说要把房子给我们，我高兴还来不及呢。我家哥仨，家里缺房子，我是老大啊。家里只有三间房，7 口人住，太挤了。”何长启在柳江马蹄岭煤矿工作了 31 年又 11 个月，退休之后回到村里务农。

姜宗月补充说，当年这个大院还是经过奶奶的手置换过来的。早年奶奶住在村北面的老宅子里，在当时是村里比较偏僻、荒凉的，那边人口也少。她用北面的 11 间房换来了这边的 3 间房，就是因为这里是村庄的中心，人口密集、热闹。这二趟街也叫腰街，风水也好。

奶奶可怜，19 岁就守寡。爷爷到沈阳做生意，就再也没回来……那个年代兵荒马乱的，什么事都可能发生。

上年纪的村民姜少俭与李成先在此闲聊（2008 年 11 月 26 日摄）

何长启说，刚退休时工资是 1600 元，现在已经涨到 3100 元了。家里还剩 4 分地，在山根下，没人要的。其他的好地都给海港区政府承包去了。那点地里种点玉米，可以喂鸡，后院有 2 分地可以栽种时令蔬菜，日子过得去。

姜宗月说：“女儿离家远顾不上，儿子家能帮衬一下，我们把孙子带了7年才走，说是要学英语，我们老两口哪会啊。”

二趟街：姜家义、费桂艳夫妇家。

这是一座二进门四合院，一进门三正六厢；二进门五正六厢。

目前一进院除了门楼还在，东西厢房拆了，正房后来被改造了。

二进院正房分为两家，东西厢房拆了。

姜家义不在家，干活去了。费桂艳和儿媳妇正在家里哄孙子午睡。费桂艳是本村人，她和姜家义是半路夫妻，2009年嫁到姜家。之前自己有两个女儿，姜家义有一个儿子。

费桂艳的婆婆（已去世）和大伯家的孙子（2009年11月27日摄）

结婚后家庭和睦，相处融洽，日子过得不错。丈夫在村里村外打短工，不外出。说起这间房子，她说是明嘉靖年间建的，村里老人都这么说。正房均由原木、方木架构，门楼保持原样，就是门上的两块雕花青砖被偷了。

费桂艳和儿媳及孙子（2019年3月28日摄）

姜家义家有哥仨，他在家排行老三。费桂艳说自己嫁过来后就是做饭、看孙子。说起房子，她说，正房后面曾经有厢房，但是拆了。丈夫此时正在市里干活，今天是头一天去。以前是每天回家来。费桂艳的前夫是板厂峪村的，去世有4年多了。她一个女儿出嫁到马家峪村，小女儿21岁了，还没结婚，在市里打工，有时回来和自己住。

二趟街：刘长汉、梁彩芹夫妇家。

刘长汉74岁，老伴儿梁彩芹75岁。女儿出嫁到昌黎县宋庄村，儿子50岁了还在打工。“院子里只剩下正房五间，过去这个院子也是五正六厢，几经翻建改造就剩下这点了。”刘长汉说。

刘长汉、梁彩芹夫妇（2019 年 3 月 28 日摄）

梁彩芹说，自己娘家是张庄村的，当年结婚嫁到庄河时，是在村里借的房子。先是在本家借租了一间西屋，不久又搬到一趟街同是本家的屋里，再后来借钱买下了最早借住的正房三间。刘长汉说："我们是 1968 年结婚，买下这个院子是在 1970 年吧，记不清了，花了 1050 块钱，不算税，那会儿这点钱在农村挣工分的年代可以算得上是天文数字了。当时房子已是破烂不堪，花钱修缮之后生活才算稳定下来。后来又买下了后院原生产大队队部的两间房子。儿子结婚时在三间正房，我们两口子就住在后院两间屋里。儿子是司机，常年在外打工。为了方便找活、进出容易，在杜庄买了小产权的楼房，常住那里了。儿媳妇给人打工，卖过服装，现在又帮人卖文具。他们就一个女儿，正在保定上大专呢。儿子家常年不住在这里后，我们就搬回来，那两间房就堆杂物。"

梁彩芹介绍自家的门楼
（2008 年 11 月 26 日摄）

刘长汉介绍，这个院子买下来后，做过重大翻建。那是 1982 年，花了 500 块钱，卖掉了家里唯一一头年猪，加上鸡蛋，又借了许多。后来，他在修水库工地上干活，挣点现金，这么东拼西凑地才结算了房钱。三间正房因为距离大门太近，就把房拆了，地基向后挪动了 2 米，用的还是老屋的架构，样式也没变，木架大梁瓦房。

刘长汉回忆："我们翻建正房前，院子里的厢房就拆没了，支起个大棚子，可能因为大队部在这里办公需要场地吧。家里现在几乎没有地了，都承包出去了。"

梁彩芹说："有地种的那些年，儿子儿媳说是供不起孩子上学，都在外打工挣钱。我们老两口就依靠着种地养着孙女，供她上学。那时候家里有 8 亩多地呢。现在山上还剩 100 多棵板栗树、杏树、梨树，天太旱不怎么结果，花钱浇水又不划算，去年板栗只卖了 20 斤。"

二趟街：王文魁、纪淑芹夫妇家。

王文魁 56 岁、纪淑芹 54 岁，家有两个儿子，老大成家后在杜庄买楼房居住，以打工为生；小儿子还未结婚，也在外打工。王文魁说，自己曾在当地一家石矿做工，2006 年出工伤事故导致双眼失明，当初矿山一次性给了 20 万元抚恤金就没有下文了，因为这个石矿开张不到半年就关停了。老婆现在在张庄一个大棚干活。

庄河村迄今保存最完整的门楼（2019 年 3 月 28 日摄）

现年 55 岁的纪淑芹是本村人，她说丈夫家有哥五个，王文魁是老四。原本带着老五在这里和她们一起生活居住，后来老五参军走了，退役后在秦皇岛一家保险公司工作。

王文魁说："这个大院子是我们王家从姜家手里买过来的，早年院子是二进门、五正六厢，后来几经改造，就剩下现在这个模样了。我上面几个哥哥结婚都是自个儿盖的房子，老院子就落在我和弟弟手上。我是 1984 年结婚。家里现在就剩下山地和自留地 3 亩，租给海港区政府 8 亩多地。"

纪淑芹每天都要到外面找活干，只要能挣到钱，不管多少。她说不能闲着，否则没饭吃。实在没活干，就在家里干，简直就是一个车轱辘，停不下来。

夫妻俩的大儿子在杜庄住，儿媳妇在家看孙女。小儿子 25 岁了，在市里打工，没有对象。这孩子没个正经，一会儿这地方干干，一会儿那地方干干。他是抚宁一中的学生，因为参加市里运动会拿了名次，学校老师看上了，老师希望他走特长生。可是学习成绩不好，跟不上。学校老师暗示他会影响升学率，加上家里经济有困难，他没毕业就离开了学校打工去了。

院子里堆放着不少早年装饰墙体的石雕板（2019 年 3 月 28 日摄）

后院有半亩多大的菜园子，种些蔬菜。

王文魁、纪淑芹夫妇是 2003 年搬进这个大院的，之前老五一直住在这里。老五在十八九岁时参军走了。之后，他们才搬过来。

王文魁的父亲曾经是庄河村的老书记，干了 18 年，2013 年去世，而母亲早在 2004 年就过世了。

三趟街：费长民、曹文霞夫妇家。

这是典型的长出廊民宅，正房 5 间。费长民 52 岁、曹文霞 51 岁。女儿从邯郸外国语学院毕业后现在在北京工作，还没结婚。儿子初中毕业后一直在家待着。母亲91岁了。

徐秀英已经91岁高龄，依然耳聪目明

家里只有91岁高龄的老太太在睡觉，她叫徐秀英。她说老伴去世多年了，在她65岁时走的。“15岁嫁到费家这个院子，我老公公在这里住。这一辈子生养了6个孩子，三男三女。现在和老儿子一起住。老伴去世还是老儿子发送的。其他两个儿子、两个闺女也在村里住，另一个闺女在茶庄村，离我都不远。我娘家穷，没念过书。娘家是大口外建昌的（当地人把青龙叫口外，把建昌叫大口外）。父亲是地道的农民，穷得不行，我有2个哥哥、2个姐姐，我是家里最小的，现在他们都去世了，就剩我自个儿了。我嫁到这里是我大姐介绍的，那时费家的一个姐姐嫁到我们那边，这么认识了。现在老儿子在他二姑家伺候着呢，二姑夫不行了，癌症，十几天不下饭了，等死了，他们都在那里忙着。”

典型的长出廊民宅

姜少宣和高翠琴蜗居的小屋（2019年4月19日摄）

三趟街：姜少宣、高翠琴夫妇家。

姜少宣现年87岁，老伴高翠琴80岁。走进门楼，发现这个院子很小，或者说没有院子。正房三间都不大。东屋里，姜少宣坐在炕上，老人耳聋得厉害，抿着嘴唇想说话，可是他几乎无法讲话。老太太高翠琴闻声从屋外拄着手杖颤颤巍巍走进来，她也耳背，需得大声说话才能听见，两位老人都离不开手杖了。

关于这座老宅子的历史，高翠琴老人也许是没听明白，只是一个劲儿地说记不得了。她说：“娘家住在北头（村北），7岁母亲去世，8岁父亲去世，家里的许多事情都没听说过。自己16岁时嫁到姜家，公公婆婆住东屋，我们住西屋。房子是土改那会儿分给公公婆婆的，其余的都不清楚。”

姜少宣的家，春节前张贴的春联很醒目（2019 年 3 月 4 日摄）

两位老人现在生活上更需要有人照顾，姜少宣患有肺结核，而高翠琴患有中风，视力不好。姜少宣和高翠琴共生育了 6 个女儿，其中 5 个都嫁到南面去了，只有二女儿在身边，现在和父母住在一起。二女儿的丈夫死后，她找了一个男人搭伙计过日子，也没起证（结婚证）。

高翠琴说："二女儿到秦皇岛打工去了，早起就和人坐车走了，天黑才能回来，好些日子了。她那老伙计去哪里打工我们不知道。反正都在干活，没法啊，不干活活不下去。二闺女快六十的人了，有个女儿，给（嫁）到哪里我也不知道，还有一个儿子，闹不清在哪里干什么。

"我们两口子身体不好，早就不能种地了，干不动。当年嫁到姜家时，可穷了，哎呀，比现在还穷呢。所有的闺女都在忙着打工，很少家来，但每次来都给我们捎点好吃的，菜馅的小包子。不是不想来看我们，是因为忙着挣钱，日子过得都不好。

"那天听说有人给老头子照相，说是照门楼，哎，那个院子是我外甥的，早就空着不住了，都搬走了。院子里都让二闺女的伙计种点蔬菜啥的。我家没有院子，北面是老李家，院墙塌了也没收拾，不住人了，搬走了。早先说是把房子卖给我们，哪有钱啊。我们这三间房不像样子了，还是老姑爷给吊的顶，没花钱。

"现在国家好啊，还给我们钱。过去国家还跟我们要钱呢。"

三趟街：刘长义、王延芝夫妇家。

刘长义 83 岁，王延芝 76 岁。院子里老人和儿子刘春风各住前后正房，儿子的正房是后建的。此时刘长义正在厢房干活，接水管准备给羊饮水。此房原先属于姜姓家的，破落后卖给了刘家。父子两家依靠养殖绒山羊生活。每年能养殖 100 多只，羊绒、羊毛、羊肉都能卖钱，老人说。夏天放养，冬天圈养。

刘长义、王延芝夫妇在自家的门楼下（2019 年 3 月 28 日摄）

老人说，在这里住了有 41 年了。这个院子先前也是老刘家的，但他们不是亲戚。那是唐山大地震前买下来的。家里有两个儿子，老大 54 岁了，在北京。他 17 岁那年去北京投靠老叔，老叔当时在北京当交警。后来在那里搞对象结婚，就落在北京了。小儿子在村里务农，他老伴也是本村人。

刘长义结婚晚，29 岁才结婚。“家里穷啊，我这一辈儿哥仨，一妹子。我是老大，16 岁起就当家了，不是说长子如父嘛，我得照看几个弟妹。年轻时曾经在县里的黏土矿工作，为了照顾家就跑回来了，要多挣工分啊。在1965年还当过‘贫协主席’呢。”

刘长义说，自己养羊有 18 个年头了，无论市场行情如何风云变幻，养羊没有停止过，从没放弃，这行当可是养家的。

这个院子改动很大，正房是三间，把东厢房拆了，正过来和正房并排，现在小儿子一家住着。西厢房还在。这院子据说叫什么倒座门，说是只能在西北角开门，也叫坎门。

刘长义说：“这几年土地被承包走了，没地种玉米，羊饲料都得花钱买。不过我感觉比打工强，自在啊。老伴患有糖尿病 30 多年了，我除了耳聋眼花，身板挺好，还能干些年。小儿子家里的两个孙女，大孙女在北京上大学，毕业后留在那里工作，都 28 了也不结婚；小孙女正在上高中，今年就要高考，在新世纪中学。这小孙女打篮球邪乎，学习也好，可能走特长生。”

刘长义正在厢房后接水管准备喂羊（2019 年 3 月 4 日摄）

每逢农历四月初七，吴玉林都要和弟弟给骆中山上坟祭奠，已经十年（2015 年 5 月 24 日摄）

我们不会忘记您

2015 年 5 月 24 日星期日，农历四月初七。这一天对于多数人来说没有什么特别，但对于抚宁县驻操营镇董家口村的吴玉林一家却是个重要的日子。十年来，每年的这一天，吴玉林都要带领着他的家人祭拜父亲生前的老战友——骆中山。

早上 9 点，记者来到吴玉林家，推开门走进厨房，刚好看见吴玉林的小妹妹正在准备祭拜用的物品。方肉、丸子、苹果、香蕉、点心、豆腐、白酒和爆竹。吴玉林指着院子后边山丘上的老松树告诉记者，这附近是骆家的坟地，随着土地改革，许多坟头都已经平了，因为骆中山是为革命献身，所以一直保留了下来。“他就在那树下面，要是活着，今年已经 98 岁了。”吴玉林说。

据吴玉林和家人回忆，骆中山生于 1917 年，1948 年农历四月初七这天，他被村民推选为负责担架队的民兵连连长。他与吴玉林的父亲分在一组，共抬一副担架。当天傍晚，骆中山牺牲在石门寨镇潮水峪的后山上。第二天，村民将他的遗体带回董家口，吴玉林的母亲和其他妇女一同将他葬在现在的松树下。

吴玉林说：“我父亲在世时，每年都会去祭拜他的老战友。2005 年，我父亲走了，我要把这件事儿做下去，等我不在了，还有我的孙子接着做。他是为了国家牺牲的，我们过上今天的幸福生活不能忘了他。虽然我不富裕，但我宁可自己少吃点儿，少抽根烟，也要让他有吃的。”每年的清明节，吴玉林都会请人扎好花圈祭拜骆中山。

上午 10 点，吴玉林带着弟弟吴玉久和孙子吴波来到骆中山坟前，已经 76 岁的吴玉林因患有股骨头坏死需要架起双拐走路，但这丝毫没有影响他坚持上山祭拜的决心。吴玉久摆好祭祀用品，兄弟二人各自倒上白酒，吴玉久说：“中山大爷，我来陪您喝一杯，我们没有忘了您。”小孙子吴波跪地磕头祭拜。吴玉林说：“我总是告诉我的孙子，是因为先烈们的牺牲，才会有今天的好生活，人得记得感恩！”

多年来，吴玉林一家生活、劳作在这片土地上，与骆中山的坟茔始终相伴（2015 年 5 月 15 日摄）

经历过战争烽火的老人，在和平年代享受着平静的晚年（2015 年 4 月 8 日摄）

回忆起当年骆中山被抬回来的情形，吴玉林哽咽得说不出话来（2015 年 5 月 15 日摄）

吴玉林扔了拐杖，忍着疼痛跪下给烈士摆放祭品（2015 年 5 月 24 日摄）

吴玉林的老母亲94岁了，每到祭奠日，她要求小女儿按照老规矩准备了方肉、豆腐、丸子及水果（2015 年 5 月 24 日摄）

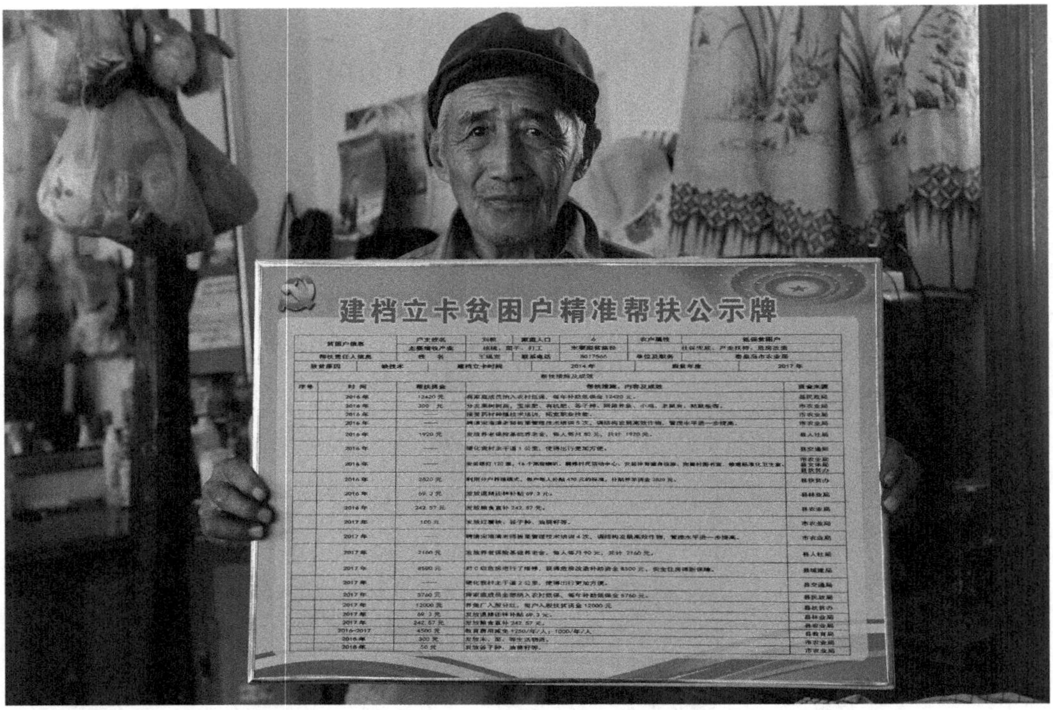

从这一公示牌上，刘粮一家享受精准帮扶的款项内容一目了然（2019 年 9 月 11 日摄）

城北村一家人

青龙满族自治县七道河乡城北村西山上，茂密的核桃树叶居然遮蔽住了午后阳光的渗透。刘粮拎着编织袋制成的小筐篓蹲在树荫下，不时地挪动着，他在捡拾着散落在落叶里的青皮核桃；儿媳妇张兰琴正手持长竿举起打着树上的核桃。此时西山上的核桃林里除了这一老一少，没有别人。

刘粮老人头也不抬地说：“家里有十来棵正值盛果期的核桃树，其余几十颗都是小树，老品种。”刘粮家的基本信息是，一家六口人，老两口和儿子一家一起过，膝下有孙子孙女，都在上学。儿子常年在外打工挣点儿活钱，农闲时几乎不在家。老伴儿身体不好，这会儿在家待着。家有3亩地，分散在好几处。没树的地种点儿玉米喂羊，但是都被风吹倒了，收成不好。

这是2018年9月6日刘粮家秋收时的一幕。

时隔一年后的2019年9月11日，记者再次来到城北村十四村民组刘粮家，情景变化很大。

正值核桃、板栗下树时节，已经78岁高龄的刘粮在院子阴凉处逐一敲开板栗毛壳。他说："今年山上和地里的活儿只能儿子儿媳他们干了，我干不动了。"刘粮患有多年的哮喘病，现在又有轻度脑萎缩，老伴儿也是脑萎缩，并且腰椎间盘突出很严重。

此时，儿媳妇早已独自去东山打核桃、捡板栗，已是晌午时分还没回来。坐在门前台阶上的老伴儿张淑文唉声叹气地说，自己身体多病虚弱，连拾柴做饭的力气也没有。

刘粮的名字为什么取"粮"字？老人嗫嚅地说："我出生那会儿家里很穷，饭都吃不饱，所以爹妈就给起了这个名字，那意思大概是求多留点粮食儿吧。"刘粮这一辈儿是哥四个、姐俩，家里人口多，正处在兵荒马乱、吃不饱、穿不暖的年代。

近年来，村里大多数村民先后翻建了新房，刘粮家却还居住在几十年的四间正房里，相形之下显得陈旧。刘粮说那还是1982年经他手盖起来的，直到现在依旧是全家六口人遮风避雨的场所，新房盖不起。

此时，准备上高二的孙女刘春宏却在家里待着，一副无所事事的样子。身材高挑的她穿一件宽松且有几处破洞的白色汗衫，搭配一条同样宽松的蓝色牛仔裤，齐耳浓密的黑头发让人一眼看出来是个学生模样，只是这一遮住大半个脸的发型让一头白发的奶奶很是不爽：这头发都把小脸盖上了，还叫人看吗！

刘春宏能够顺利上高中，得益于教育扶贫政策和社会力量的帮助。她就读的青龙一中，因为新建成的学校还没有装修完成，开学日期可能要拖到9月中旬。她的弟弟现在在七道河中心小学上六年级，因为姐弟俩放假的时间总是错开，难得见一面。姐姐每月放假一次，但是回来却见不到弟弟，他还在上学。

刘粮的儿子刘瑞新现在唐山一处工地上做保洁员，和农村青壮年一样，农忙回家种地收秋，农闲外出打工。一天的工资是140块钱，不包吃住，他每月要自掏腰包200元与其他工友合租房子。

张淑文说："现在工作不好找，儿子年岁也大，都45了。我家就这么一个儿子，但是他的身体也不强壮，重体力活干不了。儿媳妇在家里除了料理家务、做饭，像打核桃、捡板栗这样的活都压在她一个人身上。儿子要到掰棒子的时候才能回来，那种活儿也只有他能干动。”

刘粮是城北村“十三五”期间建档立卡贫困户，作为低保贫困家庭，刘粮家享受国家扶贫政策，都写在精准帮扶公示牌上。

还是在 2016 年时，刘粮家在精准帮扶资金到位后，买回来 12 只山羊圈养，为的是通过繁育争取增加收入，然而这一项看似简单实际上繁重的劳作只能由年迈的刘粮和儿媳承担。时隔两年后的 2019 年 7 月间，越来越力不从心的刘粮在喂羊时又被一只怀孕的母羊重重顶倒，他叹息道，这养羊的活计也干不了了！他无奈地说，儿子不在家，羊病了都没法整，因此一家人商量后就把羊都卖了。

刘粮愧疚地说，儿媳妇在农闲时也外出打工，等自家收秋完后，就到迁西一带农村帮人捡拾板栗，到了 10 月，她还要和村里的其他妇女结伴儿去海边渔村剥扇贝。

身体多病虚弱的张淑文念叨，做饭的力气都没有了（2019 年 9 月 11 日摄）

力气活儿已经不能胜任，刘粮只能打下手（2018 年 9 月 6 日摄）

儿媳张兰琴成为家里农活儿的主力（2018 年 9 月 6 日摄）

被资助的孙女开学前无聊地待在家，被奶奶数落着不干活儿（2019 年 9 月 11 日摄）

儿媳从东山打下板栗背回家，刘粮则蹲在墙角开剥（2019 年 9 月 11 日摄）

春天里为了不耽误农时，李振芝也拄拐到地里帮助点种（2015 年 4 月 17 日摄）

当你老了

李振芝患有股骨头坏死，离不开拐杖，短途单拐，长路双拐。

2020 年 12 月 9 日，记者第四次来到抚宁区台营镇扶崖沟村，看望李振芝老人。此时他坐在炕头上闭目养神，老伴儿张素秋正在厨房准备着午饭，她说快晌午了，孙女们就快放学回家了。

第一次见到李振芝还是在 2015 年的春耕时节。他拄着单拐在地里播种谷子，大儿子在前面牵驴耕地。另外还花钱雇佣两个村民，每个工一天 80 元钱。老人说：“家里 5 口人，可耕地不到 5 亩，主要是种玉米、谷子，仅够口粮。山上坡地里有点板栗

如今拄上双拐的李振芝大部分时间都是坐在炕上（2018 年 12 月 26 日摄）

张素秋每天还要操持着为两个孙女做营养餐（2020 年 12 月 9 日摄）

每逢村里赶集，李振芝都会拎着坐垫坐在桥头看热闹，集散了，他也就回家了（2016 年 11 月 16 日摄）

李振芝把孙女的奖状贴在炕头，很是骄傲（2020 年 12 月 9 日摄）

树，儿子不种了，我们看管着，儿子说挣到钱算我们的。”

2016 年 11 月 16 日，第二次来到村里，正赶上村里有集市，已经 82 岁的李振芝坐在桥头看热闹。老人热情地邀请记者到家坐坐，过桥不到 100 米的沟汊里就是。

李振芝介绍说：“这房子是三儿子的，他离婚后就去市里开出租车了，把两个女儿托付给我们带。大儿子有点智障，和我们一起过。二儿子也未成家，我们把老房子给他，他和一个东北女人搭伙过日子呢。”

老两口居住的东屋，地上摆了几盆花，栀子花开正红，九月菊也盛开着，还有一

盆看枣。“孙女们的屋子里养着十几盆花呢，三儿子喜欢花，所有的花都是他从市里买回来的。”张素秋脸上浮现出笑容，

说起两个孙女，张素秋来了精神，滔滔不绝。从贴在立柜上的照片看，小姐妹在大海边很是活泼开心。“那是在市里开出租车的爸爸带她俩去游玩时拍的。姐妹俩在学校的学习成绩都很好。”

2018 年 12 月 26 日，第三次来到李振芝家。老人感冒了，窝在炕上无精打采的。老人说前些年查出患有直肠癌，做了手术；今年又查出患有心脏病，在市里住了 20 多天，钱没少花，可是人废了，现在吃喝拉撒都需要老娘子伺候，不能走道，拄双拐都费劲。“我和老娘子都有养老保险金，每月 80 块钱；也加入了新农合，住院治疗能报销不少钱。”老人欣慰地说。

此时正在厨房忙碌的张素秋说：“正在准备给两个上学的孙女做饭呢。大儿子感冒了，什么都吃不下去，饿了就自顾自地泡包方便面吃。50 多岁的人了，我们还要操心他，哪有头啊！”

厨房里案板上放置着蒸熟的红薯和南瓜。“这猪肉还是三儿子在市里砍的，托熟人捎回来，说是孙女们正在长身体，要补充营养。他不总回来，偶尔打几个电话。”

“我们眼看着不能种地了，就早早把地都分给了三个儿子，春种秋收时能帮着干点活就干点，现如今是真的干不动了！”李振芝摇着头说。

年逾七旬的老两口身体都不好，春天依旧吃力下种（2019 年 4 月 26 日摄）

耕耘与收获

2020 年 10 月 13 日下午，海港区驻操营镇城子峪村。

长城下，年过七旬的张鹤成、靳桂荣夫妇在地里剥玉米。靳桂荣说城墙下 1 亩多地里的高粱、谷子、白薯都已经收完了，只剩坡下这两亩地的玉米。“我们年纪大，动作都慢。好在亲戚家养羊，需要玉米秸秆，他拉秸秆时帮助把玉米棒子给我们运回家，一举两得。”

认识张鹤成夫妇有十多年了，每次去村里采访都会去看看他家的古宅。这座已有 200 年历史的古宅，两座只剩半截身子的石狮子守着这座一进式的四合院，显得古朴、庄重。历经风雨沧桑，房子略显破败，但张鹤成夫妻俩并不在乎：“住了一辈子习惯了，在这里心里踏实。”他边说边介绍西厢房的乾坎墙花，虽早已蒙尘，但依然能清楚地辨认出墙上花卉的图案。老人叹息道："孩子们都在外地生活，我们百年后这老房子就无人照看了。"

张鹤成现年 74 岁，老伴靳桂荣 73 岁。家有 10 多亩耕地，种植玉米、高粱、白薯等大地农作物。坡地上有 30 多棵板栗树，大多是老品种，不怎么结果。如今老人也上不去树，无法剪枝，个别的老树病死了就给锯了。

"唉，年轻时干农活太猛太用劲，伤了筋骨，年纪大了长骨刺，疼啊。"张鹤成叹息道。

张鹤成回忆，还是 20 世纪 80 年代初大包干那些年，家家都分了地，有人家种地人手不够，需要雇人干。自己仗着身板好，又想多挣点，干完了自己的活，就去别家干，牵着自家的驴子，一天能挣 30 块钱，毛驴算两个人力，20 块钱呢。那些年，一天下来要干 10 个小时，光是走道，不得走到秦皇岛啊！

张鹤成说："家有三个孩子，还都是男孩。自打他们上学起，哪里都要花钱。现在，老大大学毕业后在绥中一所学校教书，老二在市里做门窗生意，老三也在秦皇岛一家保险公司上班。"靳桂荣插话说，"孙子们都是我们带大的，到了上学的年龄不能带了，我们年纪大了，这上学送放学接的做不到，就回到他们爸妈身边去了。"

靳桂荣说："村子划归海港区后，家里有 10 亩地流转了。剩下这 2 亩地其实是最好的，我们舍不得撂荒，那是我们的命啊！"

农家饭很简单，张鹤成就着花生喝两口，不然浑身不舒服（2016 年 1 月 11 日摄）

张鹤成、靳桂荣的家已有 200 多年历史，是村子里现存最好的（2014 年 4 月 11 日摄）

74 岁的张鹤成双腿膝盖疼，屈伸困难，带着马扎下地，剥玉米要不时地挪走很吃力（2020 年 10 月 13 日摄）

收秋了，黄灿灿的玉米摆在地里（2020 年 10 月 13 日摄）

靳桂荣说这 2 亩地是最好的，也快种不动了（2020 年 10 月 13 日摄）

李保玉挥舞着数米长、几斤重的木杆敲打着树上的核桃（2019 年 9 月 18 日摄）

核桃树下的日子

2019 年 9 月 18 日，青龙满族自治县草碾乡东蚂蚁滩村。

沿着村民七组户户通水泥路走到尽头就是李保玉家了，然而大门紧闭。听见汽车声，女主人从东山下来开门。“现在正是核桃下树的当口，趁着天气好赶紧打，已经连续几天在山上忙碌。老头子还在树上挂着呢，要不喊他下来？”滕玉琴气喘吁吁地解释。

初识李保玉、滕玉琴夫妇，还是 2016 年的金秋，年逾古稀的李保玉、滕玉琴夫妇正在地里收割成熟了的谷子。李保玉说，还是在春天里，这两亩地不仅播种下传统的农作物谷子，还积极参与驻村工作组的扶贫项目，间种了中草药黄芩。“政府都是为了咱脱贫着想啊！”李保玉补充一句。

夫妻俩只有两个儿子，都先后离开村庄前往城里谋生活，家里 6 口人的 6 亩多地全靠老两口操持。平地少，种谷子和玉米。山地多，主要是核桃树，有百十棵，也是刚到了结果年份，产量不高；少量的栗树苗还不到结果的时候。

老两口现在居住的房屋是大儿子结婚时盖的。

那是 1993 年，大儿子准备结婚，盖起了石砖混的新房，但是由于缺钱，房子只是个毛坯房，婚后一赌气，小两口卷起铺盖进城打工了。几年后，小儿子也要准备结婚，却捉襟见肘没钱盖新房，无奈和老两口住在早已破败不堪的老房里。“小儿子在我双胞胎孙子4岁时，也忍受不了没钱白忙活的种地生活，举家到城里投奔他大哥了。后来我们那个 1976 年盖的房子也塌了，我们老两口只好搬到大儿子的毛坯房居住。”李保玉说起房子有道不尽的苦水。

在离家不远的东山上，树上挂满了青皮核桃，已经 76 岁的李保玉身材不高，却能挥舞着五六米长的木杆，扬着脸盯着树梢上挂着的青皮核桃悠着劲东一竿西一竿地打着，估计那长竿得有六七斤重。

谷穗黄了，收获总是令人喜悦（2016 年 9 月 22 日摄）

东山上的核桃林里，夫妻相伴，一个打，一个捡（2019 年 9 月 18 日摄）

滕玉琴说，剥青皮核桃并洗刷是个很累人的活计（2018 年 9 月 6 日摄）

核桃是老人收入的主要来源（2019 年 9 月 18 日摄）

1 万多元的住院治疗费，政府给报销了 90% 以上，滕玉琴很开心（2019 年 9 月 18 日摄）

滕玉琴也是74岁的老太太了，老头子负责打，她就佝偻着身子在树下捡拾着落下来的核桃，阳光透过茂密的树叶形成斑影，散乱地投射在她的身上，看上去很吃力。

在城里生活的两个儿子，每年收秋时节难得回来。滕玉琴埋怨小儿子不回家帮着收秋，倒是大儿子能唤回来，还花钱雇人帮忙。她说："唉，他们也都是四五十岁的人了，家家都有很多操心费力的事情，庄稼的事情看淡了。当年分家时就把属于他俩的地分给了，我说，你们的地你们收拾吧。他们却一走了事，可这地不能荒着不种啊，核桃树虽然不多，管理也简单，可是一到核桃下树就犯难，我们都老了，身子骨越来越差，真干不动了。"

滕玉琴说，自己这几年身体出了状况，腰疼、颈椎疼、背疼、胃疼，浑身发软无力。实际上能种庄稼的地不多，各处加起来也就两亩，每年种点棒子（玉米）、谷子随手吃，他们老两口还能应付。

东蚂蚁滩村以林果为主，但是村里没有合作社，每年核桃下树后也没有老客（固定商贩）来收，都是凭个人能力销售。"偶尔来了走街串户的小贩，价格却给得太贱，去年才给出4块多，我们不卖。没办法，老头子每年都要把收拾好的核桃背上两袋子，坐班车到城里交给大儿子，希望在城里卖个好价钱。"滕玉琴无奈地说。

从"十二五"到"十三五"，李保玉家一直是建档立卡贫困户，享受着诸多脱贫帮扶优惠政策。2016年，家里的毛坯房被列为危房要进行改造，屋顶扣上了彩钢瓦，内外墙体抹上了水泥，李保玉自己花了1万多元，后来却没有拿到到危房改造款。究其原因是，李保玉上报危房的户主写的是大儿子名字。的确，老两口现在住的是大儿子结婚时建的毛坯房，自己的老房早已坍塌。他不知道如实上报的结果，不符合危房改造扶贫政策，因为经过调查，大儿子在城里有房有车。至今，老两口还为此事耿耿于怀。

今年，滕玉琴因病在军工医院住院治疗20天，医药费花了1万多元，新农合报销了90%以上，自己只花了1000多元，她很欣慰。也许这能冲淡她萦绕在心头的愁云与不快。

自给自足，老两口很满足这样的田园生活

回归夕阳口

2019 年 8 月 30 日，海港区驻操营镇九门口村。

大清早，杨丰福和老伴儿张秀珍趁着凉快到山里采摘野生榛子，顺便到自家地里割了一部分高粱穗，在平整的院子里晾晒。早饭过后，艳阳高照，杨丰福把一张一米见方的三合板铺在屋檐下阴凉处，从偏棚里取出粗细不等、长短各异的几十根荆条，分别呈米字状摆放好，编织大花篓的准备工作就绪。

杨丰福说："农家使用的筐、篓，不论是藤条还是荆条，都是从底部开始，这是基本功，也是最见功力的部位。"大花篓的底部编织使用最粗的荆条，折弯处不用任何工具，全凭双手拧弯，要求臂力和握力。今年已经 72 岁的杨丰福，用力时臂膀肌肉隆起，比许多年轻人还有力量。

杨丰福专注地进入大花篓编织状态，底部的编织需要手脚并用，而荆条则是上下飞舞。

漂　　泊

杨丰福出生在辽宁沈阳。他回忆，父亲在 15 岁时从夕阳口村前往沈阳学习手艺，那会儿叫“住地方”。1948 年辽沈战役打响后，举家离开沈阳返回故乡夕阳口。当时，1947 年出生的杨丰福不到两岁。他们费尽千辛万苦才回到家乡，此时的家乡已经解放。

回到家乡后的父亲曾在村里担任会计多年。杨丰福是家里的老大，家里哥六个，一个妹妹。现如今除了杨丰福一直守在村里，其他的兄弟和小妹都在秦皇岛市里生活。

杨丰福和张秀珍都是海港区驻操营镇九门口村夕阳口村人，1970 年结婚，膝下有三子一女。除了大儿子在家务农，其他子女要么是政府公职人员，要么是自己单干，均在城里工作生活。

杨丰福和老伴儿 2017 年才从市里打工回来，在市里一家酒店干了整整 5 年。那些年，家里的林果树主要由大儿子负责管理。除了分到的土地，还有开垦的山地，大约 20 亩。杨丰福说这里尽是山地，只能种果树，小块平地种点家用的花生、谷子。夕阳口村基本上都是果树，梨、桃、苹果等。家里果树一年下来大约 3 万元的收入，刨去成本所剩并不多。

杨丰福自从 51 岁时离开夕阳口村，在秦皇岛范围内打工，直到 71 岁回来，整整 20 年。他会干多种活计，木匠、泥瓦，还有独门手艺——编制荆条框、篓。那些年，杨丰福在外打工，老伴儿张秀珍就守在家里。

生　产　队

夕阳口村过去曾经是一个生产队（行政村），隶属于黄土岭乡，撤乡并镇后划归九门口村，成为一个村民组。杨丰福曾经在生产队担任生产队长将近 20 年，担任民兵排长七八年。1983 年生产队解散后不再担任。他回忆，那时候家里分了地，孩子们还小，地里的活儿都忙不过来，担任村干部没有一点收入。当年镇书记和大队长来家里做工作，希望他继续留任，但他死活不干。

生产队时期，村里每个人都是要挣工分的，一天 10 分，一年 3600 分。到了年底如果工分挣得不够，是要从家里拿东西顶工分的。有一年，家里养了一头大肥猪，因为挣的工分不够，只好拿猪粪顶了 300 分。

农家过日子，生火做饭烧炕都需要柴火。于是大队就给每家都分有柴火山，只能在自己的山里砍柴，管理得很严格。农家能够自给自足就不错了。如果不够，到了来年开春，就要申请返销粮，那日子，过得苦。

生产队时期，自己干点私活都不敢明着，让人看见了会告你投机倒把。邻居家需要筐啊篓的，都得晚上来家里求你编制。年轻又好学手艺，木匠活、编织活都会干。

大花篓编织的功夫在底部，底部编得经纬密实，其他就顺手了

编织大花篓对杨丰福不只是手艺，也是生活的一种寄托

老两口岁数相加近 140 岁，却依然劳作，这是农村与城市的最大区别

高粱依旧是农家餐桌上的主食之一，张秀珍说一段时间不吃就想

农具是农村生产的基本，是农家面朝黄土背朝天的生活写照

农家人想干点啥都不容易。木匠、编织都是在生产队时偷学的，生产队需要的器具很多，但那是为公家干活儿，光明正大，还算工分。

生产队解散，土地实行承包制，农业税又来了。我们家每年要交农业税200元，是按照家里人口数算的。人口越多上缴越多。一直到2006年1月1日国家取消农业税。

房　子

杨丰福说，现在居住的房子是父母1972年盖的石木结构的三间房。这一年，杨丰福和张秀珍在父母家结婚后，就搬了出去，借住在村里别人家的空房里，农村叫“串房檐”。到了1977年，杨丰福终于盖好了属于自己家的三间房，第二年，双胞胎儿子出生。

1996年，由于大儿子结婚，杨丰福没和老伴商量就5000块钱卖掉了房子。至今提起这事，老伴儿张秀珍还颇有埋怨，毕竟是自己亲手盖起来的。但杨丰福说不卖不行啊，大儿子结婚拉了不少饥荒，不能欠人情。卖了自己的房，老两口又回到了父母家，而此时的父母因为年纪大了，被家里唯一的女儿接到秦皇岛居住。

杨丰福说：“我小妹家在城里是做小生意的，条件自然比农村强。我当时给了父母7000块钱，算是把父母的老房买下来。我在50岁时到城里伺候父母整整两年，先后送走了老人。”

田　园

整整两个小时不停歇地编织，一个硕大的花篓编织完成。杨丰福很有成就感地说，晌午吃过饭，下午还能编一只呢。一只大花篓在集上大约能卖40至45块钱，虽然纯手工编织不对等，购买的人也少，但是杨丰福乐此不疲。

乍一看，杨丰福的家很简洁，除了农家现在必备的电视机、冰箱、液化气灶，就只有火炕和板柜。前院偏棚里堆放着他编织的各种筐篓和一捆捆荆条，老屋房檐下悬挂着多样农具，地上平摊着刚刚收获回来的高粱和榛子。院墙边上，杏树已经过季，山楂硕果累累，架上的一串串垂悬的葡萄甚是惹人喜爱。

后院里是另一番景色，一棵高耸的香椿树郁郁葱葱，盛开的白薯花俏艳墙头，相互映衬的是墙下白色的韭菜花，栽种的大白菜泛出惹人喜爱的嫩绿。老两口蹲在地上，仔细翻看白菜叶，长虫了，得赶紧收拾。

末了，张秀珍对记者说，可否给她照张相，她可喜欢那几朵盛开的大红色的白薯花了。快门咔嚓一声，一幅温馨自然的农家照片定格。

西庄三大门已经没有人居住，街道上静谧而落寞（2018 年 5 月 3 日摄）

记忆梁家湾

2018 年 11 月 5 日，梁有库老人坐在门口晒着太阳，院子里晾衣绳上挂着几个塑料袋，里面是刚采摘下来的红富士苹果。老人说这是儿子送来的，留给他和老伴儿吃，还没有红透，挂起来晒晒。

老伴儿王凤英依旧坐卧在炕头。梁有库说："老娘子身体多病虚弱，睡炕头暖和点。"多年以来，梁有库老人一改女主家的风俗，自己下厨做饭，老两口的日子过得清淡。"我的地都由三个儿子负责种了，我什么也干不动了。"

梁家湾村现有 120 户村民，人口 352 人。村庄老龄化严重，占比达到三分之一，

老人的侄子和侄孙生活艰难，一直住在东门里的危房（2018 年 11 月 5 日摄）

远嫁到青龙的妹妹时常回来看望年迈的哥哥（2018 年 5 月 3 日摄）

除了三个儿子送来的苹果，老人还在小院子里种了大白菜准备过冬（2018 年 11 月 5 日摄）

上了年纪的老两口在一起厮守一辈子，相濡以沫（2018 年 6 月 25 日摄）

老人深居简出，唯有门上这块醒目的牌子能让人知道他曾是老兵（2018 年 11 月 5 日摄）

60 岁以上的有 100 人。

今年 83 岁的梁有库和 81 岁的老伴儿王凤英，居住的房子是 1968 年盖的瓦房。老人曾在 1956 年至 1959 年当过三年装甲兵，担任过班长，复原后先是在张家口工作一段时间，后被下放回到家乡务农。

今年，抚宁抽水蓄能电站项目在梁家湾村附近正式实施，这意味着数百年的老村庄将不复存在，村民们都要搬迁到新民居。

梁有库叹口气说：“村子要搬出去，东庄、西庄也要拆掉。”老人称之为东庄、西庄的地方，是梁有库的祖太爷辈的哥俩建起来的，他俩各自建起了自己的大院，村民们习惯称之为东庄、西庄。东庄和西庄各有“三大门”。祖太爷辈的弟弟建的东庄，梁有库就出生在这个大院里。

如今，东庄这条街很静谧，道路平整但是很窄。自东至西三个老式院门一字排开，从占地面积上看得出，这里曾经人丁兴旺、生活殷实。梁有库说：“这个大院过去住了好几家，是本家的哥仨，分家后逐渐改成了三个大门，最早时是东门，后来有了中门，最后才有西门。老宅院的对面这一排平房过去是给长工们住的地方，土改那会儿就改成了民宅，分给了缺房的村民。”

在梁家湾村，梁姓都出自一个祖先。曾经是祖孙三代居住在一起的老宅院，现在都已经破败不堪，原来住在里面的人全部都搬出后建房居住。

如今，东庄的西门和中门没人住了，东门就剩下梁有库的侄子梁东海父子。侄孙子 16 岁，不上学也不出去打工。梁东海的媳妇因为家贫，嫌弃丈夫没能耐没有指望就走了。人到中年的梁东海就依靠在村域附近打打短工，够爷俩吃喝将就着过日子。

梁有库老人很健谈，他说自己这一系就哥俩，都在村里务农。“我的爷爷就在这里住过，我父亲那辈是兄弟 6 个。”现在的梁家湾村有 80% 的都姓梁，均出自东庄、西庄的“三大门”。

东门里住着爷爷和大爷（爷爷那辈是哥俩），父亲兄弟 6 个，加上梁有库哥俩；中门里住着爷爷那辈的叔伯兄弟 3 个；西门里住着爷爷那辈的哥 4 个。

“爷爷是‘廷’字辈，父亲是‘宝’字辈，到了我们是‘有’字辈。过去是有祖坟的，‘四清’那会儿平了一次，后来‘文革’时又平了一次，没了。”梁有库老人很平静地说。

梁有库有 4 个儿子，大儿子和老四家都在抚宁县城；老二身有残疾，在留守营镇的前韩纸业工作，并在那里娶了一个老婆，现在那边住；老三曾在村里务农，后因故去世。为了能有个男人照顾三儿子的两个孩子，梁有库专门从青龙招了一个男子苑志有和三儿媳结婚，他们婚后又生一子。现如今，三儿子家的长子已成家，下面两个还未成家，哥仨都在外打工。

老人叙述完这些家事后，沉默良久，也许是年久残缺的回忆让他身心疲惫，也许是对梁家湾这个祖宗建立的村庄的恋恋不舍。“人都走了，村子也安静了。”老人若有所思地自言自语。

山村生活清苦，两人结伴已经走过 20 年（2018 年 10 月 9 日摄）

老来伴

男主外女主内，在山村里是铁定的习俗，尤其是大体力农活更是如此，因为男人不论年纪多大，都要证明自己足够强壮。

2020 年 12 月 1 日，青龙满族自治县祖山镇花厂峪村 11 组。村民徐中义不在家，老伴儿贾淑莲正在院子里喂食饲养的鸡、羊和两口年猪。她说老头儿去往 1 公里外的秋沟里扛秸秆，那是别人家不要的，自家好喂羊。

都已年过七旬的徐中义和贾淑莲只有 2 亩地，种植玉米、高粱和谷子。高粱人吃，玉米喂猪和羊，但是不够，还要买两袋饲料，那是一种油渣的混合。“一袋子 150 多块钱呢！”说到最后一句，她明显提高了嗓音，重复了两次以示强调。打完玉米棒子后的秸秆不够喂食家里的 15 只绒山羊，每到秋冬季，老两口儿都要不停地到七沟八岔里砍拾村里人家丢弃的秸秆。贾淑莲说这两年没有卖羊，因为都是才繁殖不长时间的小羊。

从 2016 年至今，数次登门拜访，发现徐中义木讷少语，一问一答中，他的表情忧郁始终不变，即使一众村民围在一起谈笑，他也低头不语或漫不经心地似听非听，从不附和插嘴，一副与世无争的样子，末了起身缓缓走开。

徐中义和贾淑莲是半路夫妻。

年轻时的徐中义在村里娶不到媳妇，直到他遇见了贾淑莲。那一年，已逾半百的徐中义经人介绍，到祖山镇英武山村和贾淑莲搭伴生活。那时的贾淑莲已经丧偶，她和前夫的女儿已出嫁，儿子也已被招女婿。徐中义由于是外村人，在英武山村没有自己的耕地，加之不习惯那个村的生活，没过几年两人就搬回花厂峪村 11 组，而这里又没有贾淑莲的地，老两口只能耕种一个人的地。距今两人相伴已有 20 余年，只是二人没有再生育孩子。

村里人说，还是在徐中义年满 60 周岁时，鉴于他长期单身、和贾淑莲在一起后又无生育的实际情况，依据有关规定村委会商议并申报给他定了五保户。

在八山一水一分田的山村，家里的 2 亩坡耕地对于徐中义来说是好地，只可栽种农作物。为了手头能够宽裕，勤劳的徐中义把山边荒地尽量开垦出来，栽种了不少板栗树，这两年板栗收成不错。除了 5 只鸡，精心饲养的羊和猪都是要出售卖钱的。

羊是老两口收入的主要来源（2020 年 12 月 1 日摄）

山村里吃蔬菜基本上是自产自销（2018 年 11 月 6 日摄）

玉米秸秆是喂羊的主要饲料，都要从山上扛回来（2019 年 5 月 5 日摄）

难得玉米长势好，但是喂猪羊都不够（2018 年 10 月 9 日摄）

暑假里，王家的重外孙们在古色古香的老门楼下纳凉玩耍（2019 年 7 月 24 日摄）

老门楼里的故事

2019 年 8 月 3 日雨后清晨，山野油绿，高耸的长城上涌起大片白云。蓝天下的城子峪村宁静怡人。王家大院里，因为东西厢房都拆除了，显得格外宽敞，李子树、核桃树、枣树、杏树枝繁叶茂。

王家大院依旧像往日一样热闹，因为诞生了一个小天使，刚刚六个月的重外孙胖嘟嘟的惹人怜爱，大院里的长辈们你抱过来他抱过去，爱不释手。

往　　事

今年 87 岁的王宝申就出生在这里。他回忆说："记事后就感觉这个四合院很大，院子里前后正房各三间，东西厢房各两间。听母亲说，她 18 岁那年嫁到我们王家时才有了这个四合院。爷爷那辈是哥俩，爹爹那辈也是哥俩，到了我这辈是兄弟姐妹 8 个，哥 4 个、姐 4 个，我是最小的老八。"

1945 年，城子峪一带解放。1946 年土改时，工作队在王家大院分房，只把后三间正房留给了王家，前三间正房和东西各两间厢房分别给了几户贫下中农。那一年，王宝申家 6 口人，爹妈、俩哥一嫂子和王宝申。接着父亲就被村民批斗了，因为王家身份被定性为富农。

1946 年定性富农后被抄家，凡是有富裕标志性的物件都要清理出来上交，不得私藏。"那会儿讲流血斗争。我们村是老区，而离得不远的上庄坨一带还是敌占区，国民党占着。当时我家一位朋友来通风报信，说如果跑，不流血，不跑就流血。结果家里人合计后，连夜跑路，投奔到山海关我大姐家。那里也是敌占区，但不至于流血。在山海关待了两三年，山海关乃至全国都解放了，我们家才又搬回城子峪村，重又住进后三间正房。"

"这时候，工作队说了，我们家是被斗错了，应该定性为中农，但是过去分给别家的土地、房子、东西就不要追究了。结果是给我家补偿了后山 1 亩多山地。我二哥二嫂、三哥却留在了山海关，只有我和父母回到城子峪村。身份变了，心里也踏实了。一家 3 口人，人均 1.5 亩地，全家 4.5 亩地。"

王宝申在庄河村读过高小，21 岁时进入当时的临榆县（今海阳镇）一家银行工作了两年多，1953 年成为中共预备党员。如果不出意外，一年后就正式转正为党员。然而正是这一年，开始普选，这需要选民证，可是王宝申的父亲因为成分高，家庭成员均没有选民证。

那几年，王宝申家生活水平高，贫下中农看不顺眼。"你想啊，我二哥在山桥上班，三哥在原抚宁县林业站工作，我在海阳镇银行，大侄子在驻操营政府上班，因此被人嫉妒看不惯。结果我父母重又做回富农。富农家子女是不能入党的，而且那时候我工作进出都被人监视着，没法干了，我就跑回家。"

王宝申的父亲在 1954 年被改成富农后，一气之下没挺过来，去世了。"那年父亲 69 岁。父亲去世时银行都不批准我回家办理后事。到了'四清'时，第一榜时我自报中农，第二榜被村民评了富农，第三榜定案结果依旧是富农。这时候母亲也去世了，那是 1964 年，她 78 岁。"

女婿给住在偏房的婆婆公公修理门灯（2019 年 7 月 24 日摄）

老两口虽然住在偏房里，但是家庭的和睦、儿子们的孝顺让他俩很知足（2019 年 7 月 24 日摄）

老两口结伴半个多世纪，也在老门楼间穿行了半个多世纪（2019 年 8 月 3 日摄）

婆媳和睦、妯娌融洽是王家人丁兴旺的秘诀（2019 年 8 月 3 日摄）

六个月的重外孙胖嘟嘟的惹人怜爱，你抱过来他抱过去，爱不释手（2019 年 7 月 24 日摄）

被定性为富农后，王宝申在区林业站工作的三哥找到区政委说明情况。后来区政委给村里的工作队写了一封信，王宝申的身份又改回了中农，直到改革开放，不再提成分。

春　　秋

1988 年，因为二儿子要结婚娶媳妇，王宝申花了 7800 元把前三间正房买了下来，原住户早已搬迁至抚宁县城。其时，东西各两间厢房的原房主早已在村里其他地方盖了大房，不住的厢房就拆卖了砖瓦和木件。自此，王家大院名正言顺地重又回到王家手里。

现在的四合院，王宝申老两口居住在自己盖的偏房里，老二、老三、老四三家都在院子里。大儿子结婚早，在四合院隔壁买了地基盖房，打开院墙建了月亮门，直接通往父亲的四合院。1958 年出生的长子王文正说：“我父亲有个特点，儿子们即使结婚也不能离开家，结果是几个儿子家都在身边。”

如今，王宝申的四个儿子，老大、老四在家务农，老二、老三分别在开发区两家不同的单位打工。大院里的四妯娌，只有仨在村子里务农。今年（2019 年）正月十五过后，最小的儿媳妇远走无锡市去做护工，要到下一个春节才能回来。

王艳红是王家老二王学正的媳妇，居住的三间正房对着老门楼。两个女儿都已长大成人。大女儿嫁到水门寺村，为了孩子受到良好的教育，小夫妻在杜庄镇买了商品房，夫妻俩依靠打工为生。小女儿正在河北幼儿师范高等专科学校读书，秋季开学后是大三学生。王学正常年在开发区珠江道鸿富酒店后厨切墩，一个月只有三天假。为了供小女儿完成学业，他需要挣活钱。

王学正这一辈是兄弟 5 个，在家排行老二。他有一个双胞胎哥哥自小就过继给山海关的二爹了，因此在村里务农的只有四个兄弟。四兄弟相处融洽和睦，四妯娌更是亲如姐妹。

家　风

1978 年后十几年里，王宝申的四个儿子一个个都面临着结婚娶媳妇，需要房子。为了赚钱，老两口开始养几口猪。老伴儿杨桂芬回忆："猪只能吃草棵子、各种灌木树叶、土豆秧子，家里都没有剩饭剩汤给它们喂，人才刚刚能吃饱。现在喂猪喂鸡的都给玉米面，那会儿玉米面都是给人吃的。猪长不肥，成猪才 90 多斤。到了年关卖掉猪，手里攥着钱路过家门都不进，先去还饥荒。我们家 10 年前才还完了所有饥荒。"

王宝申说，早年居住在大院里前正房的贫下中农因为没有子嗣，过继来的侄子结婚后也搬走了，上了年纪的老两口生活中总会遇到力不从心的事。这时候王宝申就看不过去了，不计前嫌地说，我家儿子多，需要帮手说一声。都在一个屋檐下过日子，哪有见到邻居有困难不伸手的。那以后，两家从敌对状态变成了和睦邻居。遇到耕种秋收繁重的体力活，王宝申都要指派儿子们去帮忙。

老大王学文说，我家老爷子仁义，说我们家都是儿子啊，农村这点事不就是花点儿力气嘛。以德报怨终有回报，1988 年那家要搬到县城去，村里有好些人相中这三间房，但是他说谁也别打主意，他只卖给王宝申，哪怕价钱低。

说起这几位儿媳妇，婆婆杨桂芬最有发言权，她郑重其事地伸出大拇指说，大儿媳是四个儿媳妇里的老大，起表率作用，干活儿在先，不问苦累。长媳历桂环附和着说，做事不能斤斤计较，要互相体谅、理解，没有化解不了的矛盾。杨桂芬说，儿子都是我生的，儿媳妇都是外来的，如果一碗水不端平，家里不得乱套了。都在一个大院里过日子，儿子们、媳妇们从来没有拌过嘴的。聚在一起不容易，享受天伦之乐还来不及呢。大人们除了种地还要外出打工，家家都有事情要办，你不在家他在家，孩子们放学回来要吃饭，哪家都得多准备几双筷子，就怕耽误孩子们上学。

二儿媳妇王艳红在村委干了四届妇女主任，深知在农村婆媳关系、妯娌关系的重要性。婆婆杨桂芬说，我没有女儿，媳妇们都是我的女儿。我和老伴儿结婚 60 多年了，将心比心在一起过日子，善待是最好的良药。

时光荏苒，人只是老了（2019 年 2 月 25 日摄）

老宅　老院　旧时光

抚宁区大新寨镇程家沟村由程家沟、鲍家沟、方家沟、樊家沟、高家沟五个自然村组成。村里的人家沿东西走向的河沟排开，潺潺溪水绵延4公里，在深冬的阳光下，这个小山村显得清幽静道。2009 年 10 月间记者曾在村子里走访，听闻流传最广的传说是：晚清道光年村里出了个武艺超群的人，这个人就是方铠甲。

记者在方家沟寻访到了那位方铠甲的六世传人方运忠老人。老人对于自己曾经做过御前侍卫的先祖并不是很了解，他不屑地说：“这位先祖当年做过什么，我们一无所知。再说了，他就是有天大的本事，我们不是还得两垄一遭地，土里刨食吃吗？”

时隔整整 10 年后的 2019 年 2 月的一天，记者再次来到方家沟看望老人。此时的方运忠老人已是 84 岁高龄，身穿红色唐装，头戴棉帽，面色红润，陪着老伴儿坐在门前晒太阳。他说天气好的话还时常出门遛弯，人还算精神，只是 82 岁的老伴儿郭丽英患有脑血栓，走路不稳，已经坐上了轮椅。

曾经在生产队年代担任民兵连长几十年的方运忠老人说："我这一辈就兄弟俩，这在农村是少见的。现在兄弟去世后就剩我自个儿。在方家沟，'运'字辈的只有我了，都走了，我算是长寿的。"

老人回忆说："这几间方家老屋都是祖上流传下来的。早年不知道为什么，这房子分给了王家沟村刘姓人家，后来是我父亲方桂香从他的手上又买了回来，然后就传下来了。我就是在老屋出生长大的，结婚生子也是在这里。这屋子有多少年了还真不知道。"

方运忠老人说因为老伴儿生活不能自理，加上自己也是高龄，别说种地，就是日常家务也难胜任，就锁上老宅门搬到隔壁大儿子家住在东厢房，生活起居由大儿媳吴淑艳照顾。从此，失去丈夫多年的吴淑艳肩负起照顾年迈公婆的重担。

生活一辈子的老宅院还不时地去看看，所有记忆都在里面（2019 年 2 月 25 日摄）

一年四季的柴火需要吴淑艳一个人扛（2021 年 1 月 18 日摄）

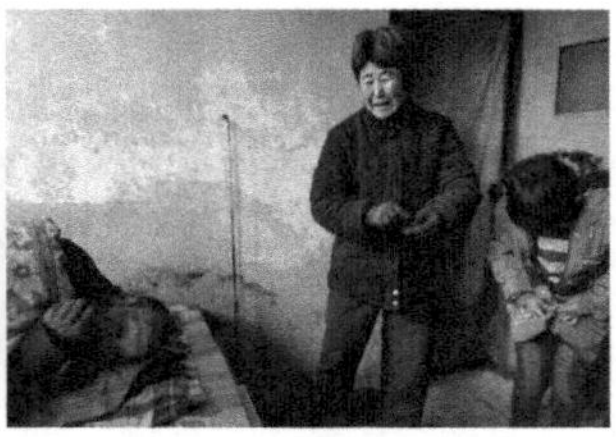

老宅，老院，老人，曾经的古朴生活一去不返（2009 年 10 月摄）

隔了三代的重孙们已经扑进现代生活（2021 年 1 月 18 日摄）

老人卧床不起，吴淑艳独自一人照顾很艰难（2021 年 1 月 18 日摄）

2021年1月18日上午，年近花甲的吴淑艳早晨起来一刻不闲地给放寒假在家的孙子孙女做饭，再伺候患病卧床的公婆，顾不上收拾凌乱的家，就忙着把院外的柴火背回院子里。门前、河边那些成捆成垛的柴火都是一段时间以来她独自上山捡拾回来的，为了减少上好柴火的使用，她还经常沿着河套捡拾枯树枝叶。

正房东屋里，3个孙子孙女正围坐在炕上低头玩着手机游戏，他们放寒假后，就都从县城集中回到了老家方家沟村，由老人看管，因为他们各自的父母都忙。

东厢房里，两年没见的方运忠老人盖着棉被躺卧在炕头上。吴淑艳叹口气埋怨道：“公公不听劝，没事就想溜达，可是走道总摔跟头，现在这样不能动弹了，连解手都不能自己，只好买了纸尿裤给穿上。”婆婆郭丽英则盘腿坐在炕上无语。记者递给她两年前给老两口拍的合影照片，她似乎不记得上面微笑着的人是谁，面无表情也无语。照片转到方运忠眼前，老人认出来上面有他。

方运忠老人育有三儿两女，如今年纪大加上老年病，生活上只能依靠儿辈。长子的去世对老人打击很大，对于吴淑艳更是雪上加霜。吴淑艳和丈夫育有两子一女，大儿子招女婿在渤海寨村，小儿子也离开村子在外租房打工。丈夫去世后，全家7口人的坡耕地需要她耕种，2000棵板栗树需要管理，还要照顾两位老人。她说自己一个人根本顾不过来，只能花钱雇人干。

老哥俩只有在一起干农活时，话才多起来

邻家兄弟

有这样两个人，他们一个住在村东，一个住在村西，本没有什么交集，却因为相同的生活境遇，联系在了一起。

2014 年 10 月 27 日，冬日里的抚宁县驻操营镇平顶峪村，正在享受着明媚阳光，秋收过后村里安静下来。密集的农舍之间道路狭窄，杨庆林挑着一担水摇颤着走过来，他这是帮助同村的王百川挑水。由于降雨量少地下水位低，自来水流不进家里，他只好每天去五百米外的井里挑水，而这一挑就是 12 年。

一间几乎看不到光的小屋子，东西杂乱无章地堆放在墙角地上，这是杨庆林的家。杨庆林今年 66 岁，五保户，一年靠政府给的 2200 元生活费和一块不到一亩的玉米地度日。生活虽然艰辛，但想到还要照顾王百川，他就又有了动力。

王百川今年 58 岁，12 年前因为脑血栓留下了严重的后遗症，生活基本不能自理。住在同村的老大哥杨庆林看到了他的这种情况便主动去照顾他。每当问起杨庆林为什么这么做，他说可能是看到王百川想到了自己经历，都不容易。

每年春耕一到，杨庆林总是先帮王百川把地种上，再忙自己的地；到了秋收，又总是先把王百川的地收完，然后再起早贪黑收拾自己的地。冬季来临，杨庆林早早就给王百川备足了过冬用的柴火。生活再不易，只要杨庆林能吃上的，也一定让王百川吃上。王百川有求，他必应。

杨庆林反复说一句话：“都在一个村儿住着，没事我就经常去看看他，这不算啥！”但是村里的人都知道，能照顾王百川本身就是件不容易的事儿。跟随杨庆林到王百川家时，王百川正在院子里收拾玉米，见杨庆林来了，他就乐了。杨庆林嘱咐记者，给王百川拍照时就装作来给他看病，他比较怕见生人。

休息的时候，两个人会依靠在火炕上，抽着旱烟，除了几句家常话，没有更多的话题可唠，日子就这样一天天过来。

老哥俩偶尔也坐在一起抽支旱烟，或坐或倚，话不多，却默契

王百川在院子里养了几只小羊，喂羊打扫卫生却是杨庆林的事

邻居送来一只小猫，给独居的杨庆林一点生活的乐趣

狭小低矮的房子里，是杨庆林生活的全部家当

杨庆林每天要挑七八担水，这成了村里的一道风景

陈国华夫妇 40 年养蜂，维持了一家 7 口人的生计

林间养蜂人

2014 年 7 月间，抚宁县驻操营镇板厂峪景区里被烈日烘烤着。听闻路边林中有蜂鸣声，好奇地走近，原来是一养蜂户。

在茂密的树林间搭起一个简陋的窝棚，必需的生活用品差不多都有；窝棚外，40 只蜂箱一字排开，成群的蜜蜂嗡嗡地进进出出；一块几分大的土地上栽种了花生和韭菜，饲养的 20 多只家鸡悠闲地漫步觅食。这就是年届 70 岁的陈国华、王玉珠老夫妇的全部生活。

说起养蜂，陈国华眯起眼睛回忆道："很久了，那是 1975 年吧，我结婚后，想都没想就从老丈人手里接过了养蜂的活儿，没想到这一干就是40年。那会儿，大家都穷，就是想挣点钱，贴补一下家用。都是偷着养蜂，公家不让养，说是资本主义。养的蜂也少，也就四五群（一群一箱）。其实年轻时我是个木匠，每天靠这手艺能挣2.5元，算是村里数一数二的有钱人呢。”

陈国华说，过去种啥吃啥，现在吃啥买啥。最好的年份是在改革开放后十几年里，光他一家最多的时候就有100多群蜜蜂，全村当时有十几户人家养蜂。现在自己只剩下40群，村里也就剩下两户养蜂的了。靠养蜂，陈国华夫妇把几个孩子拉扯大，并为家里老人养老送终。

每年春分，陈国华老两口要把几十个蜂箱搬运上山，安置在树林间，任由蜜蜂采花酿蜜，立冬时再搬下山来，放回村里的家，因为山上的窝棚太冷了，人受不了。为了能在合适的树林里养蜂，陈国华从村民手中租了一块山地，搭起窝棚，剩下的几分地随便种点啥，养了20多只鸡，日子就这样一年年过下来了。

陈国华养的蜜蜂主要采集荆条树的花蜜，去年一箱蜂能酿蜜150斤，最多的时候是1977年，一箱蜂能产200多斤蜜。“收成真好。”陈国华看着里外忙活的老伴说，“她平时给我搭把手，除了种点庄稼，拾柴火，几十年就这么过来了。因为我的腿不好，走不出去，所以蜂蜜只能零卖，卖不掉的就存在家里。蜂蜜这东西，保存好了，一百年都不会坏。”

为了养好蜂，陈国华订阅了《中国养蜂》《蜜蜂》杂志，闲暇时就看

地里的韭菜、鸡窝里的蛋，想吃大馅儿就包点儿

生活在山野间，清苦却悠然自在，活给自己看就满足了

简陋的窝棚容纳了陈国华、王玉珠老人的全部生活

王玉珠每天都能从鸡窝里拣出十来个鸡蛋，一人一个鸡蛋补身体，剩下的都卖了

樊素珍挪动不便的身体在路边拔草，她说这样好看、干净（2013 年 6 月 20 日摄）

人生几何

2020 年 1 月 9 日，抚宁区大新寨镇界岭口村。

万怀家是界岭口村北街一个典型的灰色砖瓦四合院，正房三间、东西厢房、门房齐全，只是多年前西厢房被拆了改成了棚屋，放置着各式农具、杂物。樊素珍老太太回忆说：“老房是祖上传下来的，当年我嫁到万家，这院子里住着37口人，后来分家，院子归万怀。先是跟大儿子过，他去世后我就跟着二儿子万怀住了。”

樊素珍现年 90 岁，老人这一辈子养育了 6 个子女，2 个儿子、4 个闺女。老太太说老伴去世很多年了，那年自己 56 岁。平日里她很少下地活动，因为腰腿病什么也

隆冬季节，樊素珍还是喜欢住在古城北街的老宅里，她说暖和（2019 年 1 月 22 日摄）

在城北外孙子家居住时，足不出户的樊素珍闲不住，干点力所能及的（2019 年 9 月 30 日摄）

90 岁高龄的老人眼不花耳不聋，思路清晰，和记者侃侃而谈（2019 年 9 月 30 日摄）

不思农活的万宝魁这几年在“羊”圈里摸爬滚打（2020 年 1 月 9 日摄）

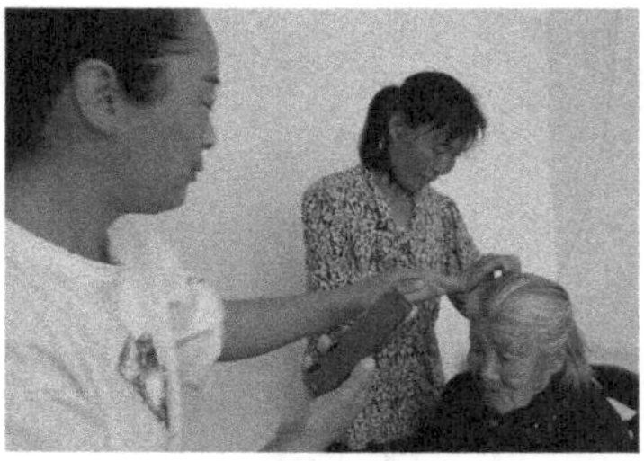

儿媳妇开三轮车载着樊素珍到村部录视频做“生存认证”（2019 年 5 月 9 日摄）

干不了。“我眼睛不好，看不准了，所以走道困难。”

一缕阳光越过高墙射进东屋火炕上，放寒假的重孙女万宏鑫依偎在太奶奶身边。28 岁的孙子万宝魁说，家里四代人却人口不多，下面有一个妹妹正在石家庄中医学院上大学。

记者问小宏鑫：“妈妈呢？”“妈妈被骗了！”万宝魁解释道，“孩子他妈走了两年了，应该是进了传销组织，现在根本找不到人。这两年总来电话要钱，我没给，也报警了，到现在也没信，甚至有男人打来电话威胁我。”

老太太说孙子结婚时在城北外盖了新房单独过，哪承想没过几年女人就跑了，撇下几岁的闺女都不要了。家里冷清，就往这里来，起码这老屋有个人气。

老太太念叨着说："儿子万怀一年四季跟人结伴到外面打工，起早贪黑的，说是在建筑工地上。每天跑家，早起5点就出门，天黑透了家来。儿媳妇杨桂芬在地里忙。唉，也难为她了，平日里要照顾我，还要照看上学的孙女，累啊！家里时常就只剩下她独自一人。"

"我以前在家养羊，后来干不动了，合计着卖了，但是儿媳妇不同意，说她养。唉，平时都是儿媳妇独自干农活，地里的活靠不上孙子，他不爱干。"老太太有些埋怨。

万宝魁这几年都在"羊圈"里打拼，养殖户、羊贩子混得熟络。他说自己算不上经纪人，只是挣点介绍费，"羊贩子打电话来说要收购羊，我呢给他介绍谁家有货，人家两头生意做成了我从中提成，按羊头算，一只 10 块钱。去年挣了三四万块钱。这还多啊？能耐人一年下来挣 20 多万呢！"

万宝魁的业务范围限于唐山的建昌营、青龙及卢龙三地，他说这一带的羊贩子都认自己。羊贩子来自卢龙县和建昌营，而养殖户都是青龙县的。

万宝魁自己不会种地也不爱种地，家里的农活都是父母干。因为总在外面跑，家里有几亩耕地多少棵林果树他不清楚。他不屑地说别看我爹总在外面打短工不着家，其实他还没我挣得多呢。

正说着万宝魁的电话响了，他一脸踌躇地和对方谈着羊的出手价格……撂了电话后他解释说是青龙的一个养羊的朋友，养殖得多，春节将至却还没有卖完，有点着急，让他帮着找人出手。万宝魁说，今年羊价高，很抢手，也很挑剔。山羊基本上是卖活的，而寒羊一般都是屠宰后卖肉；客户对公母也有要求，要公不要母，因为肉紧咬不动。

"你别看我平均一个月能挣三四千块钱，其实一年到头攒不下几个。农村这里钱不经花，平日里的红白喜事随礼是个大头，少了没面子，多了拿不出，只能硬撑着。养殖户和羊贩子也是朋友，你来我去的也得花钱请吃喝啊！"万宝魁很江湖地说。

正说着杨桂芬回来了，说是去 10 里外马坊村的信用社给奶奶取高龄补助，就是一天一块钱那种。她说去年栗子卖了 13000 元，苹果一两千。"孩子他爸不敢闲待着，到处找活干。我家闺女还在上大学，用钱很多。闺女说明年毕业，可能工作不好找。"

春天里梨花开放，老人们也开始了一年的劳作（2015 年 4 月 10 日摄）

晚晴

2019年10月21日，卢龙县燕河营镇梧桐峪村，鲍万福和老伴张阁芝正在吃午饭。老两口岁数一样大，都是 84 岁。

张阁芝老人吃着粥就着黄酒，很有滋味地说这是大儿子从石家庄捎来的，说是老年人常喝对身体好。

前一段时间，老两口因病到市第一医院住院治疗，住在二儿子家里。鲍万福有点不服气地念叨："都是脑梗，我去年得，她今年得，其他没什么大事，就是走道不太稳。大夫说是左脑坏死了，那是管走道平衡的。"

老两口的孩子们都在城里过，村子里只有他们俩，倒也清静。鲍万福说，孩子们都动员他们到城里住，养老，说身边有个人照顾，看病都很方便，他们也放心。“我们不同意，还是在自己家里方便，院子里种点蔬菜，养几盆花儿啊的多好，憋闷了就出去走走，和老哥几个啦啦。”鲍万福说。

老人家这辈子共养育了 7 个儿女，4 个女儿、3 个儿子。从事的职业不尽相同，务农、企业职工、军人、警察、承包商、教师等。老人说，如今年纪大了，都不种地了，靠政府就能过好日子。鲍万福从板柜上摸起一把小算盘，嘴里念叨着，一边拨拉着算盘珠子：“现在四世同堂，老少加起来有 29 口人呢。闺女们月月来，儿子们逢年过节来。其实也用不着他们做什么，能常回家看看我们就心满意足了。”

鲍万福年轻时在大队当主任，那是五六十年代，每天忙得顾不上家。张阁芝因为孩子多，除了每天带孩子就是围着锅台转。她说：“村里又没有托儿所、幼儿园的，

春天里挖来野菜一起择，似乎是村里妇女们的一大享受（2015 年 4 月 10 日摄）

家里的一棵枣树依旧旺盛，硕果累累（2018 年 9 月 17 日摄）

相濡以沫的老两口牵手走过半个多世纪，老屋里充满了温馨（2018 年 9 月 17 日摄）

熬豆腐、凉拌茄子加上水粥，就着菜喝着黄酒，午饭很惬意（2019 年 10 月 21 日摄）

老人家有 7 个儿女，四世同堂，拿出算盘相加，得出 29 口人（2018 年 9 月 17 日摄）

哪跟现在啊。早年跟着父亲闯关东，12 岁才回来（现在的潘庄镇张各庄村），那应该是 1948 年，我记得清楚。小时候四处颠簸，没念过书，解放后，上了两年扫盲班，算是会写自己的名字了。”

“老头子行，是高小毕业，那会儿在村里算是文化人了。”

老人自豪地说，村里街坊四邻的生孩子都叫他给取名字。刚解放那些年，村里不识字的文盲很普遍。唉，上岁数了，该经历的都经历了，老人若有所思地叹口气。

张阁芝回忆，那个年代运动多，一个挨着一个，结果“文化大革命”没能躲过去，挨整了。天天开批斗会、游街，她愤愤地说：“光我陪着都不行，我的女儿、儿子也要陪着批斗。村里没人搭理我们家，家里遇到什么事也没人帮忙，那个难啊。”

现在日子好过了，啥也不缺，逢年过节政府都惦记着，孩子们都想着回家看看。每到春天院子里的杏树开花时，我们老两口就有事可干了。在院子里养许多盆花啊种点蔬菜的，安安静静地过晚年，尽量不给大家添麻烦，鲍万福笑眯眯地说。

双喜镜、座钟，年轻时的黑白照片，掩不住杨润芹的怀旧情思（2015 年 5 月 13 日摄）

岁月留下的印迹

2016 年 8 月 4 日，抚宁区大新寨镇界岭口村。

杨润芹老人 77 岁了，依旧丰神异彩，面带笑容，走在街上，每每遇上街坊四邻，讲话总能提振大家的精神。生长在古城里的她，经历过村里许多事情。

“我家住在东关，当年村里就我和母亲过日子。我母亲是党员，在家里为八路军偷摸做军鞋。那时候，村里还都住着鬼子和伪军呢。有一天，不知怎的，日本鬼子和伪军端着刺刀气势汹汹地在村里挨家搜查。我和妈妈吓得分别躲在两扇门后。他们是直眼睛，向院子里望了一眼，看没人就走了，哈哈！”说起这段往事老人就忍

长城下古宅里，杨润芹享受着属于她的那份朴实安逸的农家生活（2016 年 10 月 25 日摄）

宁静的新房里有精心栽培的鲜花温馨（2016 年 11 月 25 日摄）

老宅院里养一群鸡、种各种蔬菜和花草，她的全部心意几乎都在这里面（2016 年 8 月 4 日摄）

兴致来了就给村民们表演一段（2019 年 5 月 9 日摄）

杨润芹也会和其他村民一样，时常坐在城门下纳凉、闲谈，更多的是回忆往事（2016 年 8 月 4 日摄）

俊不禁。

1958 年，从北京下放了几个京剧、评剧、歌剧的文艺人在村里，听杨润芹说话口齿伶俐，就鼓励她学评剧。“我也没含糊，跟着她们就去了北戴河学习评剧。在北戴河学习期间，又在台营的抚宁县艺术大学学习。我还去北京演出过呢，演出完了，刘少奇还来看过我们。再后来，‘文革’中什么都停下了。”对于杨润芹老人来说，那是一段燃情浪漫的美好时光。

剧团解散后，杨润芹回到村里当了妇女主任和民兵副连长。当时村里有一个连的完整军械装备，因为这里是关口。“我的文化就小学四年级。因为学过评剧，普通话好，嗓音洪亮，组织安排我在公社里的电话站工作。可是总有人说唱戏的人不好，没多久又回到村里。唉，‘文革’中什么工作也不让干。”老人苦笑道。

20 世纪 60 年代末，文艺宣传队解散后，杨润芹也在村里成了家，下地务农，生儿育女。“虽然没有再登台，可是有了个幸福的家庭，也算是对我的补偿吧。”杨润芹说。岁月匆匆，曾经的美好时光，曾经的青春画卷，也都湮没在记忆里。

杨润芹直到 29 岁时才结婚。“拖了那么久，就是不愿意伺候人。”杨润芹说，“我丈夫是村医，在家里排行老大。下面有四个弟弟、两个妹妹。邻居们都说我肯定受不了，但是我挺过来了。婆婆公公人很好，对我也好。都说长嫂比母，我也将心比心，我用心和这些弟弟妹妹们相处，尽大嫂的本分。现在他们虽然都在外面生活工作，但总是经常回来看我。”

杨润芹曾经是村里人尽皆知的人物，因为她与那个时代普通农村妇女有着不一样的经历。坐在仿古门门槛上，她平和地说：“现在的房子是新翻建的，有 4 年了。我结婚时就住在这里，那会儿是老房子。我是本村人，就嫁给了本村人。老伴去世 11 年了。我有两个儿子和一个女儿。女儿嫁到夹河村，大儿子在村里，小儿子户口也在村里，人却在县城住。大儿子是村医，在河西公路旁边盖了药店诊所，平日里就住在那里。我老伴曾经是村医，去世后儿子就接班了。我的生活一般由大儿子照顾，每月还有 80 元养老补助。”

杨润芹还保留着唱戏的习惯，兴致来了就给村民们表演一段，有时也教孙子孙女唱几句。随着通信越来越方便，以前一起学戏的同学们也都联系上了，聚会过几次。沉浸在青春芳华时代的回忆中，老人既快乐又满足。

去年收获的玉米还没有卖掉，这是一家人用于置换细粮的（2020 年 4 月 23 日摄）

甜蜜的生活

2020 年 5 月 9 日下午，海港区驻操营镇长城村。雨后的村子里万籁俱静，天空依旧阴沉。

王永庆和老伴儿李桂荣正在隔壁家后院里耕地，准备种上玉米。这是一座老式的石木混合的三间瓦房，无人居住，房子里都堆积着各种农具、粮种、化肥以及生活杂物，看上去久已不住人了。原来这是老人二闺女的家，已经十多年不住人了。房子空着可以，但是这点地不能撂荒不种，多少也能有点收成。

老两口这一辈子养育两个儿子和两个女儿，女儿们十多年前都举家搬进城里，依靠打零工生活；两个儿子一直在村里务农，但是也要打零工，不然不够活。李桂荣骄傲地说，家里俩儿子都很孝顺，虽然都很忙。家里总共五六亩地主要是种玉米，两个儿子只有在春种和秋收时出把力，平日里大儿子王岩成要开小面包车接送外出打工的村民；小儿子王洪伟是村干部，村里的工作忙不完。

王永庆说现在居住的三间老式瓦房还是1975年盖的，那一年最小的儿子王洪伟出生，老屋住不下也破得实在不像话了。成年后的小儿子为了照顾上年纪的父母，结婚时没有离开家，就在院子里挨着父母的老房盖了两间平房，至今父与子两家一起生火做饭吃在一个锅里；大儿子王岩成的家距离也不远，只是隔着一道城墙。

王永庆今年83岁，老伴李桂荣81岁，应该是村里最年长的村民了。年过八旬的老两口身板都很硬朗，王永庆不仅依然下地干农活，还时常骑着电动车去赶集呢。

老人的家就坐落在长城下，南以城墙为院墙，城墙上原先有一敌楼和一烽火台，现在早已不复。院子里的一分地已经种上了蔬菜，西城墙下置放着几十个蜂箱，能清楚地听见蜂鸣，原来老人家还养蜂。老人说过去最多时养了七八十箱，这几年小儿子

二女儿家院子里的地不能撂荒，种上玉米也能有点收获（2020年5月9日摄）

菜园子的小葱下来了，梳理好可以分给几家吃（2020年5月9日摄）

30箱蜂只在院子里养，现在正值繁育期（2020年5月9日摄）

在自家后院种上多种时令蔬菜够吃一年的（2020年4月23日摄）

花钱机耕土地，王永庆不放心地站在地头上指导（2020年4月23日摄）

不让多养了，说我们年纪大了，这活太操心太受累，现在只剩下三十多箱。

说起养蜂，老人说还是在 1964 年自己 26 岁时开始痴迷养蜂，之后就一发不可收，如今都快 60 年了。王永庆回忆：“年轻的时候也疯狂过。那时候村里有几户人家养蜂，为了酿出最好的蜂蜜，几户人家雇车跑，开车拉着蜂箱到处赶花期，四川、广西、河南、湖北、江苏、山东、内蒙古都去过。如今村里养蜂的就剩我自个儿坚持下来了。”

李桂荣说：“老头子年轻时养蜂，那还是在生产队时期，家里只有三四箱蜂，都得偷摸着干，生怕人说是资本主义尾巴呢。我俩拼命干活，一个工分 0.28 元，一年能挣七千个工分，可是到年底生产队没有现金可发。家里人口多，孩子们还小，养蜂能换点现钱，逢年能扯几块布做几件新衣裳。那会儿一箱蜂能卖七八十块钱，靠着养蜂养活一大家人呢！在村子里，我家的孩子没怎么受过委屈。”

王永庆说：“到了 1978 年生产队解散，土地承包给个人后，养蜂也不再藏着掩着了，可以正大光明地挣钱，就增加了几十箱蜂，几家养蜂人凑钱雇车外出。”

李桂荣说：“每年到了花期，我就陪着老头子一个省一个省地赶。每到一处无人的地方卸下蜂箱搭帐篷，我负责做饭，老头子负责管理蜂，到了一定时候还要打下手帮着摇蜜、割王浆。听上去很美，实际上很辛苦还危险，什么事都可能遇到。在内蒙古蜜蜂把人家的驴给蜇死了，赔了好几千块钱；在广西把人给蜇了，那脸肿得面包似的……”

“养蜂收益还行。以前卖得快，现在卖得慢，主要是产量不稳定，市场售价也不稳定。”王永庆说，虽然一辈子在村里务农，也算是出过远门见过世面的。

如今夫妻俩都上了年纪，能够坦然地面对农耕生活，不好高骛远，只做好自己。几十年来在几十箱蜜蜂上付出心血和艰辛，养活了四个儿女并长大成人，老两口心安理得。

冬季里在炕头上相对而坐，絮叨家里家外，平淡日子就这么过（2020 年 12 月 1 日摄）

相依相伴

山里最不缺的是石头，利用不规则的石头安家是不二选择。打地基、砌墙、垒院无一不是就地取材，只是要付出千百倍的力气和汗水，漫山遍野地寻找合适的石头，再一块一块地背回来。

王义兴家的三间房即是由石、木、瓦组合而成，在山村最为典型。

2020 年 12 月 1 日上午，沐浴着刺眼的阳光迎着刁刁寒风，来到青龙满族自治县祖山镇花厂峪村 11 组，王义兴的家位于村路拐角处，是村民 11 组第一家。走进石砌的院墙，硕大的玉米剁立在堂屋门前高台上，另有一串玉米棒子挂在偏棚里的绳子

冬季山里寂寞，偶尔来外人，老两口都要费力地送到门外（2020 年 12 月 1 日摄）

不言年纪大小，种地对于山村人是一辈子的事（2019 年 5 月 5 日摄）

老屋里最醒目的这面镜子还是“文革”期间在大集上购买的（2020 年 1 月 21 日摄）

门头上的照妖镜能带来安全，带走病痛，老两口迷信这个（2016 年 8 月 14 日摄）

种植的各种豆子是为腊月里制作黏饽饽做准备（2018 年 10 月 9 日摄）

上；一条白色狗狗慵懒地静卧在窗台上，几只肥大的土鸡蹲在窗台下晒着太阳。

门头上方悬挂一面镜子，据说是门窗对着其他建筑物的“山墙”才挂。有一种迷信的说法是：鬼出入房屋走山墙。挂的镜子叫作“照妖镜”，妖魔鬼怪最害怕原形毕露。王义兴家门窗对面即是高耸的大山。

掀开门帘进了东屋，老两口坐在炕上正在吃早饭。看上去很简单，小米粥、熬白菜和黏饽饽。黏饽饽应该还是去年腊月里做的，因为现在还不是制作黏饽饽的时候。王义兴老人笑着解释：“农村都吃两顿饭，不比城里人一天三顿、四顿的。”

现年 82 岁的王义兴和 80 岁的老伴儿徐桂芝，因为年纪大多病，自理能力降低不少，是“十二五”建档立卡户。王义兴患有轻微脑梗已经 11 个年头了，徐桂芝患有严重风湿也有 5 年。“先前是拄着一根棍，后来就得两根棍，站不稳呢。唉，不中用了！就指望着老头子了，他右半身麻木无力，但还是坚持种地，他还能种地。”徐桂芝叹声道。

常言道多子多福，老人养育有4个儿女，却没有一个留在身边。

三个儿子先后都被招女婿了（倒插门），大儿子在驻操营镇刘家房村，二儿子和三儿子都在祖山镇安门口村，女儿外嫁石门寨镇上庄坨村。自从儿女们陆续离开村子结婚单过，老屋里渐渐失去了往日欢笑，没有儿孙绕膝。平日里徐桂芝理家，王义兴种地，日子在慢慢地消色。

王义兴也曾经有过高光时刻，他在花厂峪村做过40年村会计和赤脚医生。他回忆那些年山村里生活生产都慢，自己只是尽本分，踏踏实实做好工作。村庄从南到北10公里，12个自然村的村民分别居住在十几个沟汊里。如果画一张草图，看上去好比一棵大树。每天要背着药箱出工，挨个走到。后来赤脚医生撤了，会计也不能干了，上岁数了。

家里除了分到的地，还有自己开垦出的荒地。今年只种了4亩，主要是玉米，有一部分板栗树，大多是这三五年的。结果不多，100斤不到。玉米棒子打了1500斤左右。“那棒子沉，都是老头子一袋一袋背下山的。”徐桂芝心疼地看了一眼老伴儿。

“孩子们也时常回来看看，捎点吃的用的。我种的大白菜少不够吃，儿子给买了100斤送来，还有一些柴火。这些年腿脚不灵便，不能上山打柴火，只能沿着沟汊捡拾点人家不要的秸秆和枯树枝。即使是冬季里，那点柴火只能烧火做饭用。我俩一年只吃一袋大米，一袋面粉，剩下的就吃棒子面和小米。吃饭简单，用不了那么多柴火。”王义兴说。

此时才在老屋里感觉到了一丝寒意。山村里农舍的门窗密封不严，而堂屋的大门通常都是敞开的，一幅棉门帘抵挡不住寒风穿堂而入。

玉米秸秆是羊群安然过冬的粮草（2014 年 11 月 5 日摄）

许国其的田园生活

直到 2021 年 1 月份才回过头来写许国其，距离当初采访已经过去了五六年。实际上许国其夫妻俩的山居生活平淡得让人感觉没什么故事可写，一年四季春耕、夏管、秋收、冬藏，日子过得精准如二十四节气。有道是“平平淡淡才是真”，平淡才是生活的真谛。

作为大明王朝义乌兵的后裔，许国其并不清楚许氏家族在屹立数百年的长城下生活繁衍了多少代。直到今天，他和老伴儿依旧住在祖宅里，知足常乐地醉心于传统的农耕生活。

在2014年至2015年10个月的时间里，记者先后9次来到海港区驻操营镇板厂峪村许国其家，陪着他走过春夏秋冬，为的是体验他的四季生活。从老两口的日常生活里观察，从老夫老妻彼此对话的只言片语中体味，那种返璞归真的田园生活实在是安逸享受，也体会到这种生活的繁忙劳累一样令人神经紧绷。

日出而作，日落而息，农耕生活节奏慢却更劳神。

羊鞭，砍刀，半导体收音机，这是许国其每天放羊时的标准打扮，漫山遍野地行走成为他的日常；老宅，老井，羊圈，鸡舍，果园，菜畦，驴车，田地，这些构成了许国其家的基本生活样式。

每天早晨5点起床，夫妻俩就外出牧羊，8点回家吃早饭。然后在2亩多的自留地里干活，种五谷杂粮。12点吃午饭，休息，下午2点后继续放羊。傍晚6点半至7点收羊，做晚饭，再干点零活。天黑睡觉。老伴贾淑卿说家有一儿一女，儿子在外面

五谷丰登是农耕生活的终极目标（2014年9月11日摄）

羊鞭，砍刀，半导体收音机，这是许国其每天放羊时的标配（2014年7月31日摄）

一人牵驴一人掌犁，许国其家的春耕依旧传统（2015年4月20日摄）

“半杯茶，满杯酒，敬先人！”许氏家族虔诚祭祖，沿袭着传统的仪式（2015年4月3日摄）

饲养羊是老两口的主业，是追求生活富裕的晴雨表（2015年2月11日摄）

打工，给东家开货车跑运输，住在景区外村里，女儿嫁到孟庄村。平日里儿女不在身边倒也清静。

贾淑卿很骄傲地说，他们老两口孝顺，伺候公公婆婆尽心尽力，老人们都是在95岁时去世的。这间老房子是公婆留下来的，又一直居住在此，就没打算搬到山下去住，因为山上清净，住惯了。这处老房子过去一直没有电，通电还是2012年的事了。“其实这里距离镇政府只有10多里地，就因为住户太少，拉线埋杆成本太高不合算。现在这房子属于危房，漏雨，我们自己修修补补也过来了。如今我们都年过60岁了，享受上了新农保。”

许国其家屋后院外栽种有果树，桃树、李子树、梨树，2亩自耕地种了玉米，山坡上种些谷子。早年许国其承包了30亩山场，就是为了放羊、砍柴的。

秋日里的一天，晌午放羊归来，夫妻俩圈好羊群后，到树林里采摘蔬菜，准备午饭。树林中有一小块蔬菜地，可以采摘南瓜、茄子、辣椒、西红柿、豆角等，炒菜时放点香油，二米饭配上新鲜蔬菜，农家饭就很丰盛了。贾淑卿说：“磕开的100斤野山杏仁能压榨出30斤香油。用野山杏仁压榨的香油那是啊，香得霸道！”

冬季里的一天，晌午放羊归来，贾淑卿准备做柠椤叶饼。馅一般是用韭菜、鸡蛋和猪肉。柠椤叶要在当年的五月初五采摘，那会儿叶子不长虫。回家后用剪刀剪成一定的形状，用线串起来晾在避光的墙上。把玉米磨成玉米碴，清明泡上，立夏时捞出来晒，然后磨成面，制成玉米淀粉，这就是制作柠椤叶饼的面品。

许国其说，过去长城沿线城墙下都生长着野韭菜，现在到了夏秋季还能看见。一般割头茬的，颜色是青紫色的。这都是当年戍守长城的士兵种下的，直到现在还有不少。每年开春后，就有村民上山采摘野韭菜。

古城门记录了曾经的历史，却承载不了快速变迁的生活（2010 年 7 月 26 日摄）

遗落古村的老人

2018 年 9 月 25 日，抚宁区大新寨镇箭杆岭村，正午阳光正烈。静谧的村庄里看不见人，也不闻鸡鸣狗吠。站在空无一人的上街，一阵秋风扫过，顿觉一丝凉意。

不一会，一位老人肩扛着锄头、手提着耙子蹒跚地走进西城门，越来越近，认出来是张洪图老人，遂上前打招呼。“你怎么会认得我？”老人很诧异地问。“8 年前我来过村里，还给你照过相呢。”“哎，那敢情好啊！”

“您这是下地干活了？”“唉，除草，捡栗子，在草里不好找。唉，走不动干不动了。”老人似乎有点难过又像是自责地说。老人今年 84 岁了，因为患有腿疼病，繁重

老人叹气，年纪大了，身体日渐衰弱，但是日子还需要过下去（2018 年 9 月 25 日摄）

唯一的儿子在身边，唯一的孙子是希望（2018 年 9 月 25 日摄）

70 多岁的老人依旧能扛起百十多斤的柴火下山（2010 年 7 月 26 日摄）

张洪图走过一处老宅院，这里已经没人居住（2018 年 9 月 25 日摄）

长城、古宅、老人，这种同框画面呈现出历久与沧桑（2018 年 9 月 25 日摄）

的体力活已经干不动了，从地里回来也就二里路，走起来很费劲。他说自己现在只能走走平地，上不了山路，坑洼的路都不敢走。

回忆起 8 年前在村里采访时偶遇到张洪图老人的情景，他居然从山里扛着 100 多斤的柴火回家，给人老当益壮的印象。时光荏苒，老人已经很老了，气力在逐渐耗尽。

坐在院墙下阴凉处，老人细数自己的家当：20 棵苹果树，6 棵板栗树，5 棵核桃树。“核桃打完了，正在打栗子。再过 10 多天就该下苹果了。地里？唉，种啥啥不长。”老人一脸无奈地说。

“哎，家去坐坐吧。”老人把锄头、耙子立在门口先走进院里。院子里没有农家常见的小菜园，吸引人眼球的是放在地面上直径一米的白色电视天线，俗称“锅盖”。

厢房屋檐下，一个小板凳，一张笸箩，一堆没有摘完的花生。

站在院心里环顾，原先破败的老门楼翻修过，这是一座老式的拥有六间半正房的四合院，只是中间一道矮墙把它一分为二。张宏图老人拥有其中的三间半，但是老两口却住在东厢房里。原来，正房因为年久失修，房梁断了好几根，要塌了不敢住人。

“唉，这房子可有些年头了，我就是在这屋出生的，你说有多少年了！这房子还是爷爷那会儿就有的，祖上好像是什么武官，不清楚。”西面三间房还是在老人 20 多岁的时候卖掉的，那家姓刘，现在盖新房就搬走了，不住人。

走进厢房，黑黢黢的很是压抑。右边是火炕，对门是炉灶台。看得出老两口在这里居住了很久。老人掀起门帘进了里屋，发现老伴张素芳躺在炕上，拨拉一下没反应，“咋的了，病了？……”老人出来坐在外屋的炕头上，“唉，她是聋哑人，有残疾证，老毛病了。”

张洪图和老伴育有四个子女，其中两个闺女远嫁到天津和安徽，几年才回来一次。唯一的儿子虽然在身边，有家有孩子，家境迫使他常年在外打工，只有农忙和农闲时回来。家里的那些树那些地一年到头收不上多少钱。

老人掐指算算，这城里上街、下街如今空落落的，现在常住的还剩 19 户 33 人，除了老弱病残就是小的，他们要上学。

春华秋实，古稀之年的冯志文、刘桂兰夫妇依然自耕不辍（2014 年 4 月 11 日摄）

院门的故事

初见冯志文是在 2014 年春天，那时正值春播时节，坡地里满是村民忙碌的身影。

后倾着身子，慢慢后退，握着手拉犁，70 岁的冯志文身前留下道笔直的垄沟，而身旁的老伴儿则在垄沟内播下种子和化肥。犁上夹了块双拳大的石头，冯志文解释说是为了增加重量。“咋不用机械化农机？”老人摆摆手：“学不会了，再说老一辈传下的东西也不能说丢就丢了。”

也许是地势的原因，在这里看不到什么机械化作业，有的只是先辈们畜拉人扛的耕作方式。

2019 年春天再见，已经 75 岁的冯志文下地干活去了，70 岁的老伴儿刘桂兰因为腰疼病独自在家，她介绍说：“家里有两个儿子、一个闺女，他们都成家了，单独过日子，离家近，都在村里。我们老两口和老公公一起生活，去年刚把老公公伺候走了。”

刘桂兰说：“前两年政府征地拿走五六亩（海港区园林局流转土地植树绿化），家里还剩两亩。我们岁数大了，种地也出不了什么花样，种点什么够吃就行。这些年看着人家都种果树，我们也凑个热闹，板栗、桃树的栽种了百十棵，老了老了就不爱种地了。”

刘桂兰是辽宁绥中人，性格直爽、快人快语。她说早年因为城子峪村紧邻绥中王台村，嫁过来的媳妇很多，得有几十个。“我嫁到冯家时就住这个老院子，老头子是冯家的独生子，下面还有两个妹子，所以我们一直和公婆住。”

这一天，冯志文起了个大早，在院墙外河套边自己开垦的一小块地打好了垄沟浇了水，准备下种粟子。这块地约有三分，陡坡被平整成三块，梯次错落，呈不规则梯田模样。

梨花下河套边，在开垦的一小块地里种下粟子，秋后好卖钱（2019 年 4 月 22 日摄）

父子同耕的画面越来越少，冯志文说，我都是太爷了，他们能不忙吗（2014 年 4 月 11 日摄）

刘桂兰腰疼病复发卧床，一段时间来，冯志文只好对付着弄点吃的（2019 年 4 月 22 日摄）

古朴的百年老屋，一如朴素的人，刘桂兰说，还是待在自家里踏实（2019 年 2 月 27 日摄）

院心里，菠菜、土豆、大蒜、韭菜，啥都有，想吃什么就种什么（2019 年 4 月 22 日摄）

冯家院子不小，却没有正门，东、南、西都开有大门。东门一开就进街里，西门打开就可以下地干活儿，南门功用和西门差不多，因此久也不开。穿过两道低矮石墙过去，就是另一座老宅，久不住人了。院心小块地上早已绿油油一片，冯志文说种了菠菜、土豆、大蒜、韭菜，啥都有，想吃什么就种什么。

看出记者诧异，冯志文思量片刻说："这老屋有 100 年了，和我家老屋差不多年头，26 年前是经我手买下的，花了近 3000 元。去年我父亲去世，他活到 91 岁呢，有福气。说来话长，其实他是我继父。"

冯志文的父亲去世早，为了一家人生活，给家里添一把劳力，母亲改嫁又找了吴姓老伴，还生了一个闺女。继父人很勤劳能干，日子过得清苦，也算是熬过来了。多年以后，母亲也去世了。不久，继父又给自己找了一位老伴儿。这时候，冯志文的家庭关系变得复杂了，继母不好相处，嫌弃在一起生活。无奈的冯志文两口子只好商量着搬出去，借住别人家，这一住就是十来年。

冯志文心里念叨：这样下去总不是个事啊，一家人在村子里，抬头不见低头见的让人笑话。就凑钱咬牙买下了祖屋对面邻家空置的三间老屋，虽然是两个院子，毕竟距离近，照顾继父继母、帮衬啥的说一声就行。再怎么也是一家人，虽然没有一丁点血缘关系，继父继母也是父亲母亲啊，得照顾。

十年过去，继母去世，冯志文刘桂兰夫妇才从对面老屋搬回来，重又和继父居住在一起。原先两个相对的老屋各自成院，中间隔了两道石头墙，把院门拆了，就变成一个大院了，只是墙没拆，显得拥挤。"现在知道我家大门多的缘故了吧。"冯志文苦笑道。

冯志文家现在是四世同堂，多子多孙。两个儿子在家务农，农闲时都要外出打工。过去每到春耕秋收，儿子们还能来帮忙，现如今不行了，他俩现在也是当爷爷的人了，都外出帮着看孙子去了。"总不能一直依靠儿子，我们也不怨他们，都是有事情干的。女儿在村里，离我们不远，时常回家瞧瞧。唉，生活也是难，都在忙着打临时工挣钱呢。"冯志文有些失落。

母亲在，家就在（2019 年 10 月 10 日摄）

只想好好陪着她

2019 年 10 月 10 日下午，青龙满族自治县祖山镇花厂峪村 11 组，记者这是第三次来到王义平家。

石头墙围起的院子一片寂静，木质栅栏门斜歪半敞着，十几只大母鸡在阳光下闲散地东觅西啄地走动。蓝色窗户下堆放着金黄色的玉米很耀眼，王义平家的收秋结束了。

对开门虚掩着，喊了一声没有人应答。推开一扇门进了堂屋，锅灶上冒着白气，一缕清淡的红薯味，想必是在蒸红薯。王义平从东屋撩开棉门帘探出脸说声“哈，来

兄弟俩都没有娶上老婆，和老母亲挤住在一起（2019 年 5 月 5 日摄）

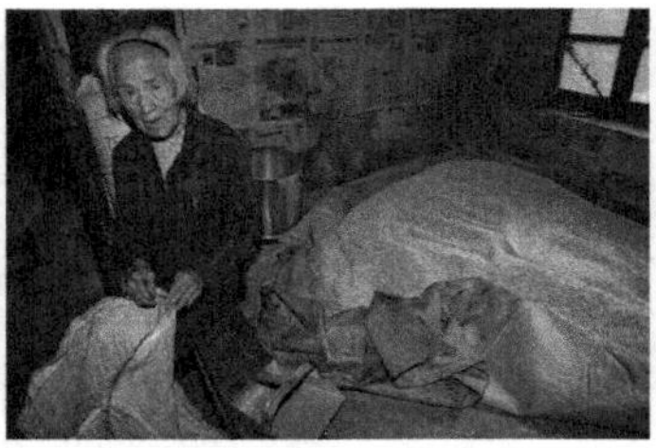

年迈多病的李桂芝依旧闲不住（2019 年 10 月 10 日摄）

春种红薯有了收获，王义平准备制作红薯干以备冬季干粮（2019 年 10 月 10 日摄）

王义平和王义宽兄弟俩在本家大哥指导下学习种红薯（2019 年 5 月 5 日摄）

祖宅对于侄子和侄孙来说是温暖的家（2019 年 2 月 20 日摄）

了。”“午睡呢？”“不是，装高粱米呢。”

狭小的东屋里暗黑，地上堆满了各色编织袋，几乎没地方立足。炕上铺满了脱粒的高粱米，93 岁的李桂芝老太太正在缓慢地用铁皮簸箕往编织袋里装晾干的高粱米。王义平说今年收成不好，棒子（玉米）1000 斤，大豆和高粱各百十来斤，红薯 200 多斤。

“老太太身体恢复得怎么样？”“上次住院治疗半个月就让出院，好多了。唉，她的毛病治不好，就是头晕腿软脚跟轻，总摔跟头。不要她干活不听劝，我们都要下地干活，不能总盯着她。前天还摔了一次，头顶上一个大包。”王义平很无奈。

还是在春天里，70 岁的王义平和三弟王义宽在离家不远处的一小块坡地里间种红薯苗，两边是只有一米高的板栗树苗。因为是第一次种没经验，请来了本家大哥王义中现场指导。红薯苗还是王义平一大早去村里赶集 1.9 元一株买回来的，一共几十株秧苗。王义宽从井里挑来一担水，王义平栽苗王义宽浇水，兄弟俩足足花了 3 个小时。

说起板栗幼苗，王义平说这是新栽的。几年前栽种了百十来棵板栗树，刚开始挂果，产量谈不上，因为年份不一样，几十斤或百十来斤都有。因为地少又很分散，活儿干起来相当费劲。

王义平念叨，前几天老母亲病了，在祖山镇医院住了三天，条件不咋样，有几种药还没有，就转到柳江医院了，已经住了两天了。她的腿不听使唤了，嘴巴也哆嗦得厉害，脑梗、心脏病，岁数太大了。兄弟姐妹现在轮流看着，这会儿是小妹看床呢。

正说着，手机响了，山里信号不通畅，只听着王义平大声嚷嚷着，不一会儿挂了电话，没好气地说："本来约好下午去两里外的西岭看看地，别家不种了让我种，要不种可惜了。我准备种黄豆，今天看样子不行了。小妹说她整不动老母亲，身子太重。唉，现在下不了床了，吃喝拉撒都得人弄，挺不住了，要我过去，押金又不够了，这刚两天工夫就得一千多块钱。"

王义平说："眼看立夏了，地还没种完，得赶紧。其实家里这点地也就够个口粮。家里的驴子我给换了，还搭上几百块钱，那驴子年头长了，换了小驴驹。不养驴不行，家里的地大多在山上，犁个地驮个东西的指望它。"

王义平说："父亲去世早，得有好几十年了。我们兄弟俩没什么能力，平日里种点庄稼，依靠五保户度日（兄弟俩在60岁以前均是低保户，年满60岁后转为五保户）。老母亲因为年过90，除了农村养老金一千多点，还有每日2元钱的津贴。"

王义平家兄弟仨、姊妹俩，除了二弟王义元娶妻生子、两个妹子出嫁，他和三弟都没有娶上媳妇，一直和老母亲生活。说起年轻时为什么没有娶上老婆，他嘿嘿几声尴尬地说："家里人口多，挣不上工分，没钱啊！生产队解散后也想着外出打工挣钱，可是出不去，老母亲岁数大了，得有人在家照顾，三弟一个人我不放心，他的腿脚不利索。如今也上了年岁，更没人要的。"

王义平和王义宽现在属于"分散性特困供养人员"。

第三辑

坚韧的希望

家里的地不够种，除了租种亲戚的，还在长城下开出一片荒地（2015 年 4 月 3 日摄）

“下岗”后的日子

2015 年 4 月 3 日，抚宁县台营镇石碑沟村村民张密清和老伴陈翠玲正在地里打垄，准备种上玉米。古长城在这里趋于平缓，长城两边都是开垦过的土地，前一年收割后的玉米秸还裸露在土地上面。清明后，城墙下的坡地、梯田里到处可见三三两两耕作的村民。

眼前这位年届花甲的农耕者曾经做过近 20 年的民办教师，就地攀谈起来。

说起往事，张密清依然记忆犹新：“我是 1974 年 2 月从台营中学高中毕业，之后被选派在村小学当老师。那个年代，农村也和城里一样普及高中，因此村里的高中生很多，但是能当上老师的却不多。自己感到光荣，村里人也羡慕。那时候上学是九年义务制，学生有 170 多名，11 名教师。后来慢慢地学生越来越少，教师就逐年地往下减，最后剩了 3 名教师。到了 1993 年 3 月 17 日，开学不久接到通知，我被裁掉了。”

黯然神伤的张密清说，他是最后一批被减裁的乡村教师。离开了热爱并为之努力工作了整整19年的教师岗位后，已是人到中年的张密清没有别的选择，只能回到村里务农。

张密清家庭成员很简单，女儿出嫁到邻村七家寨；儿子结婚不久，在村里经纪人的安排下出国到非洲安哥拉打工；家里就剩老伴、儿媳和孙子、孙女。

山里人家地少，随着生活成本的提高，农家生活也开始捉襟见肘。当年张密清只分得2.5亩地，靠种这些地满足不了家里的生活，多年前，张密清自己开垦了一点荒地。现在耕种长城边上的土地是妹妹家的，妹妹家搬到市里后，她家的5分地就交给张密清种了。此外，张密清还承包了2亩地。这些散落在山坡、沟底的贫瘠土地只能种玉米、谷子、花生、黄豆等，能够满足全家人一年的口粮。张密清强调说：“山里人家平日里很少吃肉，种的黄豆随时可以磨豆腐吃，算是改善伙食，解个嘴馋！”

重新又做回农民，虽有怨言，但朴实的张密清还是踏踏实实地种起了地。为了增加收入，家里曾经养过奶牛，但没挣钱还赔钱。现在养了3头牛（今年下了2只小牛犊），主要是肉牛。一年辛苦下来，毛收入能有2万元钱，除去成本和工钱，够一家人吃喝的。

张密清一家现在居住的还是父亲留下来的老屋，简单的屋内整洁有序，墙上并排挂着儿子儿媳的新婚照和他们老两口的婚纱照。张密清说：“我结婚那会儿只照过小合影。几年前镇上开了一家照相馆，进村挨家挨户给老年人照婚纱照，感觉新鲜，就照了。这是我这辈子最最浪漫的事了！”

农村过日子，缺啥种啥，新打下来的油葵可榨出一整年的食用油（2015年8月11日摄）

冬季里，遇上村里有短工的活，张密清也抢着干，多少都能挣点儿（2015年4月17日摄）

到山上给果树剪枝要持续数月（2017年2月9日摄）

家里的经济收入主要依靠精心养殖的几头肉牛（2015年8月11日摄）

谷穗黄了，好收成是张密清一年的期盼（2015年9月21日摄）

祖辈传下来的几棵板栗树结不了多少果实，张密清和收购的人讨价还价，希望能卖上个好价钱（2015年9月21日摄）

体弱多病的老两口下梨动作速度慢，摘梨季节两位老人一干就是一天，中午是从家带的简单午饭（2017 年 10 月 26 日摄）

安梨树，安梨

2017 年 10 月 26 日，气温骤降后的青龙满族自治县官场乡头道窝铺村，被寒气裹挟着的村庄里几乎少见人，村舍后山坡上的很多安梨树挂满了安梨，但树林中鲜有果农采摘。有些树叶落殆尽，只剩下数不过来的安梨悬挂在树枝上寂寥无比，树下，满地是被劲风摇曳吹落的安梨。

果农赵利叹气道："我家里现在大概有 150 棵梨树，安梨、红梨、白梨、花盖、肚里红等几个品种，新品种都是这些年栽种和嫁接的，数安梨最多，各种梨一年下来能有一万斤。今年梨市还没有价钱，和往年一样，估计也就三两毛钱一斤。你看，这下树的梨一筐 100 斤，5 块钱一筐都不见得有人要。"

还是在 2015 年 10 月 13 日采访时看见，赵利抽着旱烟锅，坐在梨树下的独轮车旁，寻思着今年的安梨能卖上什么价。满心欢喜的他雇用了 7 位村民，5 个男工、2 个女工，帮助采摘自家的梨，男工一天 120 元、女工 70 元，管三顿饭，用工两天赵利就需要付工钱 1340 元。可当年梨的价钱太贱，每斤只有两毛钱。回家仔细一算，没赚钱却赔钱！从 2016 年开始老两口就自己采摘了。

在头道窝铺村，梨花长廊中的 300 余株安梨树中，200 年树龄以上的就有 80 余株，而其中百分之四十系清乾隆年间栽种的。

2016 年 11 月 26 日，记者曾经致电时任村党支部书记杨学，他说，头道窝铺村的安梨每年产量在 200 吨左右，由于前两年价格超低，让果农们寒心，索性不摘，都外出打工了。今年价格又稍有回涨，卖到 0.35 元，可是很多果农家里只剩留守的老人，没有能力采摘，只能在树下捡拾掉落下来安梨，一袋子 80 斤只卖 4 块钱。

村子里的果农家家都有冬储果窖，晚秋采摘下树，边摘边卖，余下的入窖，来年春天继续售卖。每年春天梨花漫山遍野盛开的时候，游人蜂拥而至前来赏花，面对果农从果窖里抬出来的安梨鲜有买者。冬储后的梨有相当一部分已经溃烂，只能扔下河沟。

随着物质生活水平的提高，人们对于各种水果的要求也越来越高。头道窝铺的安梨这一几百年的老品种，已经不合人们的胃口。

无奈的赵利只能自己动手，颤颤巍巍地爬树摘梨（2017 年 10 月 26 日摄）

在村里找帮工下梨，工钱越来越高（2015 年 10 月 13 日摄）

连续几年的低价，许多果农干脆放弃采摘安梨，外出打工（2017 年 10 月 26 日摄）

老两口搭档下梨，一个在树上采摘，一个在树下接筐（2017 年 10 月 26 日摄）

赵利雇人采摘安梨，琢磨着当年的梨兴许能卖个好价钱（2015 年 10 月 13 日摄）

大毛山城堡依旧矗立，默默地见证着窦宝新夫妻俩的生活（2016 年 10 月 13 日摄）

城堡下的日子

正值壮年的窦宝新个子不高，身体很结实，是一位地道的山民。话不多，除了下地种庄稼就是上山放羊，对生活没有过多的奢望。曾经问过他，怎么没有像其他村民一样在家里办个农家乐饭店，他说整不了，没人手。大毛山城堡里曾经有过他的家，那是祖上几代人的心血建起来的。如今因为生活不便搬出城堡，住在城堡下，而原来的祖屋拆了，只剩下一个使用了几百年的大磨盘，原址上种上了庄稼。

2016 年 10 月 13 日，海港区驻操营镇董家口村大毛山自然村。已是深秋时节，窦宝新和妻子祝文凤分别在城堡里的梯田上和城堡外城墙下收玉米，几天里，1 万多斤玉米被夫妻俩背运下来。家里的农活干完后，窦宝新一如既往地定时放羊，而妻子祝文凤则和村里的十来个姐妹去了辽宁帮工掰玉米，早出晚归，每天 80 块钱。家里只剩下读初二的儿子和一个邻村的同学，两人正琢磨着去哪里玩。

“儿子是独子，个子比我猛一截，但就是不爱学习。他不住校，原本每天骑电动车上学，一趟 10 公里，来回 20 公里。最近学校有规定，为了安全，要求不满 16 岁的学生只能骑自行车上学。山路不太好走，又赶上修路，更难走，儿子一赌气索性不上学了。唉，我们也没法，管不了，也没心思管他，家里的活还干不完呢！”

5 年前，窦宝新承包了几百亩山场，无法开垦种地，只是为了砍柴火，除了自家用点，可以卖钱，20 块钱 100 斤，因为村里烧柴火的农家还很多。“现在不行了，在山上不时地就能遇上防火的、护林的，见到你砍柴不但扣下还要罚款。”窦宝新说。

窦宝新的家处在董家口村最好的位置，两边邻居都早早开办了农家乐。他在自家不大的院子里养了 80 多只绒山羊，“小羊卖给村里的农家乐，大羊卖给羊贩子，收获的玉米几乎不卖，因为一个冬天下来，羊群就能吃掉三千斤。等山场里再也没有什么草可吃了，就不去放羊，在圈里喂玉米秸，这是羊的主食，不能烧的。”窦宝新说着，扬起鞭子吆喝一声，赶着羊群上山了。

打工回来后，得闲空的祝文凤利用废旧搪瓷盆，和草泥糊制炭火盆（2016 年 11 月 19 日摄）

村子里能干农活的青壮年很少，窦宝新不时地被邻居叫去帮工（2016 年 10 月 26 日摄）

窦宝新说自己没多大能耐，能做好自食其力的山民就行（2016 年 10 月 13 日摄）

父母都在外干活，辍学的儿子在家待着无聊，骑电动车出去转悠（2016 年 10 月 26 日摄）

牧羊是窦宝新每天的主业，羊群维系着一家人的日常生活（2016 年 10 月 26 日摄）

张贵、韩少霞夫妇正在自留地里耕作，准备间种架豆角（2020 年 4 月 28 日摄）

大山里的守望

2020 年 10 月 15 日早晨，张贵、韩少霞夫妇正在自己家的苹果园里忙活着。张贵负责采摘，韩少霞负责装箱，再由张贵运下山。夫妻俩携带了两暖瓶开水和几包方便面，晌午饿了就准备在果园里对付一口。

他们的家紧挨着陡峭的高山，房屋建在半坡上。这里距离东山的果园约有一里路，却是一半水泥路一半羊肠小道，成箱的苹果需要先用独轮车推到水泥路上，再装上三马车，然后才能运回家。

大石窟村地处偏僻，50 余户村民沿着深沟散居着。没有蔬菜吃，只能自己种。已

老两口最操心的是快 38 岁小儿子的婚事何时能解决（2018 年 11 月 5 日摄）

通往果园的山路有一半羊肠小路，苹果要靠独轮车运下来（2020 年 10 月 15 日摄）

张贵每摘一个苹果都要修剪去蒂把（2020 年 10 月 15 日摄）

韩少霞在河套边上的菜地里除草（2012 年 6 月 19 日摄）

韩少霞正在按苹果品质分别装箱（2020 年 10 月 15 日摄）

年届七十的张贵、韩少霞除了终日管理几千棵果树，就是在自留地里种些韭菜、小白菜、黄瓜、豆角以及草莓，以满足基本的生活需求。

认识张贵、韩少霞夫妇还是在 2012 年 6 月间，那时候老两口的情绪很低落，感觉日子没指望了。因为头年春天的那场特大山火，横扫了大石窟村的山场，过火处寸草不留，他们家的板栗树也未能幸免，全部化为木炭灰烬。

可想而知，对一个农民家庭损失有多大，烧毁的林果树几乎是他们赖以生存的全部指望。张贵说："我们都是农民，农民的日子是按年份计算的，即使从头再来，也不是一天两天的工夫，而是数年乃至 10 年。"

2011 年春天那一场大火烧掉了张贵、韩少霞老两口 2700 余棵板栗树。后来几年里陆续重又栽种了四五百棵板栗树和 2400 棵苹果树，家里六七亩耕种的也都是果树。到了 2018 年时，张贵家的富士苹果收获了 13000 斤 400 多箱。他说山里的苹果虽好但是卖不上好价钱，每年家里的苹果总是卖不多，来这里的客户少。

今年张贵改变了思路，他和另一位果农合伙在邻近的小河峪村租了一间冷库，今秋的苹果都进冷库，价格合适再出手。

张贵、韩少霞夫妇养育了三个儿子一个闺女，因为家穷，大儿子到贾庄村做了上门女婿，二儿子在田家沟村做了上门女婿，唯独小儿子让两位老人操碎了心，快奔四十了至今订不上媳妇，夫妻俩很犯愁。

韩少霞念叨着，小儿子在南戴河（平市庄林场）干了多年了，是林场护林员，他不着急，可我们做父母的犯难，总感觉对不起他。现在娶媳妇都要求住楼房，我们山里人穷娶不起媳妇啊。张贵接过话说，上面两个儿子都有家有自己的儿子了，我就是盼望着小儿子也能成家生养自己的儿子……

张贵说，2019 年，因为京秦高速建设，修道、建火药库先后临时占用自己家果园 3.5 亩地，说是三年后返还，每棵树补偿 500 元，一亩地 2000 元。

张贵瞥了一眼紧挨自家地头边那间坍塌了半边山墙、木格窗掉了半拉的老房子说，老屋住着的老两口都去世了，早没人住了。村子里常住人口越来越少，只有像他俩年纪大的依然守着土地。

刘玉怀和妻子、哥哥套上单犁耕种。在长城下拓荒种地，成为山民农耕生活的常态（2015 年 4 月 3 日摄）

夫妻开荒

用电碾挤压脱壳，再用簸箕背风抖扬，黄灿灿的小米就呈现在眼前了。阳光中飞扬着金黄色的谷皮，远处长城剪影映衬着斑斓的树林连绵起伏，这是一幅洋溢着劳动美的图画。

2014 年 10 月 29 日晌午，村民刘玉怀正和妻子忙着打场。辛劳了一年，夫妻俩收获颇丰。“谷子收了 2400 多斤，自己吃 200 斤，余下的能卖上 2 万块钱，栗子、核桃也能挣上 2 万块钱。”刘玉怀掩饰不住内心的喜悦。

正是因为被这一画面所感染，记者在以后的几年里数次前往罗汉洞村采访刘玉怀。

2015年11月3日中午，青龙满族自治县隔河头镇罗汉洞村。已经年届60岁的刘玉怀、刘慧兰夫妇正在山上忙着收割谷子。“现在玉米都放倒了，但还有一半没收上来呢。山上农活太多，家里又没钱雇人干活。我们俩整天没白没黑地干啊。”

刘玉怀家里有15亩责任田，其中有不少是进城务工亲戚家的。山坡地只种些白薯、杂交高粱，日子还是过得很紧巴。为了有个奔头，这几年，夫妇俩先后投入本不宽裕的7万元收入，雇佣钩机劈开山路，把原本荒芜的秃山开垦出280亩梯田，陆续种上了花生、玉米、高粱、黄豆，还第一次尝试种植药材——黄芩；栽种了核桃树2000多棵，山楂树200多棵，板栗树300多棵，一年下来仅林果就能收入3万元，玉米也能收1万元。

家里这么多地要种，为什么不雇几个人干呢？刘玉怀有自己的一本账：“开荒造田是个费力气的活，靠人力不划算，就发狠雇用钩机，省力省时间，每小时150元，一次到位地就出来了；雇人种地那是年年的事，零打碎敲的并不省钱。我们虽然上岁数了，好在身体还行，本来就是农民嘛，闲着难受。”

刘玉怀老两口至今依旧住着父亲传下来的老屋：“ 50年以上了，这还是我5岁时盖的房子。每年都说要盖个新房，可是一到过年还是没钱。也不知钱花到哪里去了。”刘玉怀笑着说。老宅的前后左右牛棚猪舍，是刘玉怀夫妻的另一个劳作内容，12头肉牛，4口老母猪，50只鸡，7只鸭子。卖肉牛和猪崽子，使他们紧巴的日子有了部分活泛钱。

每天早晨，老伴刘慧兰3点半就要起床做饭，5点多老两口吃完饭就上山干活，天黑了才下山，做晚饭。10点钟睡觉。家畜家禽每日要喂三次，这意味着有人需要定时下山喂饲料。

2016年5月16日拍摄长城，途径刘玉怀家门前，看见他蹲在树荫下照看着老伴儿，她病了……六月初六，刘惠兰因患恶性脑瘤去世，这是后来得知的。

他回忆说，正月初四家里来亲戚做客，老伴感到不舒服，到抚宁区医院检查说是脑瘤，将信将疑地又去了市第一医院检查，结果也是脑瘤。从病到去世就半年时间，老伴走后这段时间里心里不痛快。

老伴的两个儿子在母亲病重期间表现还行，他们一个在天津，一个在大新寨翟里庄村，都是依靠打工生活。因为家里没有多少地可种。

小儿子在母亲去世后和继父谈过想搬来一起生活的想法，一来可以搭把手，管理家里的农活，二来想在这里创业发展养鸡：听说这里的长城旅游就要开发了。

当时刘玉怀的心情很复杂，小儿子搬来一起住，问题来了，住旧房还是翻建新房？他的孩子眼看就要上学了，在这里上还是在原籍上？小儿子要买台小车，说是来

一个山头被削平，用作粮食收获的集散地（2015 年 11 月 3 日摄）

蜿蜒的山路是刘玉怀开出来的，这样山上的收获才能用驴子驮运下去（2015 年 11 月 3 日摄）

夫妻俩用自制小刀片耐着性子一穗一穗地割下谷穗（2015 年 11 月 3 日摄）

刘玉怀正和妻子忙着打场（2014 年 10 月 29 日摄）

在老伴患病期间，刘玉怀极尽所能，时刻陪伴左右（2016 年 5 月 16 日摄）

一天农活儿下来，夫妻俩安静地坐着，盘算着第二天的计划（2015 年 11 月 3 日摄）

夫妻俩每天只有吃饭的时候在家里，刘玉怀说老伴儿从不因为农活累偷懒，干家务很勤快（2015 年 11 月 3 日摄）

去方便点，钱不够，刘玉怀给了身上仅剩的 1.2 万元。刘玉怀说，为了给老伴治病，家里卖了 6 头牛计 6.5 万元，治病丧葬花了 1 万多。

刘玉怀现在面临的问题主要是缺人手，他的林果树面积和大地农作物面积很大，核桃大小树 2500 多棵，板栗树 600 多棵，但是老化了，准备改种桃树。再加上农作物呢？一个 60 多岁的男人难以胜任。收秋雇人手是免不了的。他说，我得“利用”一下小儿子。

刘玉怀说，老伴临终前流着眼泪嘱咐他：能不能帮助一下小儿子，毕竟这个家也有自己的贡献，可以分享一点夫妻俩的产业红利。

2017 年 2 月 9 日，正月十三，总惦记着年长几岁的刘玉怀，遂驱车前往 60 公里外的罗汉洞村。湛蓝的天空下坐卧着静谧清冷的山村，重又见到他，感觉比半年前精神了许多。

老伴儿走后那段时间里他心里不痛快，也无心种地。刘玉怀动情地说："老伴儿在的时候，每天的日子过得很累很辛苦，但是她从不因为累的缘故偷懒家务活，她勤快。简单的农家饭在她的手里就花样频出，我们兄弟俩尽吃好的了，感觉日子有奔头，浑身都是力气。你们城里人常说的吃苦耐劳就是说她呢。"

刘玉怀和刘惠兰是半路夫妻，相伴 17 年。"老伴走了，我感觉亏欠她。当年一起栽下的各种果树相继挂果，好日子就要来了，只怨她没福气。可是日子还得过下去啊！"刘玉怀年前购买了农用车，春天来了，他重振精神准备大干一场，为自己也为逝去的老伴。

年景不好，苹果树挂果比往年少了一半（2019 年 9 月 30 日摄）

果农陈占东

2014 年深秋的一天，在古长城东侧下的一片果园里结识了村民陈占东，当时他正利用自己的喷灌机和水管为同村的一户村民家的果树浇水，他说一来与人方便，二来能挣点儿活钱。

2019 年 1 月 22 日，来到抚宁区大新寨镇箭杆岭村。位于古城门外的一幢普通平顶房，院子里棚屋下堆着柴火，地上散落着摩托车、水泵、橡皮管和各种农具。屋内，陈占东不在，只有他的母亲、女儿和儿子在家。说明来意，女儿说爸爸和妈妈正在河西干活儿，手机落在家里了。儿子从炕上一骨碌翻身下地，说是去叫爸爸回来。

女儿陈遥，现在是河北民族师范学院计算机专业大二学生，正在放寒假。此时，她上小学五年级的弟弟正在发烧，蜷缩在炕上打不起精神。

陈占东赶回家来，一身灰土。他说就在自家对面的河岸边，夫妻俩伐倒了 3 棵 50 年以上树龄的板栗枯树。每棵 2 米长的树干有人买去了，每根树干 90 元，剩下的枝杈砍下做柴火运回家烧火用。

陈占东是一名退役兵，1986 年 10 月至 1990 年秋，曾在辽宁丹东某海军后勤部队服役，之后返乡务农、结婚生子。陈占东说："我父亲就当过兵，那是 1954 年。我希望女儿也能去当兵，一来能帮助家里节省学习生活费用，二来盼望以后工作会有个不错的着落。"

女儿陈遥就读的是三本学院，一年的学费生活费 2 万多元，这对于一个以农为业的家庭很难。陈占东说遇到坎的时候，总有战友和亲戚帮衬一下。

陈占东在家里三兄弟中排行第二，还有两妹子。80 岁的母亲和他一起生活，实际上现在居住的房子是父母的。他埋怨自己说，当兵退役后回到村里，并没有申请过宅

从山下河套里引水上山，浇灌自己的苹果树（2014 年 11 月 7 日摄）

一家 5 口人还拥挤在两间老屋里，陈占东为房基地犯愁（2019 年 1 月 22 日摄）

林果树的肥、水、管理都要同时到位才行（2019 年 9 月 30 日摄）

陈占东夫妇在 6 分地里密植了 90 棵桃树苗，并间种下花生（2019 年 4 月 26 日摄）

用自家的汽油喷灌机为其他村民家果树浇水，每小时收费 50 元（2014 年 11 月 7 日摄）

死去的老板栗树只能砍了当木头卖钱（2019 年 1 月 22 日摄）

基地，一直和父母住在三间老房里，想着好照顾父母；搞对象要结婚时也没有申请。哪想到现在女儿上大学了，想着以后谈恋爱带对象回来，总得有一间房住啊，就写了申请，却一直批不下来。

陈占东的大哥陈占新55岁，年轻时在一家煤矿干活儿时腰部受伤，瘫在炕上；三弟陈占红因为家里穷，做了上门女婿，就住在古城里他丈爹的老屋里，收秋后外出打工了。三弟的儿子正在湖南长沙上大学，女儿正在上小学，也是缺钱的时候。

2019年4月26日，正值春耕时节，再次驱车来到箭杆岭村。

在离家不远处的公路边，陈占东和妻子在只有6分地的土地上密植了90棵桃树苗，又间种了花生。陈占东说另外2分地准备种玉米，还没起垄。山上的六七百棵板栗树开春时就已经开始嫁接优良品种，现在已经嫁接了五六百棵了。

陈占东说，过去栽种的果树品种不好，果实也就长得不好，产量低。村子里偶尔也来农艺师指导，但主要是依靠自己摸索着干，这些年也悟出一些经验，林果树的肥、水、管理都要同时到位才行。

他回忆，2016年村里在山上建了几个蓄水池，铺设了几条水管，水泵房建在河套里，很漂亮，但是水上不去。他们把大水泵往大河里一放就不管了，被盗了，到现在果农从没有使用上这个灌溉设施。村民们都是自己购买小水泵和水管，从河套里抽水浇地。那套灌溉设施分明是个摆设，村里人说就是个政绩工程、形象工程。

去年秋天，陈占东家的林果树收获粗略算一下，去了成本也就能落下一万元。“好在我自己有水泵，两个花了一万多元，燃油的，汽油、柴油各一台，这样能省点。”

从正月十七八开始，孩子们开学了，陈占东夫妻俩就开始干农活，一直没闲着。林果树剪枝、围挡、浇水，一块地就要浇4天水，所有果树浇了10多天。然后是苗肥，林果树最低要浇6遍，如果不旱，三四次就可以。今年大旱，冬天没下雪，春天不下雨，就要多浇几次；果树施肥三到四次。“现在燃油贵啊，使用汽油机得拿着身份证到派出所开证明，如实说明买汽油的用途，才能去加油站购买。”

“这6分地的花生，好了能收获400斤，压榨100斤油，一家人就够吃了。这村子地少，农活儿主要靠人工。”陈占东说着背起沉重的农药箱去田里打除草剂。

9月30日下午，一条直径10厘米的橙色水管从公路下的河套上引，越过公路，蜿蜒地沿着田间水泥路伸进果园，陈占东和妻子正在南面山地的苹果园里浇水，这已是第二天了。他说今天差不多能浇完，是上冻前最后一茬水了。50多棵苹果树挂果不多，都已经摘下了套袋，还没有显红。他说，估计再有半个月就可以下果了。

“今年是小年，林果都减产了一半。前几年光是苹果套袋能有20000个，今年只有8000个。板栗已经收完了，不过价格还不错。”看得出陈占东此时是喜忧参半。

郭会财和妻子正在邻村下兴隆庄村的一块地里刨花生（2018 年 9 月 17 日摄）

好人郭会财

2019 年 10 月 21 日，卢龙县燕河营真重峪口村。

郭会财和妻子及父亲在距离村庄 1 公里处的地里出白薯，难得他家有这样一块平整的一亩土地，为了省钱没有雇人，84 岁的老父亲也来帮忙，郭会财粗略估计能出 2000 斤。

郭会财说，今年的收成不理想，百十来棵桃树才卖了 1000 多块钱，玉米遭了病虫害，只收了四五千斤，花生 1300 斤，加上板栗、核桃零打碎敲的有四五千块钱。

老父亲郭梦来年事已高，但还是养了一头驴和板车，他说帮不上儿子多少忙，驴

一分耕耘一分收获，土地把果实馈赠给勤劳的人们（2019 年 10 月 21 日摄）

幼小的女儿把核桃当玩具（2011 年 11 月 29 日摄）

转眼 8 年过去，女儿长高了（2018 年 9 月 17 日摄）

春天干旱抽水浇果园，水费每小时 20 元，5 亩果园需要浇水 6 个小时（2019 年 4 月 11 日摄）

生机盎然的土地上是日渐衰老的人们（2019 年 10 月 21 日摄）

子能顶一个人工呢。老人叹口气说，家里原本有四个儿子，当年村子这里修建水库，两个儿子原本都在工地上出力工挣工分，因为年龄小吃不消，就跟着卢龙县建筑公司到唐山建房子去了，结果赶上了大地震给压死了。唉，那时他俩才二十岁左右，不然家里劳力很足的。郭会财是老三，但是因为事故腿落下残疾，干活没问题，但是不能负重，许多重活都压在儿媳身上。

去年也是收秋时节，郭会财和妻子杨桂琴在邻村下兴隆庄村的一块地里刨花生。由于天旱土壤干硬，花生拔不出来，郭会财只能用镐头挖刨，妻子杨桂琴在一旁割下花生。

郭会财擦着满头的大汗说，这块地是亲戚家的，他们都远走保定了，地让我们免费种，免得撂荒可惜。这地就种点玉米和花生，因为人少种不过来。在重峪口还有 7 亩地，主要是林果，核桃 3 亩、板栗 1 亩、桃 1 亩，再种点玉米和花生，忙一年也就能落上两三万元。现在主要是小树多，还看不见钱。

还是在 2002 年，郭会财在水库东面的山丘上承包了 5 亩山坡地，承包地签订了 30 年合同，每年地租 371 元，一年一交。之后夫妻俩逐年开垦栽树，把过去的荒山坡岭种满各种林果树，桃树、梨树、板栗、核桃等 300 多棵，由于树苗在不断地嫁接，老树新树结果不齐，直到去年，所有的果实只卖了 4000 多元。

郭会财也有值得骄傲的地方，儿子是现役军人，现在江苏徐州服役，是三级士官。女儿还小，在村小学上四年级。因为每天要给放学的女儿做中午饭，夫妻俩即使再忙路再远也得赶回家做饭 。杨桂琴说，儿子今年 30 岁了，前年中秋节在家里结的婚，媳妇是潘庄镇秀各庄村人，离这里不远，8 里地。儿媳妇每年都去看儿子。唉，只是到现在还没个孩子，两地分居，儿子一年只能回来两次。平日里儿媳妇在娘家待着，儿子不在家她也不乐意在我们家。

郭会财说，早就给儿子盖好了三间平房，但是一直没有装修，因为那会儿结婚的事迟迟没有着落。这不，前年定下来要结婚，就把我们的房子一起翻修了，门窗换了，吊了顶，铺了地砖，这还是享受了政府危房改造的 6000 多元补助呢！你来的那会儿家里还黑黢黢的呢。

郭会财说，自打儿子参军走了以后，家里显得空落落的，就想着再要个孩子带在身边，结果有了女儿，兄妹相差 20 岁。现在长大了，闺女郭洁懂事活泼，学习也好，我们很满足。

后来才知道，郭会财前妻因病去世后，岳父认定女婿忠厚老实、聪敏能干，遂又把小女儿许配给他。

家和、事兴、来财、福到是夫妻俩的追求（2019 年 9 月 30 日摄）

坚守与追求的夫妻俩

2019 年 9 月 30 日上午，抚宁区大新寨镇界岭口村。

村民万春来和妻子陈英姿正在长城以北的自家地里劈棒子。万春来说："我大哥、二哥、五弟的地都归我种，其实加起来也不过 2.5 亩。因为各家的耕地太少，不能养家糊口，早年他们几家都前后脚外出打工谋生，现在都在城里买了楼房生活，万家我这辈就剩我还在村里务农。"

万春来说，今年碧桂园在村里搞开发，工地上有的是活儿干，就没有外出。万春来是个全才，木工活儿、泥瓦活儿样样通，因为他的手艺，现在每个工值 220 块钱。

“今年已经到手两万块了。”他有点不屑地说，都是辛苦钱。地头上手机响了起来，万春来接听后解释说是附近一个村的村民来还钢管。万春来和陈英姿只好将劈下的棒子装上三轮车往家里走。

一台马力强劲的三马车满载长短不一的钢管，停在万春来儿子家大门口，就等他开门卸管子。来者是青龙县隔河头镇樊家店村的，他们租借万春来的管子是用于搭棚替经销商收购板栗，现在收获季过了就拆了棚子。

万春来掏出钥匙打开院门，儿子新房的院子里堆满了建筑用模板和钢管，院墙外还放置着几台混凝土搅拌机。看着记者疑惑，万春来笑眯眯地解释道，城北这新房还是2008年儿子结婚时给盖的，可是小两口不住，一直在市里租房打工生活。老城里的祖宅院小，我的这些家伙又占地，就都堆在这里了。不瞒你说，光是这大小搅拌机我就有8台呢，有人租借就租呗，闲着也是闲着。

只有在春耕和秋收时节里，夫妻俩才能同框（2019年9月30日摄）

清冷的古城北街，陈英姿守着自家的老宅（2016年11月12日摄）

精明能干的万春来在打工者和包工头角色之间来回切换（2019年9月30日摄）

陈英姿在院子里养殖貉子，全村是独一份（2019年1月22日摄）

棚子里挂着头年打的皮子，到第二年春季还没有卖完（2019年5月9日摄）

陈英姿说，两口子一直住在古城北街的老宅里，冬暖夏凉。她说自从嫁到老万家就在这里，夫妻俩膝下一儿一女。即使儿子和孙子们家来也只是小住几日。儿子是个塔吊司机，一个月工资能达到五六千元，但不总是有活儿干。

古城北街上一字排开几家都是老式四合院，所有人几乎都姓万。万春来家这间是祖传下来的，只是没有隔壁家保存的原貌了，正房三间，东西厢房早已拆掉建成了棚屋，堆放农具和杂物。陈英姿说她嫁到万家时就这样了，只剩下门房还是原来老样式。

万春来农闲时外出打工，而陈英姿也不闲着，在家里后院养了几十只貉子。她说，今年春天的皮子 300 元一张，卖活的一只 200 元。如果没人收，就自己打皮子（屠宰），我们自己会打皮子，请人打还得付工钱，值不当。每年貉子能下崽 400 只左右，喂养一年就可以卖。只是养貉子成本也大，每只需要 100 元吧，饲料、疫苗、看病吃药的，赶上它们生病就是个赔。

自 2009 年起，万春来在给儿子盖房过程中积累了经验，索性购买了农村建房必要的设备和工具，凭着自己木工、泥瓦手艺，拉起了一支土木工程队，走村串户地为人盖房子。他说这之前都是进城到建筑工地打工。“今年春天还盖了几个房子呢！”万春来得意地说。

万春来在长城金顶北侧承包了几亩山地，栽种的板栗树也到了挂果期。虽然今年气候原因挂果少，但是收购价高，卖了 1.8 万元。他说，农村不比城里人有退休金，得趁着身体好多挣点养老钱，所以不能闲待着。

万春来无意间说出一个秘密：在前年，他花了近 40 万元购买了一台 39 座的旅游大巴车，包给了秦皇岛港，专跑秦皇岛港至黄骅港接送职工，一年下来也不少挣。

偌大的院子绿了又黄，黄了又绿，农家的生活色彩就这样反复切换（2019 年 11 月 1 日摄）

梨乡的生活样式

2019 年 11 月 1 日，杨春利和老伴温淑琴正在自己前院忙着下梨。间距不大的三棵安梨树下是一片破土而出的红萝卜，因为缺水也缺阳光，长得只有拳头大。站在独木梯上，杨春利的身影掩映在繁茂的梨树叶中，他有些没好气地说下完这三棵梨就准备砍树了，不挣钱留着没用，还不如种庄稼。

每年秋天，杨春利和老伴温淑琴都在不停歇地下摘各种梨，收获多种庄稼，由于耕地和果树分散，仗着身体好，已经 67 岁的老两口也是奔命一样地劳作。“秋分开始下秋梨，华盖、白梨、安国梨、冰梨；寒露下安梨；到了霜降下红梨，持续了

20多天，停不下来。下面的果窖堆放了100来筐，没地方了。这不都堆放在院子里，2000斤梨和2000斤玉米。今年的玉米收成不好，是因为在地里栽种的安国梨、玉露香、核桃、苹果、板栗都已长大，影响了玉米的生长。”梨已经成为老两口生活的主要内容。

少部分梨果切片晾干，大部分入窖，能卖的卖，卖不了的等待来年春天；正在家清洗白薯并煮熟，切片、晾晒的温淑琴说：“村里有些人家的地都不种了，我就种上了红薯。家里的果树一般能收获四五千斤，但是只能卖0.25元一斤，也没多少钱。晾晒红薯干和各种果干只为能挣点零花钱。”

青龙满族自治县官场乡头道窝铺村坐落在一条狭长的山沟里，由北向南地势从低到高，14个村民小组由外及里排列，杨春利、温淑琴夫妇属于第八村民组，该组村民都姓杨的缘故，俗称“老杨家”。他家的果窖就在路边，每到春暖花开季，夫妻二人各自为战，分别在两处摆摊设点，两台电子秤，红薯干、甜酸梨干、山楂以及安梨、红梨等一溜干山货在地上整齐摆放着，指望着花季里能卖掉。

杨春利说这几棵梨树摘完就砍，还不如种上庄稼划算（2019年11月1日摄）

清洗红薯并煮熟、切片、晾晒，为了明年春天多卖点钱（2014年11月13日摄）

春天梨花盛开时，温淑琴占据一个摊位，向游客兜售她的干货（2019年4月15日摄）

守在自家果窖前叫卖，杨春利希望赏花游客也光顾他家的特产（2019年4月15日摄）

黄灿灿的玉米黄灿灿的苹果干，让温淑琴很享受自己的劳动成果（2019年11月1日摄）

杨春利说，去年家里只收获了 30 筐各种鲜梨，一筐 100 斤朝上，是组里最多的，只卖了 870 元钱，还赔了 5 块钱。杨春利一本正经地说：“我光是买化肥就花了 875 元，你算算是不是赔了 5 块钱？这还没有把一季的林果管理和采摘工时费算进去。下梨我们都不敢雇人，工钱太高，那就赔得更多，还不如把梨都给他们算了。”

杨春利和温淑琴有一双儿女，但是都帮不上忙。女儿出嫁，儿子不肯在家务农，一直在秦皇岛开发区一家企业工作，后来因为噪音太大身体受不了辞职了，现在也没什么正经活儿干，就在家里带带孩子。他老丈人家是返迁户，多少能贴补一点；女儿过去在村小学教书，后来调到青龙县第四小学。老两口不用带孩子倒是省力，能专心干自己的庄稼活儿。

杨春利是第八组村民代表，他忧心忡忡地说全组 152 口人，现在常年在家的只有 30 来人，大部分都是出不去的老年人、没能耐的人、没有劳动力的人。长此下去，再过些年村里就没人了。“土地确权后，我家的耕地 3 亩，儿子的 3 亩，还有别家不爱种的地，差不多 10 来亩，除了 100 多棵果树，我们老两口都种上了玉米、谷子、高粱、杂稻。感觉全村就剩我们家在干活儿似的，也是干够了。”

“这些年梨干、薯干、小米都不好卖了，可能是城里人的胃口高了。我们家的阳坡地都荒芜了，你抬头看看周围的山上，阳坡地都荒着，没法种，缺水缺得邪乎。”

杨春利依旧守着父母留下的 8 间老房居住。2016 年享受国家扶贫政策，8 间老房作为危房进行改造，把房顶的旧瓦都给换了新的。他说家里兄弟四个，早年老大参军走了，老屋还剩兄弟三人，后来老二搬家到开发区邢庄家园，继承了大哥在那里的房产。老三曾经在青龙金矿上班，63 岁时去世，我是老四，自然就由我守家了。

驮水上山，给新栽种的板栗树苗浇水（2013 年 6 月 4 日摄）

牛勇家的美好生活

2017 年 11 月 14 日，青龙满族自治县官场乡八道岭村东沟（村民 4 组）。牛勇刚结束 50 天打工的日子回到村里，他看上去很兴奋。“今年能外出干的活不是很多，是村长带出去的，工资没跑。”牛勇胸有成竹地说。他在打工期间还请假回村两天，参加县水务局给村里打机井，解决 30 多户村民吃水问题。牛勇是个多面手，水电管焊的活计虽然不很精通，但是能对付合格。

2013 年，牛勇夫妻俩在长城下开荒，栽种下的 400 棵板栗树，3 年后嫁接。妻子赵玉娥高兴地说：“今年是头一次结栗子，种的树差不多都结果了，一棵树上能顶上十几个栗子，只是不大。”

“这两年行情也好，每斤 7 至 8 块钱。新栗子卖了 500 块钱。另外，早年栽种的 100 棵板栗树，也卖了 2000 多块钱呢。”牛勇喜颜悦色地补充道。

务农在家的牛勇曾先后养过猪、牛、羊，但总闹病，全赔。后来下决心拓荒种果树。他说养殖来钱快，赔得也快；栽种板栗树时间长，只要管理好挣钱稳当。地里再种点玉米、油葵、谷子、黄豆什么的，够吃就行。但过日子还是要靠打工再挣点儿，一年两三个月的活计，一万多块钱就够花了。

4 组是八道岭村十多个自然村里最大、人口最多的村子，大部分都是牛姓本家。牛勇是村里同辈里男性唯一一个在村里务农的，是村民的主心骨。但凡村里有事，找他拿主意，还要出力出钱。比如，前年村里打路 1200 米（户户通），他要出工出车垫钱；村里打井，他要赶回来当焊工还要管工人的工作餐。

牛勇说，能帮衬的我不能推啊，都是家里人。村里年轻点的都出去打工，很多连家都搬走了，剩下老人干不动地里的活。好多地就那么闲着，我也没能力承包。全靠人力干上一年，也落不下几个钱，不如出去打工，在外打工两个月比一年农活强。

在市里打工的独生儿子计划在城里买房，和父亲商量。牛勇对儿子说："孙子明年要上学了，居无定所不行。家里掏底只能给你拿出 5 万，再借上 5 万，凑 10 万给你个首付。借的钱我负责还，我在家里挣多挣少，好歹和你妈能对付着过日子。"

牛勇在村里给儿子盖的新房，至今闲置着，又卖不掉。

独生子结婚后进城务工，牛勇很失落（2016 年 4 月 16 日摄）

在梯田里给板栗树除草松土（2016 年 5 月 11 日摄）

牛勇是村民的主心骨，比如打机井，管线铺排、电焊都要亲自上手（2017 年 11 月 14 日摄）

外出打工 50 天回来，准备一桌饭菜请父母一起团聚（2017 年 11 月 14 日摄）

后院小，蔬果皆爬树长（2016 年 9 月 5 日摄）

300 亩的山场果园，夫妻二人的希望都在这里了（2020 年 4 月 28 日摄）

苹果园里的希望

2020 年 4 月 28 日，抚宁区大新寨镇大石窟村北沟，漫山遍野的苹果花仿佛一夜之间怒放，染白了群山。张明启一大早就和妻子爬到一座山顶，采摘了几束野生苹果花枝，再骑电动车赶回北沟自己的苹果园，放在水桶里养着，以备苹果树授粉时用，这一规定动作夫妻俩已经进行了好几天。

张明启解释说："富士系苹果自授花粉坐果率低，需要用其他系苹果授粉才容易挂果，我拿山顶子的花枝，因为它对所有品系苹果授粉都是最好的。"

20 世纪 90 年代末，张明启积极响应原抚宁县林业局开荒植树的号召，承包了北沟 300 亩山场，从此开始了林果树的栽植和涵养林的保护，过去已经荒芜的柴山逐步复绿，不仅保持了水土，也给他带来了经济效益。

经过十余年的艰苦耕作，山场上的 7000 棵板栗树茁壮成长，硕果累累。然而天有不测风云，在 2011 年 4 月 21 发生的那场山火中基本上烧没了。之后两年里，张明启因为闹心什么也不想干，他心疼地说："大火之前的那些年，光是板栗一年都能卖上 14 万元啊。"

2013 年，不想坐以待毙的张明启重整旗鼓，他握着自己手上的 40 多万元，又借了 30 万元，用 70 万元做启动资金，开山修路 5 公里、建 3 个蓄水坝、安装了 2 公里水管引水上山，在烧焦的土地上栽种了 80 亩苹果树。他说有了水管和水坝就有了蓄水，一旦遇到山火，就能第一时间灭火，减少损失。

到了 2018 年 11 月苹果采摘季，北沟果园里一派繁忙，张明启夫妻加上雇佣的帮工不停歇地采摘、分拣、装框、外运，红彤彤、硕大的苹果令人垂涎欲滴。张明启喜上眉梢地说，幼树开始结果，成树正处在盛果期，80 亩苹果树结的果果形好、口感也好，产量怎么也能达到 10 万斤。50 亩的板栗产量估计 2 万斤，但是还没到嫁接的时候。北沟这里的土壤好，属于火山灰质岩，果树不爱长虫。

山野菜试种是张明启来钱的另一条道

夫妻俩在采摘季不仅要干活，还要亲自下厨给帮工做饭

夫妻俩正在给苹果树梳花，不远处一棵枯树是那年山火过后的遗存

丰硕的果实依靠坚韧与持之以恒换来（2018 年 11 月 5 日摄）

把别处山顶上的花枝运到自家果园授粉，是保证挂果质量的一招

张明启脑子灵光还好学，总在网上学习林果树的栽培和管理技术。“我的果园一直都是施农家肥，2019年从镇里搞来有机肥，比市场便宜，苗肥效果好，成本低，才花了2万多元，往年都需要5万元。套袋30万个，后期遇到大风，吹掉了2万只袋子，连同苹果，损失不小。那场大风太强劲，树叶都吹碎了。”他说这几年产量不高，一年也就能收入10万元，那30万元的欠账还没还清呢。

爱交朋友的他说：“我的朋友多、熟人多，驴友来了可以在我家吃农家饭。”他异想天开地在冬季里人工制作冰挂，招呼不少旅游客和驴友前来观赏。他说制作冰挂的水实际上就是北沟里的山泉水，这也是他用于浇灌果树的。

2019年春上，广开思路的张明启又打起了山野菜的主意，在房前屋后、路边沟角试种上了山马菜、杨柰子、柳蒿、把蒿、散叶荠菜、风花菜、地榆菜等二三十种，他说联系了几家饭店试销呢。以后如果农家乐市场看好，就大规模种植，把人们喜爱的野菜搞成一个品系，并自建一座冷库存储。不仅如此，他还设想把北沟打造成生态庄园，针对企业公司搞微旅游……

2020年的春天对他们夫妻俩绝对是一个考验。正值果树施肥时节，却因为疫情找不到人手，80亩苹果树所需的9吨有机肥硬是夫妻二人抬上山，一棵一棵地施于果树，用了整整15天时间。妻子李艳侠说：“等到了连雨季，就要给50亩的板栗树施肥，不知道那会儿能不能找到人手，唉，150块钱一个工都不见人呢！”

张明启虽然年届半百，却依旧踌躇满志。夫妻二人身处山野，对憧憬的理想农家生活充满信心。

王俊家是目前村里人口最多的家庭，祖孙三代七口人（2018 年 9 月 18 日摄）

七口之家的脱贫之路

63 岁的王俊是青龙满族自治县七道河乡城北村村民，他和儿子王立军有耕地 3 亩，林果树四五百棵，都是小树，近两年刚栽的。

王俊是城北村“十三五”建档立卡贫困户，全家 7 口人。2019 年 9 月 11 日一大早，王俊匆匆吃完饭就扛着锄头上山了，在他家对面的长城敌楼脚下的一块山地上有不少新栽的核桃树，他去除草，估计晌午也赶不回来，那里离家远且没有好走的道。

前几天，王立军从迁安赶回家来，准备和父亲一起收秋。去年开始，他经人介绍

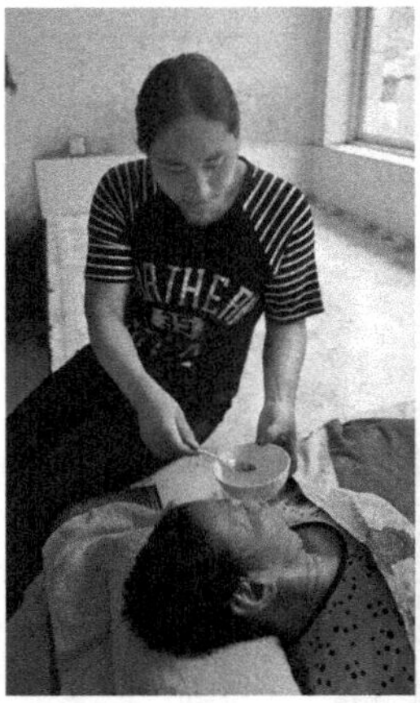

按时按点给婆婆喂水喂饭换尿垫，高文玲经历了十几年（2019 年 9 月 11 日摄）

高文玲除了家务还负责喂养十几只羊（2019 年 9 月 11 日摄）

平日里儿子外出打工，一切农活只能王俊去干（2018 年 9 月 18 日摄）

祖辈传下来的老土房还是在王立军结婚时才进行翻建的（2019 年 9 月 11 日摄）

驻村工作组李秉昌为王天宇补习功课，帮助他提高学习成绩（2018 年 9 月 18 日摄）

在迁安一家橡皮厂谋得一份工作，在厂子里负责看压胶辊子，一个月满勤能开 4000 元。

王立军木讷地说："厂子是偷着干的，平时有活就开工，没活就停产，因为环保不达标，去年只干了八个月。"今年 3 月份，王立军又去工厂上班，这期间就因为环保问题停工了一个月。

通常王立军是骑摩托车到迁安上班，平日里住宿舍不回来。家里主要由妻子高文玲负责照顾卧床的母亲和孩子们，以及一家人的饮食起居。自小患有小儿麻痹症的母亲吴凤平患有有严重的风湿病，已经瘫在炕上 17 年了。所以，为了方便照顾家人，王立军不远去，只在村域周边打零工。

调皮的小儿子今年秋季也送到村里幼儿园了，这样白天老二和老三都在幼儿园，家里安静了许多，高文玲可以轻松点。其实一点也不闲着，在家里要洗衣做饭，还要定时喂后院山坡上的十几只山羊。中午还得接老三回家吃饭休息，到点再送去。高文玲说现在感觉更忙活了。

作为村里扶贫的养羊项目，政府采取以奖代补形式，王俊家获得资金奖励 3290 元，利用这个资金，家里购进了十多只山羊。全家还利用扶贫资金入股城北村种兔养殖场，并成为本村村级光伏电站受益户，每年收益 3000 元。

高文玲说家里的羊下了三只小羊羔，没看好，死了一只，怪伤心的。十几只山羊被圈在屋后简易的棚子里，看上去喂养得很是精心。家里的地不多，种的玉米棒子都不卖，都要喂羊，即使这样也不够吃，秋季还要到山里捡拾树叶，买一部分别人家不要的玉米秆等。

王俊家里就一子一女，女儿出嫁到迁安后，家里的重担就压在他和儿子王立军身上。王立军结婚后没有分家单过，一来父子俩可以合力耕种和管理林果，二来媳妇可以在家伺候久已卧床的婆婆。每到收秋，核桃、板栗下树，农作物收割都是耗时费力的活儿。

王俊家的房子看上去很大很新。高文玲说，有十三年了吧，还是结婚那年翻建的七间正房，过去一直是老式样的土房子，还是王立军他爷爷奶奶留下来的。

2016 年王俊家所有成员全部被纳入农村低保，享受每年补助低保金 4080 元；得到县农业局板栗苗 300 元补贴；县水务局为他家山地集雨水窖贴补 400 元；县扶贫办到位养羊资金补贴 2350 元；以及市农业局粮食直补 244 元。

到了 2017 年，王俊年满 60 周岁，享受养老保险基础养老金每月 90 元，全年 1080 元；这一年，王俊一家农村低保补助金上涨到 5760 元。长孙王天宇从七道河小学升入初中，按照“三免一补”政策，每年获得教育补贴金 1000 元。

2018 年，儿媳妇高文玲因伤住院治疗，县卫计委为其医保费用报销 2471 元，减少了家庭支出。截至 2018 年 9 月，王俊家在享受诸多扶贫优惠政策后顺利脱贫，好日子有了奔头。

插秧时节，韩金才疏通田间水道放水，张桂芬则负责插秧和施肥（2018 年 5 月 21 日摄）

“千层石浪”上的种植人

在“千层石浪”（河床上因造地运动形成的石皱褶）上种植水稻，始于 20 世纪 80 年代初。那时村集体解散，实行土地承包，由于人均土地有限，几户村民开始从自家的责任田里甚至更远的地方取土，运往占地 40 余亩的“千层石浪”，填在凹处，人造耕地 18 亩，利用青龙河水浇灌，尝试着种植水稻。最多时在“千层石浪”上种植水稻的农户近 30 余户。

2018 年 10 月 24 日下午，卢龙县刘家营乡桃林口村桃林口分水枢纽大坝下，76 岁的韩金才和 67 岁的老伴张桂芬正在收获水稻。老两口默不作声，配合默契，一个小把扎捆水稻，一个用麻绳捆扎数十把水稻，然后背负着走过凹凸不平的石砬子，再爬上陡直的近 6 米高的挡墙，卸在公路旁的三轮车前。

那还是在四月里，春光明媚，韩金才和张桂芬带着挑担和铁锹来到这块被“诗化”的石板上，从青龙河边取土，再一担一担地挑到石板上，进行培土和平整。而在距离三十多米远的河边，他们培育的水稻秧苗正在茁壮成长。

五月间，桃林口水库开始放水，也到了插秧的时候，“千层石浪”上有了几个弯腰低头的老人，韩金才和老伴张桂芬正在忙着疏通田里的水道，插秧，外甥魏井宝也来帮助两位老人，他从三十米开外用铁锹运送培育好的水稻秧苗。

张桂芬说，这里的水稻到秋后能收 20 担吧，也就是 29 袋子。一袋子 90 斤，能出 60 斤大米。因为年纪大腿脚不灵便，老两口早早就开始从河岸边和自留地里挑土过来，逐一地填在坑洼的石板上。

“现在在石板上栽种水稻的还剩五六户吧，过去多。你看，成片的、土厚的地方都种上树了，只有这些小坑小洼，面积不到 10 亩吧。”韩进财的外甥魏井宝说，原先地方大，土都可以用三马车或驴车运过来，现在没路了，都给占用了，只能挑着分送到自

张桂芬用麻绳扎一大捆水稻，背负着一趟又一趟送到公路上的三轮车边（2018 年 10 月 25 日摄）

收割间隙，张桂芬坐在石板上卷一根旱烟点燃，她累了（2018 年 10 月 25 日摄）

收秋，张桂芬一个人插秧忙不过来，叫来外甥帮忙（2018 年 5 月 21 日摄）

韩金才身体既不能负重也不能弯腰，只能盘坐在石板上负责捆扎收割下的水稻（2018 年 10 月 25 日摄）

春光里，老两口在石板上培土、平整（2016 年 4 月 18 日摄）

家的那点石头上。这里种水稻都是自己育苗自己用，舅舅在石板上种有 2 亩稻子吧。

韩金才的两个女儿都嫁到外地了，一个儿子在南方打工，孙子在姥姥家，那里上学条件好。

1976 年唐山大地震后，桃林口村旁的青龙河上修建了小水坝，蓄水主要是供应县城饮用水。那时候桃林口村 1400 口人基本上都在古城（桃林口）里住，因为修建了小水坝，河水水位抬高，占了 800 亩耕地，城里地方不够住了，700 口人就开始陆续搬家到城外。韩金才家就是那会儿搬出城的。

“今年气候不好，水凉。稻子长得秆细，稻穗不饱满，打不了多少米。你看，还有几处水稻现在还绿着，长不起来，只能让邻居割下喂牛了。”张桂芬无奈地摇摇头说。

河畔人家的日子总是离不开船（2018 年 5 月 10 日摄）

山水间的变迁

2020 年 6 月 12 日清晨，平静的青龙河水面上，六条小铁皮船正在水草漂浮区缓慢摇曳，每条小船上两位村民，一位划桨一位打捞。他们身穿橘红色的救生衣，在青山绿水的映衬下格外醒目。年过半百的蒋晓立也在其中，论年纪，他是这 12 位村民中年轻的。

蒋晓立这两周没闲着，先是在村里的人居环境整治活动中负责街容街貌放树剪枝一项，紧接着又加入了青龙河河污清理队。他说：“现在也没什么农活好干，参加村里的这种活动能挣点活钱。我们村的民风很古朴，谁家要是有个什么活计需要人手，

人居环境改变，代价是让夫妻俩落下不少饥荒（2019 年 7 月 30 日摄）

因为有船，蒋晓立得到了一份打捞水草的活计（2020 年 6 月 12 日摄）

有恐高症的蒋晓立只能在地面上锯树枝（2020 年 6 月 1 日摄）

曾经满足一家人口粮的水稻田种上速生杨树（2011 年 10 月 30 日摄）

在河塘里下网捕鱼的日子也一去不返（2013 年 9 月 14 日摄）

大家伙儿都是去帮工，没有费用的。所以，能在村里干点公家的零活是求之不得的。”

位于桃林口水库大坝下游的卢龙县刘家营乡桃林口村依山傍水，论地理环境在全市首屈一指。曾经宽阔的青龙河水面芦苇丛生、灰鹤翱翔，原生态保存完好。俗话说，靠山吃山靠水吃水，山水皆有可以通吃。但是这种传统的美好愿景对于蒋晓立是越来越远了：下网捕鱼虾不允许，铁皮船载客摆渡不允许，因为这里是水源地，容不得半点污染。

新世纪的头一个十年，桃林口村，原本一个深居山水却贫困落后的长城村，在经历了媒体的轮番报道后声名鹊起，在被冠以“世界上最昂贵的村庄”后，政府搭台商家唱戏，桃林口村要被开发成“世外桃源”，……月亮湾似的青龙河被拉成直角，茂密的芦苇荡被铲除，祖居在此的成群的灰鹤逃离了！

面对一个个扑面而来的商机，蒋晓立心动了，开农家乐没有实力，他就量力而行购买了崭新的小铁皮船，一是可以载运游客水中游，二来可以摆渡到河东岸种地，那里有他们夫妻俩开垦的几分坡地，还可以在河里下网捕鱼虾，日子如愿景一样美好。到了第二个十年，随着政府相关政策的出台和实施，桃林口村的开发项目在大起后又大落直至消失，村庄复归平静。

2019 年，蒋晓立在河东岸的山坡地里栽植了林果树，他说那里种庄稼不好好长，因为缺水。普通的水泵从河里抽水浇地不好使，买功率大的不合算。在滚水坝下河边曾经有一亩自耕地，每年种水稻，够一家人吃了。前些年响应政府号召完成绿化任务，都栽上速生杨树了。那年开发公司在河边建房车基地被征地一亩，后来又被政府收去，这不都种上了花花草草。家里现在还剩不到一亩耕地吧。

蒋晓立夫妻俩现在居住的新房是 2010 年翻建的。“你知道，当年的老房基本上都是用长城砖盖的，拆房时上交了一部分，自己留用了一部分。翻建新房花了 13 万元，拉了不少饥荒。现在还有 1 万元多没还上，好在是自家妹子，晚点就晚点。”蒋晓立苦笑道。

蒋晓立曾经农药中毒，造成脑神经损伤，经常头疼；血压低，时常头晕，还恐高，所以不适合外出打工。平日里时不时地偷摸下河打点鱼，拿到集上卖点活钱。他说好在家里都是女儿，负担不是很重。

蒋晓立的大女儿在 2016 年结婚，嫁到邻近的鹿尾山村，现在已经有了外孙和外孙女。小女儿正在承德旅游学院上学。

蒋晓立欣慰地说：“小女儿的学费、生活费，除了我们凑一部分，她姐姐还能给一部分。小女儿很懂事，每逢寒暑假都去做假期工，以此减少家里的负担。今年赶上疫情就一直在家里上网课，每到双休日闺女就去驾校学车了。”

王玉宝家的几十棵板栗树也要抓紧剪枝（2018 年 3 月 12 日摄）

王玉宝：我要脱贫

2018 年 3 月 12 日，青龙满族自治县三拨子乡蛮子地村。

气温回升后的山里，已有三三两两的村民下地平整。王玉宝在自家的地里进行旋耕已经七八天。记者见到他时，他正蹲在旋耕机前拆卸部件：“坏了，变速箱打了齿轮。托人到城里买配件，估计下午能回来。”王玉宝说北坡这边有 200 亩左右的梯田要耕作，村民们排着队等他呢，他只好提前旋耕自己的地，尽力不耽误其他村民耕期。

去年 11 月 10 日，记着第一次来到村民王玉宝家，阳光下 4 间崭新的砖房格外醒目，东西厢房正在搭顶，37 岁的他正在给建厢房的师傅递材料。王玉宝的家境很难，他家里四口人，妻子智障生活不能自理，70 多岁的母亲是聋哑人，5 岁的女儿还在幼儿班，是全村为数不多的“户保户”，长期以来王玉宝家一直住在低矮破旧的危房里，没有能力翻建。

前年夏季，受到驻村工作组和村两委班子在思想上的启发和鼓励、生活上的引导与帮扶，王玉宝下决心推倒了危房，地基重新打，建起了四间新砖房。重新燃起生活信心的王玉宝说：“当时我手头上只有一万多元，盖房从亲戚朋友那里借了不少钱，但是我相信自己有能力偿还落下的饥荒。”

王玉宝家的山坡耕地不到 4 亩，主要种植玉米，果树不多，只有板栗和安梨两种。一年下来收获不够家用，全家四口人都靠他一个人挣钱养活，即使有着安装水暖手艺的他也无法外出打工，只能在村里村外打短工。

为了改变贫穷的处境，在驻村工作组和村两委的支持和引导下，结合村域农业和自己的优势，王玉宝去年春天买了一台 15 马力的手扶旋耕机，帮助村里村外那些没有劳动力的人家耕地。“你知道，我们这里都是山地，大家伙上不去也转不开，当年本钱就赚回来了。”这两年，王玉宝先后栽种下了 200 多棵工作组免费提供的果树苗。“去年春旱得厉害，为了养活这些树苗，我挑水上山浇树。累点不要紧，我年轻。”王玉宝激动地说。

王玉宝现在思想进步了，他和这个家的面貌都焕然一新，干起活来浑身都是劲，村委还让他担任起森林防火员。前年建好了正房，去年又起了东西厢房，生活有了奔头。作为县级猴打棒传人，王玉宝农闲时就去乡中心小学给娃娃们传授猴打棒的技艺。

在帮扶单位的资助下，王玉宝家翻建了新房，盖起了偏房（2017 年 11 月 10 日摄）

王玉宝是县级猴打棒传人，定期去乡中心小学给娃娃们传授猴打棒的技艺（2017 年 12 月 13 日摄）

王玉宝提前七八天就下地旋耕自家土地，因为许多村民已经排队等他旋耕坡地（2018 年 3 月 12 日摄）

帮扶王玉宝家的民警们带来捐款和慰问品（2017 年 11 月 10 日摄）

最值钱的家当就是几头花牛了（2020 年 5 月 25 日摄）

一头花牛的担当

2020 年 5 月 25 日，卢龙县刘家营乡桃林口村。

李忠平夫妻俩刚从刘家营赶集回来，他说今年的谷子长得不好，去集上买点化肥，以待给谷子追肥。

在他家对面其兄弟家的棚屋里，分别圈养着三头花牛，这是李忠平家的主要经济来源。他说自己养牛已经有 30 多年没断过，因为场地限制只养一头母牛，每年配种繁殖一头小牛犊卖钱。李忠平一直养殖着的是一头黑白花牛，现在牛圈里还有一大一小两头红白花牛。他笑着说：“现在人们都喜欢红白花牛，黑白花牛和红白花牛在价格上相差2000块钱呢！去年和今年我的黑白花牛都产下了红白花牛，没舍得卖掉，留下它以后繁殖，准备把黑白花牛卖掉。”

李忠平说小牛犊一般养到4个月就可以出手了。家里牛虽然不多，但是饲养起来是要很精心的。平时吃干草，母牛揣宝后还要买一定的油渣补充营养。

在桃林口村，人均耕地是0.48分。李忠平家的地很有限，虽然也是五谷杂粮的都有种，但是产生的秸秆不够喂一头牛的。夫妻俩农闲不闲，四处打草晾晒，给牛预备干粮。到了秋后，家里的干草也吃差不多了，再去别人家的地里捡拾或收割不要的秸秆冬储。

李忠平和老伴张淑芬都已年过花甲，他几乎没有外出打过工，就是在村里种地，负责老李家的全部4亩耕地，地里的庄稼除了自留就是牲口饲料了。“早年你也看到了，老房子漏雨，简直不能住人了。托党和政府的福，赶上了危房改造。政府补贴2.1万元，我们自己付10万多点，总共花了13万元，在2017年推倒老房翻建了新房。老房是1983年盖的，我在1978年结婚，当时没有婚房，和兄长住对门。盖新房实属不易，唉，一辈子的积蓄放进去都不够，还拉了饥荒，到现在还有3万没着落呢。”

石头垒墙木架棚顶的老房子摇摇欲坠（2013年9月14日摄）

精心耕作的五谷可以维持基本生活（2020年5月25日摄）

邻家没有长成的水稻，让李忠平收割去喂牛（2018年10月24日摄）

翻建后的新房（2018年5月10日摄）

“两个儿子在本村都已成家单过，除了务农还要外出打工。大儿子有两个女儿，小儿子有两个儿子，我们也算是儿孙满堂。大儿子在北京打工，是一家水泥搅拌站，平时不回家，儿媳妇在家照顾正在上中学的女儿，孙女俩一个高中、一个初中。小儿子的孩子还小，一个上小学三年级，一个还在幼儿园呢。”

李忠平家是村里的低保户，两口子每人每月 200 元，新农保每人每月 108 元。他患有乙肝，长期服药，药品价钱不低；老伴患有糖尿病和轻微脑梗，老两口一年的药费加起来就很可观。

他说孙子孙女平时少来家，大的学习忙，小的也没时间。“唉，因为我这花钱的富贵病，让大儿子家也为难别扭。有一年我当着儿子的面念叨，吃药的钱都没了。儿子痛快地说，爸，我给你半年的药钱。因为他没和媳妇商量，结果在家里就翻脸吵起来了。我赶紧又把钱还给儿子。”李忠平说完，苦笑地摇摇头，难过地扭过脸去。

庞顺文、庞志父子俩用了几年时间在远离村庄的乱石岗上开垦出一片希望之地（2016 年 4 月 27 日摄）

植根于土地的希望

2017 年 11 月 6 日，时隔一年半，再次见到庞志，依旧是那个身材高挑、浓眉大眼的小伙子，紫红的脸庞上总是挂着憨厚的笑容，只是长发剃成了寸头。

青龙满族自治县官场乡鲇鱼洞沟村，庞志一家三代居住在村头高台上，院子不大但收拾得干净利落，院门前突兀起的石岗之上耸立着两棵树冠巨大的油松。屋内枣红色的大板柜上放置着两个小镜框，镶贴着几张陈旧的黑白和彩色老照片。镜框上方贴在墙上的小奖状，是庞志上一年级的大儿子庞领先两个学期的学习优秀证明。

为了开荒种地，庞志和父亲庞顺文在山里搭建了一个简陋的窝棚，一门心思开荒、买树苗、栽种。日积月累几年下来，居然开出荒地 15 亩。2015 年，果园里结了 14 个苹果、30 斤山楂、30 斤板栗。

果园距离他家有三里山路，原先是乱石堆砌的山岗。庞顺文披着外衣坐在石头上卷着旱烟说道："唉，这几年仅捯饬地了，累人费工夫土还薄。年年栽种山楂树、苹果树、板栗树，一年、两年、三年的，还都是树苗呢！不过今年又有14棵苹果树开花了。"说这话时，是2016年4月27日，当时庞顺文正在果树地里拔草松土。"我和老伴本来有两个儿子，老大在12岁时就没了，只剩小的。现在有两个孙子，一家六口在一起过。儿子孝顺懂事，不愿意分开，也免得村里街坊说闲话。"

2016年春天，根据驻村工作组引领的脱贫路径，改变产业结构，发展林果和中药材栽种，庞家父子又在乱石荒山上抠地5亩，栽种下名贵草药"苍术"，种子是从位于木头凳镇的满药本草药业赊账买回来。当时庞志咂着嘴说，一亩的成本在3000元，是高投入高回报的活计。由于缺水，成活率不高；也是这个春天，栽种的4亩莲子草，虽然长势很好，庞志也尽心管理，但是一场大雨招来了虫灾，几乎绝收。那是一种当地人称"黄丝"的寄生草，愣是把好端端的莲子草给缠死。年底只卖了500元。

坐在松树下的庞志不无遗憾地说："我有电工手艺，很想外出打工，但是家里父母快七十了，身板不好，孩子又小，家里家外的活计太多，不能指望媳妇一个人扛。家里有大小1000棵果树，管理是个技术活，以后指望着它们养家呢。现在家里没有活钱，我和媳妇只能就近在村里村外的打打短工。"

庞志年迈又多病的父母亲在家养了三只山羊，只为家里过日子能有点活钱（2017年11月6日摄）

贫瘠的土地依旧让庞顺文父子俩充满希望（2016年4月27日摄）

年轻的庞志夫妻，在深秋收获完果实，又要开始打理土地，以备来年耕种（2017年11月6日摄）

"苍术"所结种子少而贵，一小撮就值一块钱，所以这些中草药的种植需要百般呵护（2017年11月6日摄）

王义山叫来了 6 位亲戚和朋友来帮工，对大口井进行维修（2019 年 5 月 5 日摄）

做好一个农民

2019 年 5 月 5 日，青龙满族自治县祖山镇花厂峪村 11 村民组。村民王义山叫来了 6 位亲戚和朋友来帮工围井。这是始建于 20 世纪 70 年代初的大口井，由于年久失修、淤积太厚，蓄水已经无法满足附近几十亩农作物和果园浇灌需要。

王义山花钱雇用钩机挖掘了一天，挖出的淤泥上百立方，堆积在自家农地里，等到大口井井壁围砌加固之后，还需要人工平整土地复耕。大口井的水源主要依靠雨水和山体渗水。这些年，除了村里早年分给的责任田，还有王义山逐年开垦的十几亩山地林果园，没有水不行。

一锅热腾腾的老豆腐、一盆浓烈的卤子，农家的客饭虽然简单，却诚意满满（2019 年 5 月 5 日摄）

老伴儿田翠花和女儿在厨房忙着给帮工制作老豆腐（2019 年 5 月 5 日摄）

老伴儿田翠花在自家院子里搭了一个窝棚，养了一群蛋鸡，平日里给家人补充营养（2019 年 2 月 20 日摄）

冬季赋闲，王义山站在空置的祖屋院里，寻思着能干点儿啥（2019 年 2 月 20 日摄）

王义山和老伴儿田翠花结伴儿去放羊（2016 年 8 月 14 日摄）

今年已经 71 岁的王义山，自从儿女们成家后，就和老伴儿田翠花过起了纯粹的自给自足的农耕生活，再也不用像过去那样费力操心地拼日子了。家里一儿一女，女儿嫁在本村 10 村民组，儿子结婚后举家在杜庄镇租房居住，以打工为生。孙女 21 岁了，学习美术；小孙子 13 岁，还在上小学。儿女们的生活虽然紧巴，但通过努力还过得去。

王义山家里现有责任田 5.4 亩，还有自留地（自己开荒）。回忆过去，他娓娓道来：家里 4 口人，第一次分地时是人均 7 分，1995 年又重新分地（村里去世的、外嫁的、招姑爷的、搬家的情况下，土地收回，就有了多余的地，少地的村民能因此再分点），我家增加了耕地面积，达到了人均 1.2 亩。

花厂峪村不论是哪一个村民组（自然村），都是两山夹一沟，平整的地极少。山坡地里很多年以来只能种玉米棒子和谷子，因为这里缺水。“这几年政府实惠，鼓励我们栽种林果树，结果地里就都种上了板栗树。我家几年陆续栽种了 1300 多棵，小树多、没嫁接的多，所以现在还不是盛果期。去年秋后，板栗卖了不到 7000 块钱。”

王义山欣慰地说。

我家养羊，说起来话就长了。那还是1983年时，生产队的财产下放。当时生产队的羊有几百只、牛十几头，我一下狠心就买了40多只，从那一年开始，我家就一直没断过养羊，养了30多年呢。那年代年轻，有的是力气，不怕吃苦。2016年夏天，就是你给我们两口子拍照时，我们就已经打算到秋天卖掉家里所有的羊，不再养了。上年纪了，没有那个精力和体力了，身体也都开始出毛病了，整天在山沟里放羊，都追不上，冷不丁的就会丢一只。

王义山说，那些年养羊，别提有多辛苦啊。我们村里有几户养羊，到了秋天调出斤数不足的留在羊圈里，40斤朝上的能凑个百八十的就卖了，主要是卖给卢龙那边的回民。选个天气好的下午起身，几个人赶着羊群从村里出发，走祖山镇的柏树村，过花果山村，然后走大道奔台营，直到燕河营或者刘家营。第二天到了目的地交接了羊，拿着钱再买几十只羊，沿着来时的路往回返。

我家养羊是自己繁育，当年的小羊不卖，主要是卖成羊。这样每年循环着卖、养，一家人日子过得将就吧，钱没攒下，但也没饿着。我家哥俩，姐5个，父母去世早，现在负担不是很重。唉，早年父母养活我们7个孩子真不易，每年工分都挣不够，还得倒贴钱。真揭不开锅时只好去申请返销粮。

当年分家时，父母的老屋是三间，怎么分，不能我多兄弟少，一人一间半没法分。我就找大队念叨，我那会已经是11村民组组长，人都熟，好说话。我20岁就担任组长，一干就是19年。大队给批了一点树木，把老房接出一间，这样我们兄弟俩就各分得两间，我的女儿、儿子都是在老屋出生的。

1982年，老屋实在挤不下了，就寻思着盖新房，当年打了地基，第二年才盖好。可是新房也是三间，还是不够用，又到大队甚至公社申请，结果批了两棵树，这样给接出一间，变成四间房了，就是现在我们住的这个。

羊不养了，我们老两口心里也踏实，一门心思管理那些林果树就满足了。去年板栗卖了不到7000块钱，我们村果树管理技术不好，产量不高，还缺水。现在又有孙子孙女的，做老人的总要贴补一些，尽一份责任吧。孩子们也不容易，打工总是不稳定。

我们老两口每年除了小病不断吃药不断，我还要住一次医院，输液调理一下，我有心肌缺血毛病，总是脑供血不足。这不，立春过后，果树要剪枝嫁接，我就雇了4个帮工，一天整完，每人150元，管顿饭吃。剩下几棵大树，我准备自己剪枝。这几棵大树还是1990年从生产队花了600块钱买下来的呢。

我兄弟现在石岭村租房打工，不在老屋住了，空着。这不，院子里还保留着水管，我把院子收拾干净，能种点蔬菜什么的，老伴儿平日里养几只蛋鸡，够吃。

第四辑

人生况味

老伴儿正在地里下种，姜义民干不了这个体力活，坐在旁边说说话（2019 年 4 月 26 日摄）

半路夫妻

姜义民和杨月芹是同村人，1999 年两人一起生活，至今 20 年了，这样一个大的重组家庭，多年来却相处得融洽和睦。6 年前，姜义民患了一种叫作格林巴利的病，浑身上下都不会动，杨月芹不离不弃地照顾老伴，还独自承担了所有的家务和农活，在她的精心照顾下，姜义民逐渐恢复。

2019 年的冬天不下雪，春天不下雨。挨到清明之后的 4 月 22 日才来了一场大雨，感觉墒情还可以。杨月芹一刻也不耽误地下地，凭一己之力锄地、打垄、下种，几天下来她直喊累。而此时老伴儿姜义民正坐在梨花盛开的树下值守北山，防止游人携带火种攀爬长城。

实际是，现年66岁的姜义民刚刚大病初愈，勉强能颤颤巍巍地下地走路，倔强的他却不喜欢使用手杖，怕人笑话。6年前，姜义民患了一种叫作格林巴利的病，全身神经不起作用了。卧床整整4年。靠着坚持锻炼，这一二年好些了，现在还能干点啥。他乐呵呵地说："我还年轻，哈哈。我躺在床上遭罪不要紧，就是还让政府受累啊，是不是？"

姜义民和杨月芹虽是同村人，走到一起还是经人介绍的。姜义民的前妻因病去世，而杨月芹也离异。1999年两人搬到一起生活，至今20年了。姜义民有两个儿子，杨月芹有一儿一女，孩子们都已成家单过，但是距离都不远。这样一个大的重组家庭，20年来却相处得融洽和睦。

姜义民感慨地说："她人心肠好，那年我发病了以后卧床不起，除了嘴巴能说话，浑身上下都不会动。开始时，就像是一个瘫痪病人，吃喝拉撒的都在炕头上，她端屎端尿地伺候，非但不埋怨说怪话，还总是鼓励我说会好起来的。六年的治病、疗养、恢复，她没有让孩子们帮忙，独自承担了所有的家务和农活儿。"

家里改善生活的最佳食品是老豆腐，杨月芹还是从老伴儿姜义民那里学来的（2019年2月27日摄）

艳阳下，杨月芹独自在地里剥玉米（2016年10月13日摄）

一趟下来，杨月芹开始出汗喘息，手动下种机不轻，反复提起再使劲戳下是个力气活儿（2019年4月26日摄）

村委照顾身体不好的姜义民，让他在防火期看守北山（2019年4月22日摄）

杨月芹听着功放器播放着上世纪的老歌，独自在院墙外劈柴火（2019年4月22日摄）

在老伴儿精心照顾下，姜义民逐渐地能在杨月芹的搀扶下下炕了。浑身无力双腿发软，每天反复地被搀扶着走步。几年下来，姜义民能够不使用拐杖走路了。身体运动机能恢复一些，但是不比从前强壮，不能干体力活，重活更别想。地里有活儿干，他只能在旁边搭搭手帮衬一下老伴儿。

姜义民说家里的农地让海港区林业局流转了四五亩种树了，一亩地一年800元，三年后1000元，这样杨月芹能轻松不少。“这之前可让老伴儿受累了，一个女人伺候几亩地不是闹着玩的。春种、秋收、打柴火，样样活都要她自己干。没病那些年除了农忙，我都在外打工。”

姜义民和杨月芹现在享受政府每月90元的社会保障金，姜义民还是低保户，每月还有130元，加起来一年的总收入不到4000元。

两个儿子都已成家，现在都在外打工，居住在城里，一年也不见得能回来几次。他说孩子们既不补贴我们，也不给我们添负担。地里种的玉米除了自己留用一部分，主要是喂头年猪，一年的猪肉都有了。前后院子里种点蔬菜，基本生活保障就满足了。

姜义民回忆道，我俩当年搭伙过日子时，我的两个儿子还小，没有成家。后来两个儿子陆续成婚，前后里外的杨月芹都要亲自过问，大事小事都是经她手操办的。那时候我一直跟着包工队在外打工。儿子们也从来不见外，回家来时总是“妈、妈”地叫得亲切，儿媳妇们更是拿月芹当亲娘，孙子们就别提了，“奶奶、奶奶”地一声声地喊，她是打心里舒坦。

从 20 世纪 90 年代至今，给游客拉脚，这是韩克良养的第三头驴了（2018 年 9 月 25 日摄）

曾经，驴背上的梦

2018 年 9 月 25 日，青龙满族自治县隔河头镇花果山村。韩克良一身迷彩服，他正在村里参加修桥。他说大闺女中考成绩不理想，但是不愿意上技校，决心上高中搏一次，就去双山子高中了；小女儿开学在村小学读二年级了。

韩克良和父母家是一趟 5 间瓦房，中间开有通行小门。这样互相照顾方便。韩克良家属于韩台子村民组，坐落在一块台地上。院门下一小块林地，一棵核桃树、一棵板栗树、三棵山楂树，他的毛驴就拴在这里。今年村里搞大工程，开发旅游，修公路、修河道，新民居都盖起来了。他说，今年就在工地上干活了，而父亲腿脚不好，也拉不动毛驴了。

始于20世纪90年代的毛驴拉脚打开了花果山村的旅游之门，而第一人则是韩克良。他回忆：“那是1996年，我19岁。村里修了通村路到村口，我感觉如果有人去花果山瀑布玩，还有4里路净是石头不好走，用驴驮着能省点力还能挣钱，就把自己的毛驴牵到村口，在驴鞍上挂了一块纸板，写了‘出租10元’几个字。”

那几年来山里的人少，不挣钱。后来慢慢来的人多了，村里其他人看到毛驴拉脚能挣钱，纷纷把家里闲着的毛驴拉出来，打扮一番，在村口等生意。村里家家户户都养驴，主要是驮柴火用，上山砍柴，冬季里卖。那时还没有什么农家乐，自家的土特产都不知道是可以卖给游客的。

43岁的韩克良个不高，脸黝黑，不善言谈。很不幸的是，他妻子在2014年体检时检查出来白血病……“看了两年，人还是死了，家也败了。为治病花了30多万元，自家的钱还不够坐车的，大部分都是借的亲戚的，韩氏家族人口多，政府给补助了10万元。”韩克良低声说道。韩克良家是贫困户，这也得到了志愿者和爱心人士的帮助，至今没有断过。“我都记在本子上呢。”韩克良说。

没有零活干时，韩克良就在村口耐心排队等候，更多时一天也轮不到一次（2016年6月13日摄）

有年迈父母亲在生活上照顾，失去老婆的韩克良粗茶淡饭也知足（2018年9月25日摄）

韩克良默默承受着生活的磨难，他还年轻，要赡养两位老人，要抚养两个女儿成人（2018年9月25日摄）

韩克良是村里少数几个能胜任烤全羊的一个（2016年9月24日摄）

村里正在实施的旅游开发大工程给韩克良带来了希望，出力工也能挣不少钱（2018年6月16日摄）

因为家里地不多，林果也少，就和父母一起管理，一年下来没几个钱，2000 多块。父亲年纪大了，想干点零活人家不敢用。大女儿现在 10 天回来一次，一个月的伙食费就要 600 元；小女儿中午不回来，学校发面包和鸡蛋，不够吃就再买点，也会从家里带点。

这个村一直是贫困村，每年都吃返销粮（供应粮），生产队结束后，全凭自己种粮吃。结婚前，农闲时韩克良外出打工。结婚后就再没出去过。父母上年纪了，家里老的老、小的小，都指望着他了。

韩克良能够熟练烤全羊，村子里也就三四个，这个村没有董家口村那样的烧烤氛围，这种活在村里不常见。如果是给本村邻居农家乐帮忙，韩克良只要 50 元手工钱。如果是村外请去烤全羊，人家会给他 200 元。仅韩台子村 30 多户人家，农家乐就有 15 家，从平层到两层、三层。

而韩克良家里的饥荒还在慢慢还，他说先远后近，还有几万块吧。“村里现在搞旅游开发阵势很大，我们都要迁出去，毛驴拉脚的活计可能是干不成了。”

经常有邻居外出打工，徐素侠心里也是五味杂陈（2014 年 10 月 29 日摄）

憧憬花果山

2020 年 3 月 23 日，春光明媚的花果山村一片宁静。家住韩家片的村民徐素侠抱着 8 个月大孙子晒太阳，小家伙手里攥着一块苹果干正在磨牙。山里的春耕春播还没开始，她的丈夫依旧在村里施工工地上干活。家里的妇女们都没闲着，她的母亲和大姑姐正在制作苹果干，那是一些冬储后卖不掉的苹果。

认识徐素侠还是在 2014 年 10 月 29 日，那也是一个上午，青龙满族自治县隔河头镇花果山村村口，十几头披挂鲜艳行头的毛驴正在围栏边吃草，一旁，妇女们围在一起唠着家常，远处蜿蜒的山路上，不时有铃声响起。提起花果山村，但凡去过的人

徐素侠抱着八个月大的孙子晒太阳

从沟头峪到韩家片，徐素侠终于有了一个像样的家（2019 年 8 月 15 日摄）

窖储的苹果卖不完，徐素侠和母亲削了皮晾晒成苹果干（2020 年 3 月 23 日摄）

羊是家里的主要经济来源（2020 年 3 月 23 日摄）

在村口排队等生意，旺季时每天能挣 500 元（2014 年 10 月 29 日摄）

都熟悉，除了水帘洞，花果山村的毛驴经济最抢眼。

等待生意的村民徐素侠说："我们村家家户户都养毛驴，过去主要是用它干农活儿，现在村里搞旅游，游客去山上看水帘洞非得骑毛驴。现在村里有 40 头健壮的毛驴都上了户口，按编号驮游客上山，大家公平挣钱。我一天要走上三四个来回，最多时能挣 500 元。"

除了用毛驴揽客，徐素侠家里主要的收入还要算外出打工挣来的钱。来到韩家片高坡上徐素侠的家小坐，这是 5 间正房，她说是前年翻建的，虽然盖房时欠的钱还没还上，但是他们一家人对新生活充满了希望。

2019 年 8 月 15 日，记者在花果山村采访这里旅游开发的时候，顺便去看望徐素侠。已经 47 岁的她依旧是一头短发，把自己收拾得精神抖擞。她高兴地说自己的独生子去年结婚了，没钱盖新房，就在家里办的，只给他买了一辆十多万的轿车。他们在县城租房居住，因为儿媳妇是婚庆化妆师，业务基本都在那里。儿子在两年前通过了体能测试，考上了消防证，是青龙消防员，工作在隔河头镇。“这不今年又给生了孙子，刚 18 天，正在我家坐月子呢。”徐素侠乐得合不拢嘴。

徐素侠说，花果山村搞旅游开发已是第三年了，水帘洞的旅游受到了影响，来的游客少多了，但是家里的毛驴一直养着呢。“你采访那年，我靠毛驴拉脚，一年能挣五六千块，这三年不行了，才两千多块。”徐素侠不无遗憾地说。

徐素侠的家以前是在村民 9 组的，也称沟头峪，距离村部最远。过去由于交通、饮水都不方便，按照镇政府投亲靠友的政策，好几家都搬出来了，徐素侠投奔到韩家片亲戚大姑姐家，自己盖房。

徐素侠说：“盖新房花了 23 万多元，那时钢筋贵，加上房基地处在高台上，人行道都需要修台阶。买房基地花了 3 万元，其实是大姑姐家的地，新盖正房 5 间，没有厢房，只是在高台下搭建了简易的偏棚房，堆些杂物。”

徐素侠说，借旅游开发的光，丈夫这三年就在村里工地上打打短工，都是体力活。他没手艺，老实巴交的，找活干还要求人呢。有活给谁干，人家说了算。家里圈养了 30 多只羊，还是 2014 年冬天买来的，主要是依靠繁育挣点钱，去年羊卖了两万多块呢，不然儿子结婚没钱。村里不能散养，只能圈养，饲料主要靠买。“我家那点地打的 5000 斤玉米棒子根本不够吃，平时主要喂粉碎的花生秧子，那还 8 毛钱一斤呢。”

徐素侠家里人均 8 分地，都是山坡地，父母、公婆的加起来，夫妻俩一共种了 9 口人的，因为地基本上都在沟头峪那边山里，得走六七里山路，这几年搞开发，加上每年山洪冲刷，机动车没法走，三马车都开不进去，只能双脚走路。

徐素侠说，易地扶贫搬迁的花果山新村已建好，人均 25 平方米，她家三口人，应该 75 平方米，但是她家要的是 100 平方米的。75 平方米的人均交 1 万，100 平方米的多交 4.5 万元。

“我家在 2016 年 6 月 15 日登记注册了农家乐营业执照，就是希望依靠旅游开发挣点钱。”徐素侠满眼憧憬。

年近花甲的汤云军夫妇使用简易的单犁耕地（2015 年 4 月 16 日摄）

返乡

2019 年 9 月 18 日下午，青龙满族自治县肖营子镇温泉村。

午后的村子里很安静，汤云军的家门敞开着。秋日的阳光很刺眼，汤云军的妻子杨桂英独自蹲在院子里整理刚出地的花生。平整的水泥地上铺满了花生、白豆、高粱，几袋黄灿灿的玉米堆在窗下。

她说老汤去唐山打工，走了有个把月了。

原来，她的公公在今年（2019 年）阴历四月初十去世了，享年 87 岁。村里的风俗是三七过后还要过百子（100 天），料理完老父亲的后事，汤云军就去了唐山他原先打工的地方。

“我一个人在家，这几天都要去地里，高粱、花生、玉米的收回来了一部分，但是大部分棒子（玉米）要等老汤回来，我劈（掰玉米）行，但整不动（运回来），太沉。”杨桂英说。

杨桂英接着说："两个儿子都在天津打工回不来，收秋他们帮不上忙，都有工作，几个孩子上学的、上幼儿园的。每年只有春节、国庆节、清明节回家来。孙子孙女都带走了，儿子们担心我们照顾不好，就自己带着。"

去年秋天（2018 年）回访汤云军时，他调侃地说，感觉家就是个旅店，住两天就走。汤云军一年有 10 个月在外打工，除了春节、清明和国庆三节，只有春种秋收赶回家待几天，之后又去唐山一个建筑工地。他是架子工，在打工的人群里岁数算大的，工头不敢让他上高爬低，只干些不危险的活儿，日工资就少。

汤云军说，他们现在住的这座新房建了有 5 年了，新房买地、建房花了 8 万元。老屋太破，在河东的梨铺沟，之所以要搬出来，是因为两个儿子要结婚，女友来了看见不好，所以就盖了新房，这是为了不让儿子们难为情。

"相继给儿子们盖了新房，相差三岁的两个儿子一前一后结婚。他们的新房都是 5 间，我们住的是 3 间，小点但够用。儿子们的新房都是拿出我们家的自留地置换的房基地。现在还有几万元饥荒呢，我们现在拼命挣钱就是为了还钱，等钱还完了，我

家，现在对汤云军只是团圆之地，谋生计依然需要背井离乡（2019 年 4 月 30 日摄）

父亲病倒后，地里的活儿只能汤云军自己干，妻子要照看卧床的病人（2019 年 4 月 30 日摄）

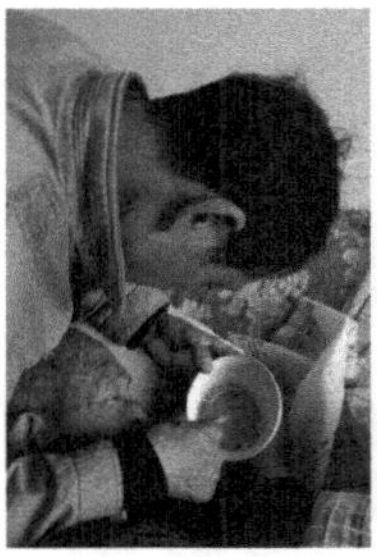

牙口不好的父亲只能吃流食，汤云军很细心（2019 年 4 月 30 日摄）

杨桂英大部分时间在家洗衣做饭，照顾年迈的公公（2019 年 4 月 30 日摄）

公公去世，丈夫外出打工，空落落的家让杨桂英很寂寥（2019 年 9 月 18 日摄）

们也干不动了。家里就剩下 2 亩地，这 2 亩地我一个人都能干了。但是 2 亩地能养家糊口啊？我不出去打工，老爷子怎么办？”

汤云军的父亲已经 80 多岁了，是一名退休教师。这些年一直是在两个儿子家轮换着吃住。

今年春种时节再次回访汤云军。杨桂英正在小院里洗衣服，汤云军则刚下地里回来。他自嘲地说，人家都把地种完了，就差我了。老爷子那里不敢离开人，怕他摔下炕来。

今年正月十三，老爷子病了，医院检查结果是小脑萎缩，患了老年痴呆症。“老爷子 87 岁了，去年还好着呢，忽然之间就不认识人了。”汤云军很郁闷。

汤云军说，这些年家里只有老婆守着，两个儿子成家后都在天津企业打工，租房住。虽然月工资只有 3000 多元，但是工作基本稳定。孙子孙女跟着父母，在天津上幼儿园。

汤云军说：“在建筑工地打工，我的日工资 150 元，伙食费 40 元。每月能省下 3000 元。老爷子病倒了，我也就不能外出打工了。我是家里的长子。”汤云军上有一个姐姐，下有弟妹。弟弟在王营子高中搞后勤工作，是正式工。兄弟姐妹相处得和睦融洽，兄弟之间从没有红过脸。老爷子病了以后，哥俩一商量就达成共识，两家每月轮换照顾老爷子。

汤云军叹口气说：“不比从前了，老爷子现在卧床，每天吃喝拉撒都在炕上，因为牙口不行，只能用吸管吃流食。这么多年在外面打工挣钱，也没攒下几个。现在老爷子病倒了，我们没有老本可吃，好在老爷子是退休教师，每个月有养老金。”

杨桂英站在院子里说，现在只一个人在家不爱弄饭，一累了都不想吃饭。老爷子在世时，每天都要忙着做饭，他走了，屋里更空落。一个人待着没劲，一会儿还得下地去出花生。她盼着国庆节快到，老汤和孩子们都回家来过节，顺便把玉米棒子都从地里整回来。

竭家沟村轶事

引　　子

2019 年 4 月 25 日，正值春耕时节。一场久盼的大雨过后，大清早就驱车赶往此行目的地——竭家沟村。还是在 6 年前采访竭家沟时，时任村书记的竭强说，6 年后邀请你来这里采摘苗木基地的果实。为这一承诺，记者如约来到这座长城脚下的小山村。

依旧宁静的竭家沟，湿润的空气里弥漫着泥土和枯草的味道。心里有些忐忑，村民们都下地耕种了，能否见到是个未知数，好在前一天打电话通知了要见的村民。当年那几位村民身体还好吗？生活有多大的变化？

2013 年 7 月 31 日采访：

竭国良夫妻一直住在三间祖屋里，木石混结构的瓦房至少有 100 年历史了，除了几次简单的修缮，基本保持原貌。“这是从我太爷那时传下来的，经过爷爷和父亲，到了我手上。”竭国良思维很明晰地说。屋顶三角形粗壮的木架梁还隐约呈现出木本色，只是经过漫长岁月，大面积熏染成黝黑。墙体基本是石头砌成，这从屋外不加抹灰粉刷裸露的墙体一眼能看出。可以说，这座毫无雕饰的四合院承载了竭家沟村的发展史。

竭国良夫妇（2013 年 7 月 31 日摄）

竭国良说：“我这辈就兄弟俩，还是在我 8 岁时母亲去世，那年弟弟才 6 岁。是父亲一手把我们拉扯长大，为了养活我们，他没有再娶妻。唉，苦了一辈子，在 80 岁时去世，善终啊。”

2019 年 4 月 25 日采访：

走进高坡上石头砌成的四合院——竭国良老人的家。心里嘀咕：狭窄的院子和老房子一点没有变化，还是 6 年前的样子，陈旧，没有生气。走上五六块石板搭成的台

竭国良夫妇（2019 年 4 月 25 日摄）

阶，在东屋里见到竭国良和老伴儿，都已经83 岁高龄的两位老人的模样让人心生难过，老人们明显苍老。竭国良老人说，也就这两年，老伴儿患了小脑萎缩，记不得人了。而他自己也明显没有先前那样壮硕，背也有些驼了，神情也不再抖擞而变得不振。

竭国良老人说，他们年事已高，这些年已经无力继续耕种劳作，地和果树都由两个儿子负责，其实两个儿子也都是五六十岁的人了。竭国良在家伺候老伴儿，他说不种地了也不管林果树，家里的事情倒简单了，就是凑合着为自己和老伴儿做做饭。

竭国良老人在 20 世纪生产队时期担任队长 20 多年，直到改革开放后生产队解散才卸任。现在不能继续耕种了，村子里给他申请低保报上去，但是现在还没有批下来。

2013 年 7 月 31 日采访：

树下来来往往早起耕作的人们个个神采奕奕，脸上洋溢着幸福。村民竭国维用手推车整理着自家门前散落的石料。“村里的路修好了，咱的水果和核桃向外销售也方便了。这不，挣钱了，我赶紧把这坏好几年的大门修一下。”看着新修的大门，他的脸上笑开了花。

村里户户通修完了，竭国维借着劲也把自家年久失修的大门重建（2013 年 7 月 31 日摄）

热情的竭国维为记者讲述着村中富有代表性的建筑和资源——求神祈愿的白衣庵、能治百病的圣泉水、600 多年的龙形古松……不过，他更为津津乐道的还是长城脚下新兴的苗木种植基地，这可是老百姓增收的好项目。

2019 年 4 月 25 日采访：

今年 62 岁的竭国维独自在家，昨天下了大雨加雪，一大早下地干活。听到村部大喇叭招呼，赶了回来。

竭国维介绍，家有一儿一女，老大是女儿已经出嫁，女婿是在她在秦皇岛市打工期间认识的，现在两口子都在城里打工为生。儿子刚上大一，在廊坊科技大学学习编程。上大学前儿子在抚宁职教中心学习，本打算毕业后就外出打工。因为他的学习成绩很好，在年级300多名学生中名列第一，老师舍不得。在他职高二年级结束后，直接推荐他上大学。但是大学里每年就是省吃俭用也需要两万块。

一盆二米水饭、一盘酱，没有蔬菜，这是竭国维一天的伙食（2019年4月25日摄）

竭国维家里不到三亩地，种植农作物；林果树二三百棵。他说自己就活生生被困在家里，现在55岁的老伴儿吴桂英在市里一家餐厅洗碗，起码每月能给儿子挣出1000块钱生活费。她常年在外打工，在抚宁宏都公司杀过猪，在昌黎沿海村庄剥过扇贝，给人家果树套袋，在城里做过绿化，只要能挣钱，不管是哪里多辛苦都去干。没办法，家里需要活钱，儿子上大学每个月的生活费得按时打到卡里去，总不能让他挨饿啊。老伴儿这样在外漂泊着打工已经有五六年了，家里全指望着她了。

竭国维说："家里哥仨、姊妹四个，大哥40多岁就去世了，他是光棍，喝农药死的。大哥生前一直和我过。弟弟是聋哑人，现在50岁了吧，也是单身一人。这将来也得我负责。"

2013年7月31日采访：

竭国卫（2013年7月31日摄）

不远处，一个身背竹筐的中年男子向我们热情地打招呼。他叫竭国卫，是村里的养兔专业户，竹筐里装满了兔子爱吃的鲜嫩草料。我们跟随竭国卫来到他家的小院，只见200多只憨态可掬的小精灵生活在院中摆放的几十个笼子中。它们身着雪白的绒毛，长长的耳朵，或在笼中酣睡，或睁着红色的眼睛好奇地望着来客，这些小家伙就是竭国卫饲养的肉兔。竭国卫说，他是去年从网上联系到青龙的兔商，学习了兔子的养殖知识，并与厂家签订了供销合同。在竭国卫的精心饲养下，兔子的长势良好，仅2012年一年，竭国卫就收入2万元。

在他的带动下，当年又有两家加入了养兔致富大军。今年冬天，淘到第一桶金的竭国卫准备扩大生产规模，并把自己的经验教给更多的村民。

2019 年 4 月 25 日采访：

竭国卫（2019 年 4 月 25 日摄）

得知记者要来，竭国卫扛着锄头匆忙从地里赶回家。“冬季里没有下过一场雪，春天里没有一场像样的雨，结果昨晚风、雨、雪交加，可算是能下地了，一大早都去地里在抢种呢。”竭国卫说着把我们让进家里。

“你那年来时我在家养獭兔，但是只养了两年就不得不放弃了。我养獭兔是公司加农户，头年挣着钱了，第二年就赔钱了。因为青龙的那家公司黄了，不收我的兔子了。没办法卖给了个人，收购价比公司的保护价低。”说起獭兔，竭国卫气不打一处来，糊弄人嘛。在院子里，原来养殖獭兔的棚子现在正有 4 头牛在悠闲地吃草料。

贱卖獭兔第二年，竭国卫重整旗鼓，转而养殖肉牛，自己繁育，当年下的公牛，在家养到三四个月即卖，小母牛留下再繁育。这几年存栏最高时有 10 头，还是养牛挣钱。因为圈养多头肉牛，竭国卫家的院子里气味大，地上脏乱差也不奇怪。

竭国卫拉家常式地介绍说，家里三四亩耕地种的玉米等农作物主要是充当喂牛的饲料，但是还不够，每头牛的饲料还要花一千多块钱从外面买。除了养牛，山上还有五六百棵林果树需要管护，板栗、核桃、苹果、梨等，去年光是林果卖了一万五六。

57 岁的竭国卫有两个儿子，他刚当上爷爷不久，同时他也刚伺候走自己的老父亲。小儿子现在石家庄工程机械技术学院上大二，一年的所有费用得 4 万块。他说，家里的活太重，平时又见不着活钱，老婆总在外面到处打工，吃住也在打工的地方，平时不回来。唉，打工也没有一个好去处，时间都不长，什么活儿都干，只要能拿到现钱，小儿子每个月都眼巴巴地盼着打钱呢。

离开竭国卫家，他锁上大门，重又扛起锄头，说是到地里接着种花生去。

2013 年 7 月 31 日采访：

通往高楼山的公路还没修好。在村民的指引下，记者前往苗木种植基地。面前只有一条刚挖掘开的土路，坡度大、碎石多，轿车难以通行，只得换乘三马车。村支书竭强说，开发商已经答应修路，估计很快就能通车。

行进在崎岖颠簸的山路上，极目远望，几座保存尚好的长城敌楼矗立山间，蜿蜒曲折的长城顺着山势犹如静卧的长龙俯瞰着山下的一切。转过山弯，车停在山腰处，映入眼帘的是新修的梯田连接成片。半米高的核桃树下，牡丹、芍药排列成行，虽已过花期，但绿意正浓，为炎热的夏日带来一缕清凉。

时任村书记的竭强和村民们正在一车一车往山上运水管（2013 年 7 月 31 日摄）

竭强说，这些花的根茎预计 6 年就可长成，到时核桃和板栗都能结果。牡丹和芍药不仅观赏性极强，药用价值也很高，他指着一株牡丹说："牡丹的根也叫丹皮，对女性可以起到延年益寿、美容养颜的功效。"

苗木种植项目的负责人张志斌向我们介绍，今年，他们在园区内又栽植了大量的黄芩和桔梗，整个项目已有 670 亩梯田，雇佣村民 20 人。苗木项目增加村民收入的同时也打响了竭家沟的知名度，现在有很多游客慕名而来，难怪竭强感叹以前的荒山变成了如今的"宝地"。对于未来的发展，张志斌指着不远处雄伟的长城侃侃而谈："果药兼作的苗木项目只是第一步，我们也计划依托长城发展特色旅游，希望大家都能来新竭家沟做客。"

2019 年 5 月 17 日采访：

再次来到竭家沟村，沿着没有铺装完的曲折山路直抵海拔 600 多米的高楼山。

高楼山上一块平坦的场地，6 年前的三间毛坯房已经装饰一新，竭强说是去年才算能住人。2012 年村委会换届选举完成之后，高楼山这片山场以 10 万元的价格 50 年的期限承包出去。在 2013 年和 2014 年两年时间里，承包的两位股东先行投资，用挖掘机陆续开出 10 多公里的山路。山路弯弯，然而至今只有 4 公里的山路进行了水泥铺装。

现任村支委、会计的竭强，说起苗木基地的现状一脸无奈（2019 年 5 月 17 日摄）

竭强说，这里没有水源，种植依靠雨水。这几年先后栽种了六七百亩核桃树、三四百亩板栗树，树苗下套种了药用牡丹和芍药，以及黄芩、桔梗。原本 6 年就能见到效益，但是人工费用太高，就没有组织人力回收，现在真正变成野生的药材了。还有一片桃树林，以及杏树、李子树，这些鲜食水果也没能力采摘，任其掉在地上腐烂或者风干。当年建起的两座大口井因为漏水，今年需要维修加固，砂石料已经运上来了。

竭强作为当年村书记和外包当事人，他很无奈地说，这片山场是村集体所有，那 10 万元的承包费当年就花没了，除了还上村里落下饥荒，就按村民人头每人 200 元分掉了。村民们不干呢，担心村干部握着钱干些猫腻的事情。

交谈中，股东之一的张志斌开着老式吉普也上来了。

他介绍说，当年承包山场后就注册成立了“圣水泉苗木种植专业合作社”，后来又挂牌“秦皇岛青山果硕旅游开发有限公司”，本意就是带动村域经济发展，增加村民收入，这些年已经先后投入600多万元。抚宁区农林局也有意扶持，但是我们感觉如果贷款搞建设，今后效益不理想甚至不好，那样势必让人身心疲惫。从事建筑行业的张志斌诚恳地说，我们都是小股东，一口气大投入大建设没有那个实力和能力。

张志斌说，每年在建筑承包工程上挣了钱，首先得给工人发工资、不欠账，余下的才投进这里。今年准备往深里做，把旅游公司做起来，我们的旅游项目规划已经做出来了，分三期建设，充分利用高楼山的现有资源。国家有好政策，区里镇里也很支持。北京、迁安的投资商希望在这里融资加入开发，但是他们提出要求是要占65%的股份，而整个山场评估后的价值是1300多万元，目前合作事宜还在洽谈中。

附　　注

2018年村两委班子换届选举，村民谢营成为竭家沟村书记兼主任。他说，现在全村87户人家，村子不大。耕地130亩，林场3400亩，承包出去1600多亩山场，外加60多亩山地。

竭家沟村依地势分为上庄和下庄，过去为解决吃水难，上庄有几户人家自建了水窖蓄水，利用山上自流水安装了管道通往家里。这些年水位下降，吃水困难，只好到下庄河套边上的小井挑水、驮水吃。

时隔两年，身体恢复一些的应文华和弟弟重又耕种久已撂荒的地（2018 年 5 月 2 日摄）

老应的家事

2017 年 11 月 30 日，卢龙县刘家营乡刘家口村。

再次见到应文华，56 岁的他比去年见他时明显苍老、忧郁了许多，拄着一根拐杖，说话也没有气力。他说自己现在蹲不下去站不起来，连烧炕做饭都成了问题，只好寄住在父母家，自己的家再也不想回去了。

认识应文华，是在 2016 年 4 月 29 日下午，记者去青龙草碾乡采访，返回途中，经过卢龙刘家营长城水门时，看见公路下应文华和妻子正在栽种白薯秧苗。当时应文华告诉记者，这是他们的三分责任田，水门北侧靠近公路边有长了七八年的核桃树，

老婆说到迁安给人带孩子，走了就没再回来（2016 年 8 月 29 日摄）

应文华和妻子在承包的 5 亩地里种花生（2016 年 5 月 4 日摄）

三分责任田里，应文华和妻子从家里驮来几桶水栽种红薯苗（2016 年 4 月 29 日摄）

几乎不能自理的应文华无奈和父母住在一起，生火做饭全靠弟弟（2017 年 11 月 30 日摄）

该做中饭了，7 岁的应美惠马上从院墙根抱回一大捆玉米秆，一根根折断递给爸爸（2017 年 11 月 30 日摄）

他们在核桃树下种白薯。

和所有普通农家一样，夫妻俩下地干活，农闲时打工贴补家用。除了责任田，夫妻俩还承包了 5 亩地种些经济作物，家里养了 60 多只小尾寒羊，就这样，一家人生活收支算得上稳定，农家日子过得不温不火。

应文华说，2015 年开始，家里就逐渐走下坡路。独子因为不学好，在社会上瞎混、偷盗被判 5 年半徒刑。转眼到了 2016 年夏天，一直被腰椎间盘突出折磨的应文华，强忍着忙完春耕。到了农闲，家里的 60 多只小尾寒羊又生了怪病，打了好多针也没管用，几天工夫就死了不少，无奈之下，应文华把勉强能站稳的羊忍痛低价卖了 9000 元。

那段时间，应文华内火攻心，感觉双眼就像蒙了一层雾，看什么都是花的。眼看丈夫缺失了劳动能力，养羊又赔了钱，妻子感觉这个家支撑不住了，便和丈夫说，她去迁安朋友家帮人带孩子，一个月能有 2000 元工资，也算是为这个家挣出生活费来。

妻子这一走就再也没回来。除了严重的腰病，应文华去年初在天津打工两个月一分钱都没拿到，回来在县里一家工厂打工又煤气中毒，脑瓜总是昏沉沉的。

应文华父母的家实际上是由大哥家的厢房改建的，应文华说，大哥去世后大嫂改嫁，房子归大侄子，他们带着孩子去城里打工了。冬日寒冷，应文华高龄的父母都蜷缩在炕头上。应文华说，40 岁的弟弟应文兵住在隔壁，离婚后独自带着两个女儿生活。因为要照顾年迈的父母，要种地、养羊、接送女儿上下学，从没有出去打过工。本就负担很重的弟弟又接纳了现在几乎啥也不能干的哥哥。

说话间不觉已是中午 11 点半，应文兵去小学校接小女儿。应文华说，大侄女在乡中学读初二，放学后骑电动车回家吃午饭，这要比在学校交午餐费吃饭能省点儿。

时隔两年的 2018 年 5 月 2 日，身体恢复一些的应文华带着弟弟重又回到巨大的长城水门旁，耕种久已撂荒的责任田。

母子俩尽全力呵护着一个不完整的家（2019 年 11 月 1 日摄）

母与子

2019 年 11 月 1 日收秋过后，记者拿着两张 13 年前拍摄的照片，来到青龙满族自治县官场乡头道窝铺村，在村秘书杨建青引领下来到 13 组齐秀兰家。正在过堂洗衣服的女主人迎了出来，看得出她很诧异一位陌生人忽然上门来会有什么事。记者含笑不语地递给她照片，已经67岁的齐秀兰看着照片一个劲地点头称是自己："没错是我，这是哪年的事情？恍惚记得被人照过相，春天梨花盛开时来村里照相的人很多啊，但凡在梨树下干活的都免不了被人照相，我们这干农活的粗粗拉拉的也不知道好在哪。"

院子里棚屋下，齐秀兰的儿子陈贤刚把地抹平，他说是别人家修路剩下一点砂石料，不用可惜了。窗户下堆放着黄灿灿的玉米，估计有2000斤，上面晾晒了一点萝卜干和红辣椒，院子里就再也没有什么。随口问陈贤今年的梨摘完没有，他答道没有，全给冰雹打了……不要了，不管了。那点玉米就是家里收获的大头了。

齐秀兰有一双儿女，女儿嫁人了，现在和儿子一起生活。她叹口气说，我们这个家现在都不全乎，丈夫7年前因病去世了，儿媳妇前年又走了，去了韩国打工，至今都没回来过，家里就我们娘俩带着孙子过活。

原来，齐秀兰的儿媳妇是朝鲜籍，三年前说是要去韩国打工挣钱，就被人带走了。齐秀兰说儿媳妇的身体本来就不好，到了韩国也挣不着多少钱，从来不给家里寄

今年的收成不好，晾晒红薯干以备冬用（2019年11月1日摄）

烧火做饭是农村妇女的主业（2013年4月28日摄）

齐秀兰的儿媳和同来的姐妹坐在梨树下聊天（右一）（2007年4月23日摄）

家里没有洗衣机，齐秀兰都是手洗（2019年11月1日摄）

春暖花开时节，齐秀兰去地里种土豆（2007年4月23日摄）

钱。还是去年孙女考上大学后，她给孙女打了 7000 块钱算是尽妈妈一份心意吧。20 多年前她被人贩子带到村里，儿子一眼就相中了，接着就成家了。我们山里人家穷，不好娶媳妇啊。

儿子和儿媳结婚这么多年，一直在村里干活，日子虽然过得紧巴，活儿累点苦点倒是相安无事。她给我们陈家生了一双儿女，她要出去我也没拦着。陈贤望着顶棚不假思索地说："她是 2017 年阴历五月十七走的。当时我正在闹病，支气管炎，干不了活。她走是被人唆使的，但也是为了两个孩子上学去挣钱，就答应了。"

陈贤说，女儿今年 21 岁，儿子也 13 岁了，掐指一算，她在这里都有 20 多年了。刚来时不会说汉语，时间长了就会说一些常用语。三年来我俩只是偶尔通个电话。她没有什么文化，在韩国一家餐馆打工，因为会说汉语，老板不放她走，其实工资并不高。她现在就是去哪里都困难，朝鲜不能回去，再想回到我们这里来就更难，因为她一直没有这边的身份证。

齐秀兰说，孙女倒是经常和她妈妈视频，她在那边的情况我们娘俩都是从孙女那里知道点。她也是委屈啊，说不想孩子是假的，哪有妈妈不疼自己的孩子的？眼瞅着孩子一天天长大了，我们打电话请求她回家，她说在那边也为难，老板不让回，咱们国家又不认她的身份，只能继续忍着。

自从父亲去世后，陈贤承担起全家生活的重任。每年除了家里的一点农地要耕种、不多的林果树要管理外，他还有一个身份就是架子工。农忙结束后就要外出找活干，毕竟他要供两个孩子上学。

一锅小米粥、几碟咸菜是兄弟们的家常饭（2017 年 10 月 25 日摄）

你是我兄弟

兄弟就是漫漫人生路上的彼此相扶、相承、相伴……

2015 年 4 月 17 日，记者驱车前往抚宁区台营镇扶崖沟村采访。春回大地，但空气中还满是阵阵清冷。农田里已有勤快农民开始翻地打垄。

远处，悠悠地传来阵阵吆喝声，抬头迎着炫目的阳光远远望去，在巨大山峰背景映衬着的高台地上，几个人影和一头驴在晃动，一块红色的头巾分外醒目。向周围村民打听那是谁家在种地，村民回答那是河口村村民陈泽家。

家　世

2016年的11月16日，惦记着秋后陈泽一家，记者专程赶到河口村。

河口村是一座年代久远的古长城村。现在，村西头依旧保存有当年的城墙和敌楼。听陈家兄弟说父母在世时追忆，陈家的祖上应该就是那时候迁徙至此。

陈泽的家坐落在村庄的最南侧，抬头就是山。简易的铁门内，偌大的院子里很凌乱，地上堆着柴火，还有散落着的干枯豆秆，一头驴正在板车旁吃玉米秆；已经陈旧的东西厢房外墙上挂着各式农具。

经历生活磨难，五兄弟记住父母走时的嘱咐，彼此协作、扶持、帮助。在这个特殊家庭里，大哥做家长，兄弟中体力好的种地，农闲时出外打工，身体不好的在家做力所能及的活儿，熬粥做饭。

走进屋里，火炕上排着三床被褥，坐在冰凉的炕头上和陈泽说话儿。陈泽1946年出生，父母一辈生养了他们兄弟5个，这在村子里称得上是人丁兴旺的大家庭。陈泽在兄弟间排行老二，他说从记事起，过去几十年里兄弟们相继出生并拥挤地居住在父母结婚时盖的两间半平房里。

陈泽一家的生活轨迹和命运从土地改革那一年彻底改变，因为父亲被划成了富农，一家由此背负起沉重的枷锁。陈泽的父亲在1966年冬天因为不堪欺辱投井自杀。母亲和当时已经成年的老大和陈泽共同承担起全家人的生活重担，那一年，老五陈锋刚满一岁。

陈家失去了主心骨和顶梁柱，剩下孤儿寡母6人艰难度日。在人民公社土地集体所有的生产大队，一家人努力下地干农活、挣工分。学习很好的老大读完初中后，因为家庭成分等原因，只好回家务农。之后，老二老三老四就几乎没有上过学。最小的老五幸运地读完初中，后来又有机会参军到了部队上，还光荣地加入了中国共产党。

兄　弟

长子为父，老大在父亲去世后担当起一家之主的责任，关照着年迈的母亲，呵护着四个弟弟，清贫却融融和乐。

家里“成分高”，没有哪个姑娘愿意嫁给富农的儿子，陈家除了参军的老五，其他几个兄弟都没有成家。

1984年，河口村生产队解散，生产队要变卖队部的饲养处，五兄弟几经商议，合伙凑钱买了三间养驴棚。把养驴棚推倒，盖起了稍微宽敞的毛坯房。自打有了更好的

大白菜长得不赖，近两千斤，需要先挖一个冬储的菜窖（2017年11月24日摄）

老四陈密蹲在房顶上剥黄豆，做一点力所能及的活（2017年10月25日摄）

到了饭点，三个兄弟一起生火做饭，吃饱肚子享受辛勤劳动的收获（2017年10月25日摄）

陈泽对清贫的生活早已释然，他说兄弟们和气过日子就对得起父母（2017年10月25日摄）

深秋，陈泽在满是落叶的玉米地里刨玉米根，准备来年好种庄稼（2017年11月14日摄）

老三陈左在河套里开垦出3.3厘地，全种上了大白菜，这将是兄弟们漫长冬季的主菜（2017年10月25日摄）

房子，每年秋后，哥几个都要凑钱，弥补房子的缺件，尽量把房子装饰得好看点。

改革开放后，陈家有了属于自己的土地，这让兄弟几个感到有了生活的底气。每当农闲时，兄弟们都要外出找活干。每个人打工挣回来的钱，都由老大分别记账，统一管理。

五兄弟中，陈锋排行老五，1965年出生的他今年52岁。在部队服役4年后的1987年复员返乡务农。在部队服役期间还相了一个姑娘，成亲后，媳妇患了肺炎，那时由于农村医疗条件差，用庆大霉素治疗不当致使耳聋，对于家里唯一结婚的兄弟陈锋而言，虽然有了自己的小家，生活的担子依然很重。作为最小的也是体力比哥哥们都好些的陈锋，每当他从外面打工回家来，都要给二哥塞点钱，让二哥拿这些钱帮着给体弱的四哥看病。

2006年母亲去世三年后，大哥也因病去世。那一年，老二陈泽接过大哥的重任，担当起一家之主的责任，带着弟弟们继续努力好好生活。

日　　子

2017年10月25日，记者再次来到陈泽家。院子里，一头驴，几只鸡，一辆旧28型自行车斜靠在黄灿灿的玉米垛上，还有一台三马车。正在院子里码放玉米的陈泽乐呵呵地说，今年玉米种得多，长得饱满，收获不错，算下来有3000斤，等卖了钱就能买来白面、大米和清油。

东厢房的屋顶上，老四陈密正蹲着剥黄豆，给大家做饭。老五陈锋在南戴河一个渔村打工，在扇贝收获的季节剥扇贝。河套里，老三陈左开荒出来3.3厘地，种的大白菜长势喜人。

地里一年的收成，秋天只能落下2000块钱，“日子虽苦点，但现在我们有国家政府的各种补贴，比过去强得多。”现在，陈家剩下的四个兄弟中，陈泽、老三陈左是五保户，老四陈密是低保户。村里看四个老兄弟上了年岁生活清苦，今年又帮助陈家兄弟争取国家保障政策，给吃低保的老四申请转为五保户，国家对五保户的保障现在每年有4000多元钱补助，低保户每年2000元补助。

说话间已是中午，老四负责做饭，陈泽和老三负责帮厨。曾经在生产队豆腐坊干过的陈泽说，他定期都会在家里磨点儿豆腐，帮着兄弟们改善一下伙食，他还会把豆腐腌制一部分，这样就能多吃一段时间。

2017年12月11日，记者再次来到河口村，老五陈锋从外面打工刚到家，看到三哥因为疝气住进镇医院做手术，马上拿着打工挣的钱跑到医院，二哥四哥正在陪护。冬日的阳光照在四个老兄弟相互扶持的背影上，诠释着这个特殊家庭在人生的一个个风浪中彼此关爱、相助的兄弟情义。

摆渡游客一次几十元钱，陆奎会抓住每一次机会（2013 年 9 月 13 日摄）

青龙河边摆渡人

2020 年 5 月 25 日，卢龙县刘家营乡桃林口村。

陆奎不在家，一东一西相距不远的两个家门上都上着锁。电话那头他说在河边，遂开车直接过去摆渡码头找他。码头上几位上了年纪的村民或坐或蹲地在闲聊，几条小铁皮船停靠在河岸边。陆奎已经习惯了没事就到这里待着，只是他的话很少，因为日子过得不顺心，说起话来总带着情绪。

村民有耕地在青龙河东岸的家里都有小铁皮船，陆奎也一样，除了摆渡过河种地，还可以在河里捕点鱼虾卖钱补贴生活，30 多年来一直如此，平静淡泊，波澜不惊。

旅游开发让村里的摆渡人有了挣钱的机会，陆奎（右一）（2013 年 5 月 29 日摄）

院子里剩下最后一只羊也养不住了（2018 年 5 月 10 日摄）

羊都卖了，院子里只剩下数只母鸡（2020 年 5 月 25 日摄）

如今的渡口早已没了往日的繁忙，陆奎依旧在此等待（2020 年 5 月 25 日摄）

后来商家在村里搞旅游开发，河面上除了小铁皮船还增加了机动船甚至快艇。陆奎很自然地也加入摆渡人行列，一次几十元，生意好时一天能摆渡几拨游客，虽然他的小铁皮船乘坐的游客少。

2016 年，为了保护水源地不受污染，乡里根据上级指示禁止村民在青龙河里摆渡游客，机动船及快艇全部上岸；2017 年开始，桃林口村从八楼至大滚水坝沿着河岸筑起了铁围挡 2 公里，只留了一个出入口和几条铁皮船，建了小码头，方便村民到河东岸种地，那边有 300 多亩耕地。

已经 70 多岁的陆奎，长子早年出车祸去世了，在他 60 岁时老伴也因病去世。现在唯一的儿子都 30 多岁了还没订媳妇呢，他说，都是因为穷呗！家里地少，只有两三亩可种。当初为了摆渡挣钱新买了铁皮船，但是没多少人坐，也无法经营下去。在 8 年前买了一只母羊，经过几年的不断繁殖现有十余只了。

陆奎伸出左腿说，你看肿的，走道都费劲，也不知道是什么毛病。也没闲钱去拍片子查查肿胀的原因及时治疗。医院检查费不能报销，住院更不可能，要花现金的。前年还养了 10 只羊，秋天就卖掉了，养的也不肥，卖不上多少钱。腿疼，追不上羊，再也不养了。如今院子里只剩下几只老母鸡。

春天里，陆奎把家里的 4 亩多地勉强都种完了，河东岸也有两三亩地，但是已经撂荒四五年了，那些自耕地到了雨季总被河水淹没，无法耕种。而那已经种完的 4 亩多地实际上都是山坡地，有不多的核桃树。其中有 7 棵还是生产队解散时买下的，还有近十几年来陆续栽种的 30 多棵小核桃树。

陆奎无奈地说，那 7 棵大核桃树的直径都在六七十公分，但是不好好结果，而 30 多棵十几年的核桃树长势不好。他解释，因为自己不会嫁接新品种，核桃树一直没有产量，更别提挣钱了。村里也没人懂嫁接技术，如果请人嫁接，一个芽子 10 块钱，一棵树至少十几个芽子，几十棵树下来就是好几千块钱，嫁接不起。地里除了核桃树，就没有多少地方种庄稼了，也种不了庄稼了。

望着平静的河水，陆奎说现在也没什么好忙的，没事就愿意在河边待着。隔些日子还要到地里拔拔草，总不能让疯长的草和果树抢吃的。

照相近 40 年，留下来的这几张黑白照片记录着那段努力、辛苦、踏实、充实的日子

乡村摄影师

30 年前，他的故事被冠以“农民摄影师”刊登在报纸上。10 年前，他无奈地放下了把持近 40 年的照相机，回归土地。

2016 年 8 月 2 日，记者慕名来到卢龙县燕河营镇上兴隆庄村。

说起当年那些照相往事，63 岁的村民王保臣激动地说：“那是很久以前的事了。”

王保臣自小就有过敏性哮喘，身体羸弱，勉强读完小学六年级就辍学了，因为他想帮助清贫的家庭挣点工分。那一年适逢学校建房子，他正好在工地上，每日听着上下课铃响，看着进进出出欢声笑语的学生羡慕极了。于是和家里提出继续读书的请求，他如愿了。“我直接上了初二年级。之后凭着前四名的好成绩考上了高中。那会儿镇里的高中 64 人一个班，桌凳不够，只好从家里搬。每天来回八里地地走，很苦。”

“高中毕业后，我给自己规划了三条谋生路，一是到小学当英语代课老师，二是学习缝纫做服装，三是学摄影开家照相馆。”原来，王保臣上高中时，学习英语的热潮席卷全国，好学的他从半导体收音机上自学，当时已经掌握了 2000 多个词汇。“最终选择了学习摄影，对我来说是个挑战。”王保臣回忆道，“那年穿着军便装，四个口袋各放 20 元钱，并用线缝死。你可不知道，郑州火车站的小偷胆子大得伸手就摸你的衣服口袋。”

在郑州荥阳摄影技术学校经过短期培训后，王保臣回到家乡：“这时，我有了一台国产牡丹牌双镜头中画幅相机，124 元钱买的，相当于城里人三个月的工资啊！”有了照相机还需要胶卷、相纸、冲洗药液、放大机、烘干机、上光机等设备，为了支持王保臣，家里几乎是倾其所有购置齐全。王保臣可以开工了，那是 1978 年。

乡村是市场，农家的人与事是客户。白天，王保臣背上照相机骑着自行车，游走于村庄里，为农家拍摄满月照、生日照、夫妻照、姐妹兄弟照、合家欢，为学生拍摄证件照、友谊照、师生照、毕业照；晚上，王保臣钻进家里简陋的暗房冲胶卷、洗照片，以此赚取生活费。

20 世纪 90 年代，彩色照片取代了黑白照片，王保臣又购买了一台苏制泽尼特 135 单反相机，坚持奔走在乡间的小路上，每隔三天到迁安县去冲洗照片。终于有一天，数码相机普及到寻常百姓家，彩色扩印机逐渐消失，王保臣才恋恋不舍地放下了手中的相机，也不再奔波劳累，安心于乡间村舍过日子。

“这台 120 相机的快门还好着，就是镜头生毛了。”

王保臣想把放大机组装起来，但是缺少了固定螺丝

如今倒腾出来已是蓬头垢面，长了毛，生了锈，落满了尘土

照相洗印器材全部放进大板柜里，再也没有使用过

检查照相机时，发现里面还上着彩色胶卷没拍完

为了看清窑内情形，不得已，记者也钻进炭窑（2016 年 4 月 20 日摄）

烧炭人之殇

2016 年 4 月 5 日，驻操营镇平顶峪村。

49 岁李义宝和叔伯哥李义满正在码放已经出窑降温的木炭，他满脸狐疑地上下打量记者胸前的照相机，警觉地问：“你要曝光吗？”此时，成堆的木炭散发着热量。

“除了烧炭还种地吗？”

这时，76 岁的李永平（李义宝的父亲）扛着锄头走了过来。李义宝说老头儿这是脑血栓输液完了，要去庄稼地里看看。老人说：“那年分地，每人 8.5 分地，现在已经确权。我女儿的地是有一年调地时才有的。唉，眼看就要到芒种了，也不下雨。俗话说，过了芒种不可强种。”

渐渐地，说话熟络了，李义宝打开了话匣子，老李家的人都住在南面山下，李义宝说："住在这里，靠山吃山，耕地少，不是陡坡就是山梁子，栽个树都难活。我记事时就看着爷爷烧炭，平顶峪村烧炭的历史最少也有二百年了。听老辈人说过去烧的是白炭，很难烧，还受罪。现在我家里有两个窑，容积都在1000斤左右。今年木头多，尤其是绥中地区。"

4月19日再次见到李义宝时，他正在河套里用油锯锯果树，按照一定的尺寸，否则放不进炭窑。他说这些堆成山的苹果树都是从绥中买来的，那里淘汰了老品种，换了新品种。

在河套的南侧高坡上，居住着李氏家族的10户人家，几乎都从事烧炭营生。李义宝的父亲李永平说："我父亲那辈人就开始烧炭，人说三代人一百年，我17岁开始烧炭，父亲30多岁开始烧炭。"

李义宝说因为炭窑热，一般情况下都在凌晨出窑，凉快些不受罪。

4月20日凌晨3时，记者驱车赶到平顶峪村。

铲去蒙在窑口的沙土，露出了用砖石堵着的窑口。站在打开的窑口边上，能感觉到阵阵热浪冲出窑口。窑口很低，李义宝只穿了一件长袖T恤，蜷缩着身子钻进去，在窑里向外费劲地传递着黑色的木炭。他的父亲在炭窑外怀抱着还很热的木炭逐一码放。

曾经，长城下炭窑密布（2016年4月20日摄）

从绥中买来的果木要锯成能够码放进炭窑的尺寸（2016年4月5日摄）

凌晨，木炭出窑对烧炭人来说是一种仪式（2016年4月20日摄）

片刻休息的李义宝忧心忡忡，担心村子划归区里后不让烧炭了（2016年4月20日摄）

靠山吃山对于李义宝来说是一个简单道理（2016年4月19日摄）

自带高温的木炭出窑（2016年4月20日摄）

这时候，李义宝的媳妇也来了，抱着一大捆编织带，老式机械磅秤似乎一直放置在木炭堆场。她是李义宝从四川双流娶回来的一位川妹子，如今已是一双儿女的母亲。她说女儿现在就读于河北经贸大学财务管理专业，大二了。这两天利用学校开春季运动会，可以连休，特地回家来看看。儿子还在上小学。

天亮了，窑里的500公斤木炭全部出窑。李义宝和父亲及媳妇不停歇地开始将木炭装袋、过称、封口。剩不多时，父子俩又开始装窑，粗壮的木头一根根递进炭窑，李义宝在热浪翻滚、尘土飞扬的窑内整齐地竖起码放，之后封闭窑口，点火……

2017年6月15日，注定是改变平顶峪村烧炭人命运的一天。小沟突然发生山火，三道河村民组先后有6位村民冲上山扑火，其中有一名党员，他们的年龄分别是65岁、58岁、52岁、51岁、28岁，其中5位村民在扑灭山火中遇难，28岁的年轻村民严重烧伤。

此次山火造成的人员损失极大地震动了当地政府，当天夜里便紧急拆除“肇事”的2个炭窑，第二天一早，海港区、驻操营镇开始联动，在三四天之内陆续拆除村域范围内近90个炭窑，这些星罗棋布的炭窑曾经是平顶峪村村民百年来赖以生存的经济手段。

村主任王喜安灰着脸说：“闹不清这是天灾还是人祸，几百年都没有遇到过这么严重的灾难。公安部门经过现场勘察、鉴定，给出的结论是，起火原因是炭窑温度过高，加之当日天气温度在40多度，遂引燃了炭窑周边的干柴，继而发生山火。可是村民有另一种说法是，起火点就在路边，是路边炭窑旁放置的一个汽油桶因为炭窑温度高引燃，接着火势上山。”

李义宝的叔伯哥哥李义满就在5个遇难的村民当中。小沟起火时，山上并没有人，这六位村民实际上自发上山扑火。每位逝者抚恤金74万元，见义勇为奖励1万元，因为不够森林大火级别，只是一场山火，且灌木直径也小，过火面积48亩，也小，没有重大财产损失，可谓小损失大伤亡。只达到区级见义勇为称号。28岁小伙子脸部烧伤严重，鉴定三级伤残，民政部门供养。

2018年10月25日，记者在平顶峪看到，从豆岭到九道缸瀑布（长城旅游路支线）5.7公里、6米宽四级路已经铺设柏油路，道路两边正在下设雨水管线。该旅游路夹在两侧长城山之间的一条沟里，沟里自西向东排列着7个村民小组，六道河，三道河，长城岭等。

这是山火之后的2017年8月做出的规划设计，包括一座中桥，2018年4月份开始动工建设，计划10月底通车。如今，拆除炭窑的原址上都栽种了林木，由海悦旅游公司做旅游规划、设计，打造北三镇长城旅游圈。最后一次见到李义宝，他正在施工的铺装路边协助下排水管。

有限的耕地收获不了多少玉米，饲料还需花钱买（2015 年 4 月 17 日摄）

生活原本的模样

2016 年 11 月 16 日，因为头年随手拍的一张照片，便专程来到村里，见见记忆深刻的“文艺农民”。的确，白云行的相貌很吸睛，花白的头发花白的络腮胡子，标准的国字脸上架着一副白边眼镜，第一眼看见都以为是艺术家在体验生活。

“我这张脸外人看见都这么说，习惯了。”白云行不以为然地说，脚步却没停下，妻子张桂萍走在两头驴中间，两只手分别拽着两头驴缰绳，白云行则在后掌扶着简易的木质把手的铁犁。

在村子里，白云行两口子住的房子还是 1954 年建的。院子里因为圈养着大小 10 头驴，显得拥挤，随处可见散落的玉米秸秆饲料。“我家地不多，耕地、坡地加起来 4 亩多点，主要种植玉米用作驴饲料。两个女儿出嫁后，我们两口子就对付着过日子。”

因为邻居嫌弃，白云行只好舍弃菜园，将驴圈往里收缩（2016 年 11 月 16 日摄）

白云行、张桂萍每天要给怀孕的驴调拌一顿精饲料，保证营养（2018 年 10 月 30 日摄）

坡地上有些安梨树，不值钱，白云行也无心打理（2018 年 10 月 30 日摄）

他身后的这头“功勋驴”，在院子里的驴中算得上是祖奶奶辈的（2018 年 10 月 30 日摄）

有了两个女儿的不断接济，白云行的生活基本稳定下来（2016 年 11 月 16 日摄）

“养驴成本高、费用大，老婆多少年都没有添置过新衣服了。”白云行看了一眼老婆，略带歉意地说。

白云行说：“母亲去世后，我一年没有刮胡子，就成现在这模样了。”20 世纪 90 年代，年轻的白云行曾经在市里的中阿化肥厂打工，每月 320 元。工资虽然低，但比在家种地强不少。但是母亲的去世，改变了白云行的生活轨迹。

妻子张桂萍说：“婆婆去世后，算命先生对他说，你需要钱，有了钱就能翻身。结果他就信了，开始玩（赌博），走哪都玩，越陷越深。”“我是从中阿化肥开始，直到回家乡务农也没停。唉，玩了半辈子却不知道什么叫赢。等到两个女儿都成人可以挣钱了，给我买了头小驴养，劝我收手，在家踏踏实实地种地、养驴，好好过日子。”

那些年靠着女儿们接济，白云行的生活才算是基本稳定下来。“别看养驴这活，很累人也操心。我们两口子除了种地，每天围着这些驴团团转，缺人手啊，又雇不起人。”白云行难过地说，曾经有过一个儿子，赶上计划生育最严的时候，超生是要拆房子的，没办法，老婆在怀孕 6 个月时引产了。

时隔两年的 2018 年 11 月 2 日，再次来到白云行家回访，发现院子中间曾经的一小块菜地没了，因为前院人家嫌弃味道大招蝇子，所以驴圈往里收缩，占据了菜园子。驴圈被分隔成三块，原来没有分隔前，生下的小驴被公驴踢死了 3 头，2 万元白搭了。白云行不无遗憾地说。

白云行有些苦不堪言，家里现在大小 9 头驴喂不起了。今年的驴皮价每斤 18 元，而去年高达 80 元一斤。其实均价在 50 到 60 元属于正常。玉米面、花生渣、麦麸子、干草是驴的精饲料，大驴一天 8 斤、小驴 3 斤。驴价贱了后，就只能喂玉米秸秆对付了。

白云行算了一笔账，每年养活这几头驴，光是干草就要买回 2 万斤，平均一头驴一天得吃 15 斤干草。干草是 30 元 100 斤，这是花钱买的，别人送的还不算。自家地里的玉米今年只打了 2000 斤，剩下的就得花钱买了。精饲料只给带小驹的吃，一天三顿，不带驹的一天两顿。

“宝揣”（怀孕）驴最贵的时候 1.5 万元，现在才 8000 元。没想到驴价贱到这个地步了，白云行唉声叹气直摇头。

看着家里这一老一少埋头吃着自己做的午饭，张晓平很是幸福

生活这样变奏

2014 年 9 月 10 日，卢龙县刘家营乡东风村，36 岁的张晓平蜷曲在自家炕上，正用电烙机制作葫芦烙画。一想到这些作品能卖钱补贴家用，她的脸上不由得浮现出开心的笑容。

还是在 9 岁时，不知什么原因，张晓平的双腿逐渐失去了知觉。多少年来去过多家医院检查，却查不出个中原因。从此她便放弃了医治的希望，童年时许多快乐美丽的生活场景永远定格在了 9 岁。

22 岁那年，她和同村的张久林结了婚，从此成了名副其实的家庭主妇。在娘家一直被照顾并且一直生活在炕头上的张晓平必须面对婚后烧火、做饭、收拾屋子等照顾家庭的日常家务，虽然面露难色，但坚强执着的她开始从头学起。丈夫托人给张晓平焊了一把铁椅子，这样她就可以支撑着下炕到铁椅子上，用双手挪动铁椅子到院里，再次学会了“走路”。

女儿的顺利降生，让张晓平喜出望外，因为她是冒了巨大风险的。如今，健健康康的女儿是家里的宝，孩子在父母撑起的保护伞下快乐地成长。女儿比同龄人懂事、乖巧，但又有着小孩特有的顽皮活泼。望着女儿的奖状一张张挂在墙上，张晓平满眼是母亲独有的骄傲和自豪。

2013 年是张晓平和丈夫结婚的第 13 个年头，女儿也正读小学二年级。一直在家务农的丈夫决定去乡里的钢厂上班，为家里紧巴的生活多挣些钱。由于厂里需要两班倒，每当丈夫上白班的时候，接送女儿上下学和照料 70 多岁的婆婆就全靠张晓平了。

丈夫焊的椅子已经被磨得黑亮，它是张晓平的双腿

俨然成了一个“艺术家”，张晓平很有成就感

以前，张晓平进出都要靠丈夫抱着

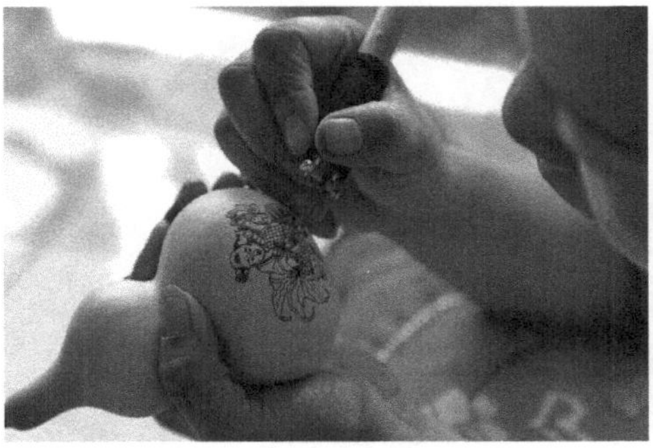

在村里 14 个“艺术家”里，张晓平烙的葫芦画最好

女儿美滋滋地坐在妈妈的车上，她很信赖妈妈的驾驶技术

为了能保证送女儿上下学，她让丈夫买了辆电动三轮车，并在很短的时间里学会了骑电动三轮车，村民们经常能看到几乎足不出户的张晓平骑车来回 8 里地地在村庄里穿行，而过去，张晓平一直都是需要丈夫抱着进进出出的。

2014 年，市残联驻村帮扶组针对东风村留守妇女、老人和病残人员数量较多的现状，给他们联系了爱心企业，带来了一个便于学习的脱贫项目——制作葫芦烙画。

从 6 月 5 日开始，张晓平参加葫芦烙画培训，一个月后，她掌握了素描基础和烙画基本技巧。开始时，她身体有些不适应，正是夏日里，烙画机 600℃温度烘烤，总是湿透了衣服，烙了两三个就得换姿势，时时感到胳膊麻、腰疼。长时间盯着小图案烙画费眼睛，她就趁着白天烙画，最多时连着做四五个。张晓平是个心灵手巧的人，刚开始做一个烙画需要 1 个小时，后来 20 分钟能完成一个葫芦烙画。70 个葫芦，现在她 4 天就能在上面做完烙画，3 个月下来，张晓平俨然成了一个葫芦烙画“艺术家”。

妻子、母亲、儿媳三个身份，让张晓平现在的生活变得异常忙碌，但是她的心里比蜜甜。她说自己多累一点不要紧，重要的是靠自己的双手改善家里的条件。为了孩子，为了辛劳的丈夫，为了减轻家里负担，张晓平默默地改变自己，她的生活丰富起来，视野里看到了不一样的天地。

佛儿峪长城修缮期间，王树每天都要上山转悠（2016 年 10 月 18 日摄）

王树的山居生活

王树，卢龙刘家营乡东风村人，“隐居”在这茫茫大山里，至今整整 70 年。绵延起伏的明长城离家 1 里半地，步行也就 10 多分钟路。站在长城往下看，山窝里那处清朝时就有的建筑就是王家祖屋。

荒山上一块块用粗石垒成的梯田错落有致，王树说从爷爷那辈起就在此孕育了 3 代人，靠着这些薄田生活了百余年。王树和老伴育有一双儿女，他们早就搬到山下村里生活居住，剩下老两口在这里过着宁静的自耕自足的山居日子。

王树和老伴儿张桂花是 1976 年结婚，如今都已年过七旬。

王树说当年结婚时就在这里的王家祖屋，因为村里没有他的房基地。王树是老大，家里兄弟三人、一个妹子。结婚时兄弟们都还未结婚，都在一起住。后来弟弟们都陆续在祖屋成婚，后又陆续搬到村里住，那时候他们的父母都健在。

“这里生活没外面方便，孩子们也想让我们搬出去跟他们过，不过我们已经习惯了，毕竟根儿在这里。”王树说。

2014 年 3 月份，王树被任命为长城保护员，于是，他除了放羊、种地、看护山林，又多出来一个崭新的身份，他开始担心是不是有人来偷长城砖，因为长城上有许多文字砖。“看到山脚下有车，我就得问问他们是来干啥的；晚上长城上有光亮，我就给上级及时汇报。”

王树说，当时找他当保护员的时候，家里人都不赞成，说年龄大了，也该在家享享清福了，一年 400 块钱，图个啥？

长城巡视和山场护林的工作从不间断（2019 年 5 月 10 日摄）

羊没了，地也无法耕种，原本繁忙充实的日子消失了（2019 年 5 月 10 日摄）

身兼山场护林员和长城保护员，王树深感责任重大（2019 年 5 月 10 日摄）

山居生活很寂寞，亲人们来就是节日（2014 年 6 月 4 日摄）

女儿女婿不仅送上山来给养，还带来了外孙（2014 年 6 月 4 日摄）

最多时王树养殖了 387 只羊（2014 年 6 月 4 日摄）

“钱多钱少不是事儿，我打小就是听爷爷讲长城的故事长大的，我们有义务保护它，领导任命我当保护员，就是信任我，我得负起这个责任。”

2016 年对于王树是个不祥之年，他的生活从此改变。

2016 年 4 月 21 日午后 1 点多，王树发现对面山上冒起了白烟，决定上山勘察情况。因为不确定是不是山林起火，不能随意报警。当时，山上刮着强劲的西南风。2 点左右，火势蔓延开来，向长城推进，站在长城上观察火情的王树立刻报了警。3 点，火势距离王树越来越近，他已经明显感觉到高温的灼热。没有退路的王树情急之下，从 7 米高的长城上跳了下去，结果顺着陡坡翻滚了好几米才被灌木拦下。疼痛裹满了全身，后脑、手起了水泡，左臂、右腿都不听使唤了……事后根据刘家营乡掌握的卫星投影照片，这次山火过火面积为 900 亩。

王树摔伤了，在医院经过检查，他的右脚踝、右边肋骨和左边肩胛不同程度骨折，同时还查出患有肺癌。为了疗伤和治病他先后在天津和县医院住院治疗一个月，切除一片肺叶，花去自己的存款 7.8 万元。他回忆说当时治疗手续都是由儿子办理的，粗略算下来总计花了 9.6 万元，多出的部分是儿子垫付的。后来，儿子把所有的羊拿走了，说是顶账……

王树还有闹心的事呢。

2017 年腊月二十一早，还躺在被窝里的王树被乡派出所来的一群干警叫了起来，说有人举报他窝藏枪支。王树辩解说是有杆猎枪，但那是父亲传下来的，一直摆在老屋的大板柜上。当时王树手术后不久，身体虚弱，警察还是把他带走了。“先是在乡里做笔录，后来又到县里，结果被判监外执行一年，每个月必须到乡司法所报到学习 2 次。”王树说这还是照顾他。

2019 年 5 月 10 日，记者再次来到佛儿峪长城下王树的家。他很寒心地对记者说：“日子简直没法过下去了，没有羊，现在连地都不能种了，几乎没有收入了！”原来，这两年里，他的儿子拿走羊后就在此散养，王树十几亩的自留地种什么羊就吃什么，全被糟蹋了。

村民邬殿财套上驴车，从村外河套地里往家拉运玉米秆，烧炕取暖（2017年11月24日摄）

邬家沟，渐行渐远的山村

邬家沟，深居长城脚下的自然村落，地处抚宁区、卢龙县、青龙满族自治县交界处，不仅离城市、离所在乡镇，就是离所属的行政村，也是大山相隔，山路崎岖。

在这个山远地偏的自然村落，邬姓是村里唯一的姓氏。传说早年间，邬姓人家从卢龙县燕河营镇户部寨村迁徙过来，隶属当时抚宁县台营镇干涧村，解放后划归河口村第四村民组。

现　　在

2017 年 11 月 24 日，记者跟随河口村党支部书记陈柱来到郭家沟村，因为事先没有打招呼，村民组长郭长顺上山采山货去了，记者决定先随机访问几户农家。

村民郭晓静家，炕沿边手持拐杖的老人是郭晓静的奶奶郭秀珍，20 年前坐驴车去地里浇水从车上掉下来，摔坏了股骨头。爷爷郭长青 86 岁了，是全村最年长的老人，老人眼睛已经看不见了，说是脑神经压迫造成的。郭晓静是家里的长女，下面有一个妹妹一个弟弟。她说自己嫁在卢龙县一个小山村，小妹嫁到昌黎县新集镇，小弟夫妻俩在市里打工，在杜庄镇买了房。

父亲郭平这一辈兄弟四人、姊妹两人，郭平是老大，郭晓静的二叔是上门女婿，后来离婚了，一直四处打工，三叔和二叔情形一样，四叔一家也在市里居住打工。

走进村民郭贵家，70 岁的郭贵蜷缩在冰凉的炕头上打盹，一缕阳光照在他蜡黄皱褶的脸上，郭贵患有脑血栓后遗症和气管炎，现在家里只有他和大儿子，老伴一直在抚宁城关帮小儿子带孙女。大儿子郭志强今年 42 岁，患先天眼疾，失明 20 多年。郭志强说，上到初一就什么也看不见了，只得退学。没有能力种地，家里 4 亩地都给别人种了，生活、看病抓药主要靠政府给的一年 4000 元五保户生活费。郭贵家哥儿四个，只有郭贵还留守在村子里，三个弟弟家都已经搬出郭家沟，“但他们户口还在这儿。”郭贵补充说。

走进村民郭长财家，76 岁的郭长财患脑血栓卧床多年，老伴张秀艳独自担负家里的一切。老两口唯一的儿子长期在山西打工，离婚后把女儿送回老家来，女孩儿先天性哮喘不能上学，上了岁数的张秀艳要种地还要照顾体弱的孙女。“能出去的都走了。”张秀艳老人说。

往　　昔

2017 年 12 月 11 日，记者再次走进群山之中的郭家沟村，村民组长郭长顺已在家等候多时。说起郭家沟，75 岁的郭长顺打开了话匣子。

郭长顺说，郭家沟三面环山，村里几十户民居依山势从山脚向山上错落而建。由于距离村部很远，多少年来，村民开会办事、孩子上学，必须翻山越岭，往返要 4 公里。远离市镇，交通不便，还有相对于城市缺乏的教育、医疗资源。

“生产队时期，郭家沟辖区山场植被茂密，山泉四季不断。漫山遍野的桲椤树、橡子树、荆棵、野山杏、野花椒，还有板栗、苹果、梨、李子等山场资源，人称‘聚宝盆’。”每到冬季，邬家沟吸引着附近台营、平房店、牛角峪、麻姑营、张各庄、鹿角峪等十里八乡的村民，大家都推着独轮车来邬家沟拾柴火。

为贴补家用，邬家沟人也上山砍柴，整理成捆卖钱或以柴易货，“邬家沟土地虽少，也能农耕自足。”邬长顺说，村民依靠勤劳的双手种地、采摘各种山货。就这样，曾经的邬家沟，家家的日子也能算得上基本自足。那时全村人口最多时达到 27 户 100 多口人。

20 世纪 80 年代初，土地、山场承包，涵养植被、绿化山林，山场不能再随便砍柴。90年代中后期，国家大力实行退耕还林、植树造林，农村家庭推广燃煤和液化气，渐渐地，没人来邬家沟打柴了，山场植被逐渐恢复，茂密的灌木乔木重新覆盖邬家沟的山峦。

“闺女往外聘，小子被招做上门女婿，村里人口多少年来只减不增。”邬长顺说，改革开放让村里年轻人的心思更活络了，青壮年大量外出务工，有的甚至举家搬出。今天的邬家沟，常住人口只剩下 8 户人家 17 口人。邬长顺的 3 个儿子，家也都安在山外，“小孩子要是在邬家沟上学，得走 8 里路到干涧村小学。”邬长顺说，三个儿子把家安在山外，很重要的一个考虑就是更方便孩子上学。

情　　怀

两次采访，邬家沟村民都满含感激地提到一个人，这个人就是王仲文。“邬家沟的改变，和秦皇岛广播电台记者王仲文分不开。”邬长顺说，王仲文把邬家沟比作第二家乡。

2017 年 12 月 21 日，记者在开发区泰盛家园见到了王仲文。王仲文是抚宁区台营镇牛角峪村人。1972 年到 1982 年在原麻姑营小学、中学当民办教师。正是这 10 年，他与邬家沟结下了不解之缘。

“冬季里，每逢星期天，我凌晨 3 点就起床，和同村的十几个年轻人一起，推起沉重的独轮车赶往 10 公里外的邬家沟打柴。”王仲文说，摸黑进村后，十几辆独轮车就停在村民家的院墙边。放好独轮车，大家便开始爬山打柴，每人必须捡拾 200 斤柴火，分两次背下山，往返两趟就要走 10 公里山路。

回想起早年打柴为生的艰难日子，王仲文深情地说，长途跋涉，背柴下山，“这时候人早已是棉衣湿透，筋疲力尽，口渴难耐。令人感动的是，我们这群人困马乏的拾柴人，在村子里特别受待见，淳朴善良的村民们不把我们当外人，大冬天，赶到谁家，村民们就从家里烧了开水或稀粥端给我们，还把我们随身携带的干粮白薯干放到

郐银在山上砍了一部分病死的香椿树，劈了做柴火，准备用三马车运去给儿子家烧火（2017 年 11 月 24 日摄）

常年在外打工的郐财回家翻修房子，只为儿子过年带回女友来家不至于太寒碜（2017 年 12 月 11 日摄）

患脑血栓的郐长财只能无助地看着老伴张秀艳艰难地担起一个家（2017 年 11 月 24 日摄）

患病的郐贵、郐志强父子坐在冬日的炕头晒会儿太阳（2017 年 11 月 24 日摄）

村民马素清家一年的收获都晾晒在房顶上（2017 年 11 月 24 日摄）

郐长顺看望病卧床榻的 86 岁二哥郐长青，曾经的四兄弟如今只剩老哥俩（2017 年 12 月 11 日摄）

自家锅里给热一下。”

做记者后的王仲文一直惦念着郐家沟，经常自掏腰包购买食品和生活用品去看望乡亲们。1985 年时的郐家沟，既没有通电也没有通路，村民们把难处苦楚一股脑“倒”给王仲文。“这个忙我一定要帮。”王仲文在村里住下来，走家串户了解情况，并写了一篇新闻调查。拿着这篇郐家沟情况调查，王仲问找到了当时的抚宁县委书记。

1986 年，当时的抚宁县相关部门拨款 1 万元工程款，“这相当于郐家沟全村三年的收入。”郐长顺说，郐家沟 17 户村民选出 18 个青壮年，人拉肩扛把电线杆还有好多通电设备从 4 公里外的干涧村运进郐家沟。

从此，郐家沟告别了煤油灯时代。

2004 年，全市在所有行政村实行村村通油路工程，由于郐家沟是自然村，没有被列入规划。对于大山深处的郐家沟人来说，出行难始终是个心结。冬季，王仲文带着全村人的希望与嘱托，再次到县里反映郐家沟村民们的修路意愿。第二年，县交通局划拨 10 万元专款，修建好了郐家沟至干涧村 8.5 里长的村级水泥路。

郐家沟长城下的山涧中有一眼山泉，早年为解决村民吃水难题，在山泉旁埋设塑料管，直通山下村庄每户农家。一天放一次水，每次 30 分钟。4 年后的 2009 年开始，水管老化，跑冒滴漏，吃水用水又成了村民生活的难题。堵了这里漏那里，七八十岁的老人经常蹲在泥水里用布缠水管上的漏洞。就这样，水在邬家沟金贵如油，为了省水，村民们几天洗一次脸，一两个月洗一次衣服，这样的日子持续了整整 5 年。

2014 年，已经退休的王仲文了解到这个情况后，找到市广播电台领导反映邬家沟的吃水困难。在市电台领导的支持下，全台行动，号召社会爱心企业帮助陷入困境的村庄。最后，筹集到善款 8 万元。兴建饮水设施，修缮铺设管线，当年 11 月，饮用水改造工程完成，村民们又喝到了甘甜的山泉水。

回　　望

邬大伟是邬家沟村民心目中的名人。

2017 年 12 月 26 日，记者在抚宁区下庄管理区“小江蔬菜合作社”和邬大伟相视而坐，邬大伟现在是“小江蔬菜合作社”的总经理。

邬大伟 1979 年生人，今年不到 40 岁，初中毕业后就离开邬家沟外出打工。“那时候年纪虽小，但就是想出去干点什么，也许能闯出个新的自己来。”邬大伟回忆当初的想法说“就这么简单”。

背起行囊走出邬家沟，邬大伟从小摊贩开始，卖菜为业，从到农家收菜、蹬三轮走村串乡，到有了一点本钱后到海阳市场批发蔬菜，再返回村镇批售，一路摸爬滚打，如今，邬大伟的“小江蔬菜合作社”年产值已达 6000 万元。

说起从小长大的地方，邬大伟回忆，那年他六七岁的样子，记得很清楚，村里来了一个什么人，坐在村民组长邬长秀家的火炕上，炕桌旁围坐了一群村里的长者，大家七嘴八舌地向他说着什么。“第二年春天，全村人都动起来，有力气的男人们到村外搬运电线杆和电线。那时候从村里到干涧村有 8 里多路，因为是小路，村里家家推起独轮车，人拉肩扛，运输电力器材和施工材料。”邬大伟说，那段时间，村里热闹得像过年。

终于，邬家沟通电了，晚上家家户户不用再点煤油灯。

有了电，有点儿钱的村民家里很快就买了电视机，房顶上竖起了简陋的天线，虽然就几个频道，但闭塞的村庄从此看到了外面的世界。邬大伟激动地说：“我童年记忆里至今还保存着那时电视里演的《西游记》和《聊斋》。晚上在家写作业，再也没有被煤油灯熏黑鼻孔。”

电，改变了邬家沟人的生活方式。村里有了电，过去烧火做饭使用的风匣子也淘汰了，改用鼓风机。农产品加工不用再到外村，自家里就能使用各种电动小设备了。每逢春节，正月初一到十五，家家张灯结彩，灯火通宵明亮，老人们说就图个亮亮堂堂的喜庆。

“那条唯一通往村外的山路，每年都要修两次，一次是春耕前，一次是雨季后。等到修建水泥路时，我已经离开了邬家沟。”邬大伟说，2004 年村里修成出山水泥路后，农产品出村方便了，孩子上学、村民外出看病路好走了，从山外购买生活用品便利了，接受外部信息迅速了。

虽然有了这些改变，但邬家沟人口流失状况却没变：学龄人口减少，同时，教育资源整合、并校，孩子们上学路更远了。为了下一代的教育，为了市镇更多的公共资源，好多村民举家搬迁出了邬家沟。

“回头看现在的邬家沟，受村落环境闭塞和极少坡耕地限制，村里人的收入不再以农业为主，山村人向往山外的世界，几乎所有壮劳力都外出务工。尤其是我们这一代人，年轻人不想再过父辈那样脸朝黄土背朝天的生活，宁可用打工挣来的钱权当家里那点土地收益。”邬大伟说。

采访后记：感受邬家沟变迁

远山中的邬家沟，和郁郁葱葱生长的茂盛植被形成鲜明对比的，是村里的人走出去了、迁出去了，少了又少了。年轻的邬大伟一代，怀揣着“闯出个新自己”的梦想从邬家沟离开，曾经依靠邬家沟的大山走过青年时代艰难活命岁月的王仲文，也已经离开邬家沟很久。但那些艰难困苦的乡村岁月，留在邬大伟、留在王仲文心底的，是邬家沟村对外来打柴人的古道热肠，是邬家沟人对美好生活执着的向往和坚韧的追寻，这是邬家沟故事最厚重的底色，这是传统农耕乡村在时代演进的变奏中留在我们心底永远不会褪色的乡愁。

家没有院墙，玉米都挂在树上晾晒，放在地上怕老鼠给糟蹋了（2019 年 4 月 15 日摄）

杨建青的故事

2014 年 11 月 13 日，在村子里采访时无意经过一户没有院墙的农家，这在农村很少见。

应声出来的是房主张海全，问起院墙，他简要地介绍了家境。原来张海全是建昌人，是这里的上门女婿，家里只有不到一亩土地。女儿上小学，儿子三岁，也为生活犯愁，一家人和岳母一起挤在老旧的房子里，没有围墙的院子很小。收获的玉米都挂在树上晾晒，放在地上怕老鼠给糟蹋了。他说，家里果树都死了，也都砍了。主要靠自己外出打工，媳妇杨建青主要负责照顾年迈有病的母亲苏翠云和两个孩子。

2019 年 4 月 15 日，正值青龙满族自治县官场乡梨花节举办日期间，记者再次前往头道窝铺村采访。

村委会里三张办公桌，书记杨学东、村支委杨振财、文书杨建青都在办公。说明回访几位村民的来意后，几个人都围了过来。看着打印出来的照片，杨建青捂着嘴笑出了声音："啊，想起来了，你去过我家，好几年了。这就是我，认不出来了吧。"文书杨建青一身黑色职业装，小花白领外翻，苗条挺拔。看着笑眯眯的她记者一时语塞，没想到眼前的杨建青居然减肥成功，真是判若两人。

原来，2018 年村两委换届前，前任文书因故不干了，杨建青被选中临时代替，从未接触过村委业务的她，接手后面对的是一系列纷繁大强度的工作，这一年是扶贫攻坚年，文书要做的案头业务让她抬不起头来，心理压力巨大。杨建青只有初中文化，却在村里留守村民中算是水平较高的。一边工作一边学习，很快熟悉了一整套业务。在两位候选人中脱颖而出，被选举为这一届正式的文书。

想再去看看杨建青的家，路上巧遇她的母亲，捡拾了一点柴火正往回走，85 岁的老人在家依旧闲不住。还是那个没有院墙的家，只是老屋过去裸露的石头墙基给抹了一层水泥，木格窗户粉刷了一层蓝色油漆。院子里一小块土地没有一丝绿色，似乎没有打理的意思。老屋正门有两层，都只是挂着明锁，母亲可能是放下柴火后又走了。

一家 5 口人依旧挤在老屋里（2014 年 11 月 13 日摄）

丈夫打工回来，一家人难得团聚（2014 年 11 月 13 日摄）

丈夫难得回家一次，儿子走哪都要跟着（2014 年 11 月 13 日摄）

杨建青的母亲 85 岁了，依旧闲不住，每天都要出去捡拾（2019 年 4 月 15 日摄）

担任村支委后的杨建青每天要入户访问（2019 年 11 月 1 日摄）

老旧的三间瓦房，东屋是杨建青一家居住，西屋母亲住。还是那样的简陋，感觉家里从没有添置过新物件。杨建青从水缸里舀水喝了几口说，女儿上六年级了，儿子也上学了，一年级。丈夫张海全现在迁安一家铁矿打工，走了两个月了。他在外打工总是没有很固定的，哪里有活干就去哪里，一般就几个月。这次去铁矿干活，兴许时间能长点，长点就能多拿回家钱，家里老小都指望他一个人呢。

杨建青在村里做文书，一个月 1000 块钱，挣工资刚几个月。她说家里早已经没有林果树，只有 1 亩多地，地里能打点粮食就不错了。“我没赶上分地，我是 1984 年的。后来调整土地，也没有分多少。我父亲生前是山神庙水泥厂的职工，不给分地的。”在杨建青 20 岁的时候，父亲去世了，家里的日子就不好过了。“我是家里的独生女，还是抱养的。”杨建青苦笑道，母亲现在岁数大，头脑也不太清醒，虽然一个月有 108 块钱养老费，要想日子过得好点，这点钱哪够啊！

临分手时，杨建青告诉记者，她减肥既没有跑步锻炼，也没有控制饮食，而是干文书工作以后累的，操心的事情多，加班加点，走街串户，睡眠也少。每天一个白天就够忙的，照顾母亲、接送孩子，村里的工作临时性很强，都不能马虎。

这片地在修缮长城时给占了，至今没有拿到补偿款（2015 年 9 月 21 日摄）

一个女人的几个瞬间

结识刘素平还是在 2010 年 5 月，记者在石碑沟村采访，当时她正在隔壁家院子里喂羊，那是有着漂亮仿古门楼的老宅，她家的羊就圈在院子里："邻居家不住了，就租来养羊，自家院子放不下。"

时隔五年的 2015 年 9 月 21 日，在石碑沟长城城墙下的一片开阔坡地上，记者再次遇到刘素平，她弓着腰正在收割谷子，她的母亲坐在城墙下用自制的刀片将谷穗割下装进袋子。刘素平却说这活很累人，眼看别人家都收完了，自己家也得抓紧。丈夫干活闪了腰动不了，就把老母亲叫来帮忙。

2016年8月8日，记者再次专程到刘素平家采访。这一年刘素平48岁，结婚28年一直和婆婆、小叔子过。婆婆78岁了，小叔子是软骨瘤患者，不能自理，需要照顾。此时，51岁的丈夫付德忠下地干活去了还没回来。

2018年10月30日，记者来到刘素平家，刘素平和丈夫付德忠正在家吃着午饭看着电视，丈夫吃方便面加两个荷包蛋，刘素平吃着油煎剩饺子。“饺子还是娘家送过来的。我干农活摔伤了腿，膝盖不能弯曲，没办法下蹲做饭。山野地里的活差不多干完了，可是院子里的羊、猪、驴、鸡、鹅等还得伺候。”刘素平说。

付德忠说：“今年山上的玉米长得不错，用了40斤玉米种子，大约10亩地，打了8000斤，去了牲口吃的就所剩不多点了。羊也卖掉了不少。现在我们俩腰和腿不好了，管不过来。羊也不能出去放了，只好圈着，买饲料喂。刚到中年就不行了，身

多年以后房主变卖了老院，新主拆了门楼，羊也养不成了（2010年5月7日摄）

她干农活伤了腰腿，无法下蹲做饭，只好凑合几天（2018年10月30日摄）

丈夫摔坏了腿，成熟的谷子只能她独自收割（2015年9月21日摄）

在邻家院里养的羊，是全家的主要经济来源（2010年5月7日摄）

女儿出嫁了，还有个儿子在上学，夫妻俩还得继续拼日子（2016年8月8日摄）

体都是过度劳累造成的损伤，老婆现在做饭都成问题。”

抚宁区台营镇石碑沟村有三大姓——刘、付、张，祖上都是楼楼兵，即守长城的士兵，刘素平和丈夫都是楼楼兵的后代。刘素平说自己娘家有姐妹仨、哥俩，姐妹仨都没有上过学读过书。父母重男轻女，兄弟俩上学，姐妹仨在地里干活。

刘素平说，女儿出嫁到石槽峪村，儿子15岁，正在柳各庄中学读书。为了照顾家，她不能外出打工。今年种了玉米、谷子、花生和白薯等五谷杂粮，夫妻俩身体都不是很好，腰和腿总是出问题。居住的房子也还是解放初期盖的。现在有一个外孙，女儿说不能再要了，万一再生一个男孩养不起。

付德忠回来了，进了屋就脱了汗衫，蛮有把握地说，长城下10亩坡耕地，一年干下来有5000至6000斤玉米。不过种的地大部分都是亲戚和邻居的。他们进城了，地不能撂荒。我们也省的给租金了，能多种就多种吧。家里养了一头驴，今年刚下了小驴驹。现在种一亩玉米，成本在260元，如果雇人，就得650元，自己咬牙干，家里还养着20多只奶羊。

“不瞒你说，每年一到春天，化肥、农药、种子都要赊账买，秋收后去结账，就这么一年又一年。”

2018年修缮长城时占去的城墙下2亩口粮田，是刘素平老叔家的地，到现在也没给补偿款。

这是张志修的父母在西厢房最后一次同框（2010 年 3 月 29 日摄）

张家大院的独孤者

张志修准时从山里放羊回来，把羊圈进院里就去老五家吃饭，饭后要去山上割草，下午 1 点又要赶羊进山，直到天黑才能回来，每天的作息时间如此。

8 年前采访老村落时来过海港区驻操营镇拿子峪村张家大院，拜访过他年迈的父母亲。2018 年 4 月 24 日，一次偶然再次跨进张家大院，院里的情形有些出人意料。原主人张海坤和老伴居住的西厢房已人去房空，堆满着杂物。东厢房也是屋漏墙塌，被一群羊儿占据。现在的主人张志修利索地打开上着锁的正房大门，热情地张罗我们几个进去坐坐。

正房东屋，用家徒四壁形容很贴切。炕上没有铺盖，一条红色条纹的电热毯铺在中间，抢眼的是一个生锈的硕大旱烟盆。老式的板柜上斜靠着老式的镜子，镜子下方立着小相框，一盘贡品早已干黑。看着板柜上的遗照，张志修说，母亲早在2011年就去世了，因为没有照片，还是让人用手机拍的。父亲张海坤已经96岁高龄，是村里最年长者，新中国成立前的老党员，曾经担任过村干部，现在是低保户。

母亲走后不久，年事已高的父亲就卧床不起。张志修因为患有严重的腰椎间盘突出，无力顾及老父亲，照顾父亲生活起居的重担就交给了老五。张家大院光景好的时候是兄弟五个，张志修排行第四。老大和老二已经先后患病去世，老三下煤窑因事故去世。如今只剩下他和老五。现年59岁的张志修没有结过婚，他说人笨娶不起。因为腰疼病，张志修的半亩山坡地早已撂荒，他只能在老宅东面的几分地里种点蔬菜以

家徒四壁的张志修没有被褥，冬季里就一条电褥子（2018年4月24日摄）

从不自己做饭的张志修基本上在亲戚家蹭饭（2018年10月4日摄）

张家大院是颇具特色的北京四合院，守着它就是守着自己

春暖花开时，张志修也不耽误，下种各种蔬菜(2018年4月24日摄)

残垣断壁的东厢房现在是羊群居住的窝棚（2018年4月24日摄）

及必需的旱烟。

一直居住在老宅正房里的张志修，说起老宅有点激动，他说当年父亲购买这个老宅拉了不少饥荒，其中有一半是自己挣钱偿还上的。村里上年纪的老人说，这个四合院是张家从侯家买来的，而侯家是从仲家赌博赢来的。张志修记得很清楚，说三间正房 1200 元，小三间厢房 600 元。

张志修在 2016 年从村民佟终友手上借款 2000 元，购买了十几只山羊，圈在老宅里喂养，期待着依靠它们换点活钱。他说，如果挣不到钱就还不上钱，只好看家里有啥值钱的给人家，算是抵债。张志修很穷，因为腰不好，不能在大田种地，没有收入。自己从来不起火，一左一右两口大锅用于给羊拌饲料。吃饭除了经常在老五家混口，还从村里小卖部赊便宜的方便面，至今能有七八百块钱了。而喂羊的饲料买不起，除了每天上山放羊两次，还要不时地从山坡地里捡拾人家不要的玉米秸秆。

10 月 4 日上午 9 点，再次去张家大院看望张志修，他告诉记者两件事：一是家里的羊下了羊羔，现在有 30 多只了；二是老父亲在 8 月 1 日去世了。

第五辑

山村的文化元素

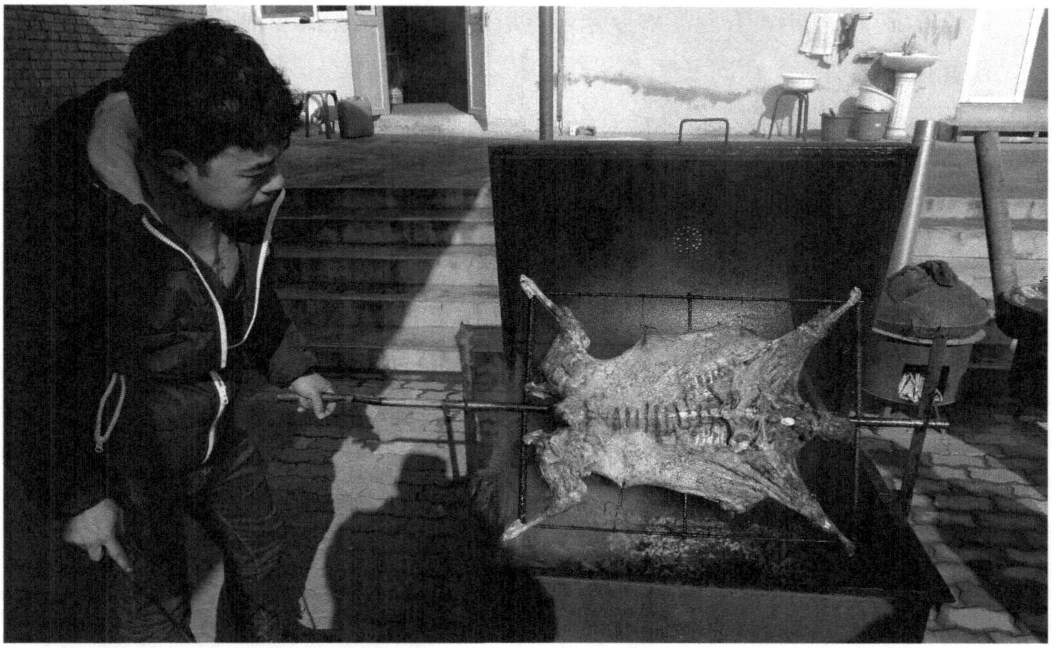

烤全羊已经成为董家口村旅游的金字招牌（2016 年 11 月 19 日摄）

山村香飘烤全羊

始于 2000 年的秦皇岛市长城旅游开发，助力长城沿线村落依托长城资源保护性开发利用，并以此脱贫致富。十几年来，海港区驻操营镇董家口村已经成为长城旅游和农家乐的打卡之地，而从农家乐衍生出来的烤全羊已然成为金字招牌。

2016 年 11 月 19 日早晨 6 点钟，陈彦军和妻子谭文华就赶紧起床，陈彦军直奔羊圈，谭文华则进了厨房，夫妻俩要准备一桌饭菜。昨天陈彦军接到唐山客人的电话，要来吃烤全羊。此时，天还不时下着小雨，整个村庄被笼罩在灰黑的雾蒙里。

陈彦军抬头看看天，对正在低头帮忙宰羊的村民嘟囔着：“高速路肯定封了，难为这帮年轻人只能走下道了，不得午后到？”

陈彦军在 2004 年才办起了农家乐，本着热情好客做生意，他给自家 300 平方米的宅院起了一个实实在在的名字“会宾饭店”。起先，董家口长城旅游农家乐红火起来后，陈彦军却一直持观望态度，看看究竟行不行。“虽然比村里其他几家晚了两年，但是一直坚持下来后，我庆幸当初的决定是正确的，如今我们夫妻俩和一双儿女共同经营农家乐。”陈彦军满意地说。

陈彦军乐呵地说：“感觉生意不错，每年从清明节到 10 月底，对我们来说是农家乐的美好时光，尤其是五一和十一两个黄金周，客人来得集中，简直要忙不过来！”为了方便快捷，保证随时供应，陈彦军从本地选购“够刀”的羊（膘肥体壮适合即时吃的羊），在家里存栏 30 至 50 只周转，平日里喂优质草料，比如花生秧、白薯秧、玉米秸等，始终保持体肥。

“今儿个来的一桌唐山客人，去年在我家吃过，是回头客。刚才来电话说遇上大雾，高速路封了，改走国道，可能要晚到。我说不要着急，等你们。你看，就为了吃顿烤全羊。”陈彦军介绍说，人们总说在景区里吃饭贵，其实不是这样。凡是在我们村吃过农家乐的都说价格合理，讲诚信，从没有投诉的。这么的口口相传成了口碑了，到了旺季，村里来的大多是回头客。

“你瞧好吧，今年村里的长城旅游公路修好，明年春天再建设美丽乡村，我们村还不得车水马龙的赶来吃烤全羊啊！”说着，陈彦军也被自己的预言话逗乐了。

陈龙很年轻，但是烤起全羊来很是娴熟，它能够同时操作五六个烤炉）数个小时翻转、涂刷煨料、烤、闷，全羊达到外酥里嫩

唐山客人一进院就被金黄色的烤全羊吸引，纷纷围观拍照。这个小伙子忍不住操刀割下一块外酥里嫩的羊肉塞进嘴里

一桌唐山客人每人抱着一碟烤羊肉大口吞吃起来，他们已是第二次在这里聚餐了

陈彦军正在制作烤羊的涂刷煨料，他低声告诉记者：“这配方可是秘制的！”

妻子谭文华负责后厨的各种食材洗、切、剁、炸等准备工作

董家口长城景区第一座敌楼名为孙家楼，以当年戍边楼台将士姓氏命名（2019 年 3 月 18 日摄）

接力

2019 年 3 月 18 日，海港区驻操营镇董家口村村民孙志伟一大早就购进了一只羊，屠宰、整理后架上烤炉。还是前一晚，游客在“等将山庄”预订了两桌农家饭，并约好了开饭的时间。桌数不多，夫妻俩忙得过来。宽敞洁净的厨房里，妻子苗玉春准备着各种食材，院子里十几个烤炉一字排开，孙志伟正守在其中一个烤箱前，时不时地打开烤炉盖子摇转全羊，以期受热均匀。

不一会儿，孙志伟在接到一个电话后，向妻子交代几句，把正在烧烤的全羊交给她，自己回到屋里换上印着“文物保护”字样的军绿色工作服，径直走向景区山门。

巡视长城辛苦，但是责任在身，累得其所

孙志伟不厌其烦低告诫游客防火、禁烟、不要乱扔垃圾

游客不文明行为随处可见

孙志伟在2017年全省烤全羊大赛拿到二等奖，并获2018年京津冀美食文化节烤全羊大赛金奖

闲暇看有关长城文化的书籍画刊，增加知识

原来，有人从小路登上长城，现在是防火期，他要去看看。孙志伟家的“等将山庄”是全村最后一家，却距离景区大门最近，只有100米。

孙志伟说：“父亲在年轻时和大爹联手做中药材收购生意。那是在1992年至1994年间，初中毕业后我在市里一家保安公司干保安，父亲母亲则到市里开了一家药店经营，而大爹却舍不得离开村庄，因为他惦记着他义务守护的那段长城，没事时就要上去转悠，这样就一直留在村里。”

因为开药店在外面租房住，居住条件差，孙志伟的母亲身体越来越不好，父亲就把店面兑出去，重又回到村里，继续着药材收购营生，种地、搞养殖，开始那几年家里养了20多头奶牛，孙志伟也辞去了保安工作回到村里给父亲搭把手，负责放牛。

孙志伟回忆，2002年春天，村里搞长城旅游开发，有着经营头脑的父亲来了劲头，在老宅里办农家乐，效益不错。可是老宅面积小，又年久失修。父亲就开始不停地到镇里跑土地手续，手续下来后就盖房，扩大了经营面积。游客、回头客络绎不绝，小日子也越来越红火。

2007年，孙振元明显感觉身体不适。6月份，孙振元和张鹤珊作为秦皇岛市长城保护员先进代表到北京人民大会堂参加表彰大会，载誉归来后就再也没能上山巡视长城。当时的抚宁县文管所建议他推荐一名接班人，他很有信心地推荐了自己的大侄子孙志伟。孙志伟得到了家人信任和全力支持，接过了大爹孙振元兢兢业业守护几十年长城的责任，继续管理董家口辖区10公里长城。

遗憾的是，孙振元2012年因病去世，而他留给后人的那句朴实血性的话“我要在长城上守一辈子”，也成了激励孙志伟坚守长城、守好长城的座右铭。12年来风霜雨雪，巡走在蜿蜒曲折的长城上，孙志伟始终恪守大爹遗训。

董家口长城由于开发最早，名气大，是国内外游客与驴友长城观光和穿越的必选之地，到了旅游旺季更是成群结队蜂拥而至，也因此增加了管理难度。虽然长城上刻字、涂鸦的已经杜绝，可是随手扔餐饮垃圾的现象时有，清理起来很困难。为此，孙志伟在村两委支持下，在辖区长城沿线设立了许多警示牌和垃圾筐。

长城守护工作顺利，家庭农家乐红火。孙志伟说：“我只有初中文化，也不懂经营之道，就是靠着守信、不糊弄人。来的游客多，回头客更多。农家乐给我家也带来了可观的收入。这些年，平均每年毛利20万至30万元，纯利10多万元。”

孙志伟对自己的工作始终充满信心，他说：“一次女儿放学回家，兴致勃勃地对我说，爸你上电视了！女儿很自豪有一位长城保护员的爸爸。我感到这么多年的工作没白干，得到了大家的认可，心里很踏实。现在日子富裕了，工作更要用心尽力。”

孙志伟荣获2018年度优秀长城保护员称号，同年，他又在京津冀（承德）美食文化节烤全羊大赛中获得金奖。

从冬至开始做黏豆包，年味就来了（2015 年 12 月 23 日摄）

年味悠长的饽饽

2015 年 12 月 22 日，冬至，海港区驻操营镇董家口村破城子自然村。

静谧的村庄里掩不住过年的脚步。天刚放亮，村民陈庆新和妻子张秀芬就开始忙碌起来，在院子里将已经浸泡好的玉米、高粱米、大黄米逐个用清水漂皮、去渣，然后控干、磨粉，这是制作传统小吃年饽饽（黏豆包）的馅皮料。

“做这个年饽饽很费事，你看这几桶玉米已经浸泡了 15 天，高粱米浸泡了 24 小时，大黄米浸泡了 12 小时。那边做馅用的白豆和红豆也要泡上 8 个小时，碾碎后还要大火蒸 50 分钟呢！”张秀芬边拌馅边说，“白豆馅和红豆馅我们都是和着蜂蜜，这样好吃，甜呼。”

陈庆新则蹲在一口大缸前用开水和面：“这是个力气活，和的面要匀实，不能有空气。为了增加面皮的黏性，玉米面、高粱面和大黄米面里都要掺和一定量的江米面。”

食材准备就绪，街坊四邻的六七位姐妹脱鞋上炕盘腿而坐，一摞盖帘、几盆豆馅，谈笑间，一个个小巧、色泽鲜亮的年饽饽在双手间搓捏出来，一圈一圈地码放在盖帘上。后院的两个火灶炉火正旺，蒸汽升腾。陈庆新有些神秘地说：“这头一锅很重要，得蒸熟了，不然后面的都会夹生，也预示着今后的日子不好过。”

在北部山区农村，一直延续着在冬至，即进九开始做年饽饽的习俗。这种源于满族的豆沙包类食物，有利于在寒冷的天气里长时间地进行户外活动时食用，如狩猎、砍柴等，是北方农民冬季餐桌不可或缺的主角。

“在过去，冬季里家家都要做年饽饽，村子里就像是遇着了喜事，你家做完了再帮我家做，好不热闹。现在生活水平提高了，啥好吃的都有，不稀罕了，村里做年饽饽的就越来越少了。”陈庆新不无遗憾地说。

泡好的玉米、高粱、大黄米需要漂皮去渣（2015 年 12 月 22 日摄）

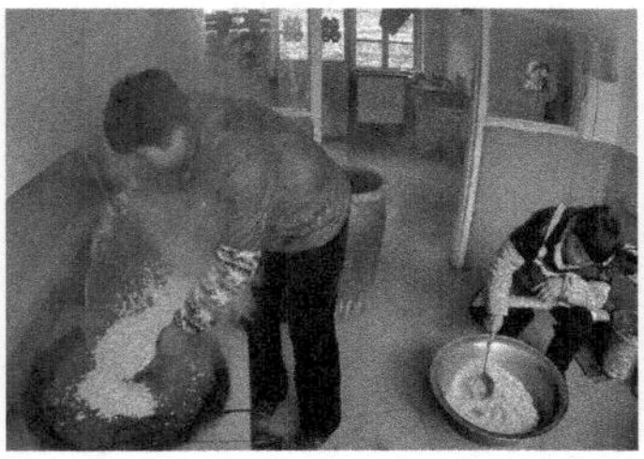

去渣后的玉米、高粱、大黄米要碾碎，大火蒸 50 分钟（2015 年 12 月 22 日摄）

和面需要力气，面里还不能储有空气（2015 年 12 月 23 日摄）

色泽鲜亮的第一笼豆包出锅了（2015 年 12 月 23 日摄）

蒸好的黏豆包需要在露天下冷却才可以储藏（2015 年 12 月 23 日摄）

历经风霜岁月与战火硝烟洗礼的程家楼如今只剩下一面墙（2019 年 3 月 12 日摄）

长城结

2019 年 3 月 12 日，抚宁区大新寨镇程家沟村，风和日丽。

一条狭窄曲折的山间水泥路从承秦高速高架桥下穿过，一直延伸到山坳里一小块耕地，这里是长城保护员程占红家的地，也是他每次巡查长城的起点。现年 48 岁的程占红管辖巡视着单程长约 5 公里的长城，自关公庙始，至鲍家楼止，共计 6 座敌楼、6 处敌台或墙台。“能够避雨的只有两座敌楼。”程占红很形象地打个比喻来说明敌楼的损坏程度。

从地头仰望，就能看见蜿蜒的长城。沿着坡度很大的羊肠小道攀爬了十几分钟就到了城墙脚下。这是一段海拔较低且沿线平缓的长城。程占红说他对这一带长城很熟悉，从小在长城边长大，和小伙伴儿一起最开心的就是在长城上游戏，农家小男孩们能想出的把戏都干过，说着自己先乐了。

程占红当长城保护员时间并不长。那是 2015 年 12 月份，当时的抚宁县文管所鉴于柳树沟村长城保护员巡查的长城段从界岭口银顶至石碑沟 12 公里过长，建议增加几名长城保护员。程家沟村推荐程占红为长城保护员，第二年初，程占红拿到聘书正式上岗。

程占红从熟悉长城、热爱长城再到保护长城有一个渐进的过程。当年，初中没有毕业的他就外出打工，在秦皇岛铁路干了三四年后回乡务农。那些年，长城于他既是一道风景也是地标，闲来无事就上去转悠，到邻村串门访友也得走长城。意识的转变是在年长他 10 岁并且有着 10 年当兵经历的哥哥到地方工作后，每次回到村里走亲，哥哥总是要抽出时间拉着他到长城上转一转。

“我之所以喜欢到长城上去，是因为家乡的长城就在高高的山梁之上。登上长城，连绵不断的群山就像羊群一样接踵而至，尽收眼底；那种辽阔的视野和一览众山小的感觉总是在心底升腾着激情与豪迈……长城的厚重与沧桑，同样能够给人以人生的感悟与感叹。它的建造是需要大智慧的，长城的走向、基石的垒砌、敌楼的布局、砖与灰的粘合等等，都承载和体现中华民族的智慧与力量……”

程占红很喜爱哥哥写的这些有关家乡和长城的散文，在自己的日记本上抄了几

7 号敌楼拱顶已经坍塌出一平方米的大洞

村民们戏称的三眼敌楼从楼体中间裂开一道巨大的缝隙，摇摇欲坠

程占红每月至少十次的长城巡查从不间断，风雨无阻

程占红给敌楼拱顶拍照，记录损坏程度

巡查完毕后，程占红坐在敌楼里写下完整的记录备案

段。他说闲着的时候随手翻看，增加了不少对长城的深度认识。他感慨道，原来长城还可以让人产生这样的联想和情怀。渐渐地，他对眼前雄伟、古老、沧桑的长城有了一种肃然起敬的情愫。“自从当了长城保护员后，我更有了一种神圣的责任感。我是共产党员，珍爱家乡和长城上的每一块砖石。”

“你看这座敌楼，叫程家楼，是我的祖先们曾经守护的，现在就剩下一面墙了。”程占红说着走近去观察。他说，在 2017 年修缮过程中，施工人员从这座敌楼中清理出不少弹壳和炮皮，证明了抗战时期这一带曾经有过激烈的战斗，村里老人们说这座敌楼是被炮弹炸塌的。

被称作“一面墙”的敌楼，仅剩下北墙体，虽然海拔并不是最高的，但是在强烈的阳光照射下却显得孤独、傲视。墙体部分砖缝在 2017 年修缮时重新抹了灰，现代使用的白灰显得突兀刺眼。程占红说：“那次修缮主要是加固，并清理了部分不可修缮和存在安全隐患的部分楼体和边墙。”

走进鲍家楼，透过箭窗，可以望见东面不远处就是界岭口关的银顶。鲍家楼是程占红负责巡视保护的最后一座敌楼，而这座敌楼也有着丰富而令人心寒的故事。敌楼内外墙体上有几块文字砖砌于其中，均为明万历年间，历经几百年的风雨。个别文字随砖面剥落，字迹笔画缺失，已经变得模糊无法辨认全部。在券门内侧和箭窗处，有抗日战争时期日本侵略者用刺刀刻下的几行拳头大小的文字，这是耻辱的见证！

程占红还在那里耐心地辨认或者是在猜字，记者的思绪却早已飞出敌楼。战争早已结束，硝烟早已散尽，长城两边山坳里星点的村庄，炊烟已然袅袅升起。即将春回大地，那起伏的山峦上，梯田里将会有春耕的身影浮动。四季轮回，春种夏管、秋收冬藏，不变的是长城上始终蹒跚前行的保护员，他们守护长城的目的不再是抵御，而是守住祖先流传下来的长城文化。

随着各地长城旅游开发，长城已然成为国内外人士怀古凭吊、观光游览的必选内容。但是，古长城上人为破坏墙体、盗取文字砖的违法案件时有发生，令人愤慨和担忧。2018 年 11 月间，抚宁区大新寨镇与台营镇之间一段（青龙县隔河头镇段）就发生过古长城边墙被人为破坏的事，城砖被撬坏 60 余延长米。

程占红不无遗憾地说，经过这么多年宣传教育，现在的老百姓都有觉悟了，知道保护长城的意义，不再到长城上放羊、翻砖逮蝎子。可是还总有那么些人，到长城上寻找并拆卸文字砖，都是为了一点私利，让人防不胜防。好在我们现在有了《秦皇岛市长城保护条例》，可以依法惩治那些肆意破坏长城的人。

但愿那群山之中逶迤的长城，永远威严耸立，把它历经数百年遗存的文化和故事，留给一代又一代后世子孙。

听母亲讲述过去的故事（2019 年 3 月 4 日摄）

热爱生活

2019 年 3 月 4 日，海港区驻操营镇庄河村刘永池家。

刘永池说自己虽是农家出身，却不是一个合格的农民，因为在农村生活了几十年的他没有种过地。1976 年在镇中学高中毕业后就去了公社的农机站开拖拉机，自从那以后就没有离开过方向盘。

他回忆道，撤乡并镇后农机站也没了。握惯方向盘的双手怎么也使不了锄头，凭着自己拥有当时社会上稀缺的 B 照驾驶本，他走向了社会这个广阔天地，充当了一名社会司机，哪里有活儿就到哪里开车，给别人打工赚钱养活全家，跑长途走遍了东北和华北，最远甚至到了广东省。

家里的农活儿、照顾孩子上学、伺候年迈的父母亲全指望着妻子一人，苦了她

对已经装订成册的《庄河记忆》进行校对

走访乡亲，获得第一手材料

把庄河的故事用微信传播出去

木架雕花门楼是庄河村标志性建筑，也是全市独有的

刘永池说，庄河的历史久远，他要一直写下去

了，刘永池愧疚地说：“在外面没白没黑地东跑西颠，就是为了能让一家人日子过得好点儿，两个儿子身体健康，好好学习，将来能比我有出息。曾经手头积攒了点儿钱，就在村西头买了一块地，想着盖个楼房，但是后来不得已还是放弃了……”

为小儿子治病，成了刘永池全家的头等大事。

短暂的沉默后刘永池说：“小儿子还是在 8 岁时不知怎么的患上了白血病，我们带着他跑遍了大小医院进行治疗。全家人不遗余力地坚持了十几年，但还是没能挽回他的生命，直到他 23 岁时去世。生前遵照他的遗愿捐出了眼角膜。他是一个很懂事也很坚强的孩子！”刘永池的眼里闪着泪光，妻子早已泪流满面。

“我大儿子很争气，大学毕业后在北京一家传媒公司工作，结婚后定居北京。我也了却了一个心愿。”现年 63 岁的刘永池和老伴儿于丽娥如今与世无争地还住在 20 世纪 80 年代修缮过的老屋里，伺候着已经 91 岁高龄的母亲。

“三年前我让自己退休，不再劳顿奔波了，回到村里后当选了村民代表，主要负责村里的文化活动。有了更多的闲暇时间，平日里就走街串户访友，感觉家乡依旧那么美，熟悉的门楼和小院、亲切的面孔和乡音，还有小时候奔跑玩耍过的街道和胡同。”本来就爱好文艺的刘永池于是萌生了搜集庄河村历史文化的念头。

刘永池说：“小时候看见老人们围坐在门楼下在一起谈天，总喜欢凑到跟前听，他们你一句我一句地讲起早年的逸闻趣事和村庄发生过的陈年旧事，总是乐此不疲。我现在也步入老年了，心底里忽然涌起一种怀旧情绪。我们村有历史也有故事，可以搜集整理写下来给后人看啊，就这么的我开始了着手准备。”

为了写好庄河村记忆，刘永池先后借读了《永平府志》1 至 5 卷、《临榆县志》、《抚宁县志》、《抚宁的政治沿革》、《长城故事》、《抚宁民俗》、《山海关长城志》等，遍访了全村上年纪的老人，用了整整三年，搜集整理写出一本属于庄河村人集体的记忆的《庄河记忆》。

《梅花亭》影人登场（2018 年 10 月 22 日摄）

山村皮影戏

2018 年 10 月 22 日，青龙满族自治县凉水河乡大马坪村。

都说山里天黑得快，太阳刚落山，夜幕很快降临到这个山村。此时，村头大喇叭广播："村民们请注意了，政府买单，百姓看戏。今天晚上，咱们县文广新局送戏下乡公益演出，欢迎大家到村民广场看戏。"村民们三三两两地从不同的街角汇聚到村民广场，等待皮影戏演出。

演职人员正在搭建演出舞台，拉电源、接音响、调灯光，弦上松香、琴调音、人吊嗓，忙而不乱。皮影剧的演出，说是在舞台上，却是在只能看见幕布而不见人的封闭空间。

来自小马坪村的"天齐人和皮影艺术团"团长王玉好，坐在靠背椅上，一边调试四弦的音准，一边说今晚给村民演出剧目是《梅花亭》卷一，需要用时 3 个小时。

王玉好、薄西东夫妇是天齐人和皮影艺术团的创办人，也是夫妻档。王玉好拉四弦，薄西东念唱。其他演职人员均是外聘，来自本县王子店村、木头凳镇、青龙镇，还有唐山迁安的。搭个班子通常需要 8 个人，拿线的、贴线的、掌鼓的、掌手锣的、打扬琴的，还有字幕机打字员，缺一不可，而其中多人还兼职说唱。

今年 59 岁的王玉好是小马坪村人，自幼喜爱皮影戏，1986 年就成立了自己的皮影剧团。他说那时候很年轻，带着剧团走四方，本县、邻县，本市、邻市，每年演出都超过 10 个月。那年剧团到辽宁凌源市演出，王玉好结识了同样酷爱皮影剧的薄西东，共同的志趣让他俩走到一起。结婚后，他俩以小马坪村为基地，排练多个剧目，如《三国》《大金牌》《四平山》等，不断地更新和添置演出设备，让皮影剧的演出更符合现在村民的观看欣赏习惯。

舞台上，用钢架和花红布搭起来的不足 10 平方米的空间，就是整个剧团的演出场地。60 岁的鲁学志来自大巫岚乡，他一人就司四种打击乐器，锣、底鼓、钹、板；68 岁的洋琴师邵兴玉来自肖营子镇王子店村；唱旦龙凤莲是三星口乡人；两位皮影操纵是迁安人袁少壮和王子店村的邵义民。

县文广新局副局长姚全华介绍，此次开展送文化下乡，在全县山村同时演出的皮影剧团就有 9 个。

当灯光投射在白色幕布上，影人角色纷纷上场，铿锵的锣、底鼓、钹、板轰响，随着四弦、扬琴的温婉乐声响起，剧情把人们带回到遥远的传说里。

寒冷中观看皮影戏的村民们，皮影戏虽是小众文化，但在有着历史积淀的山村依旧获得青睐

唱旦龙凤莲念唱抑扬顿挫、铿锵有力

鲁学志

袁少壮正在按照剧情为影人排序

邵义民一边看着皮影影卷，一边操纵着影人

王玉好四弦拉得如痴如醉

兰花剧社（2009 年 9 月 16 日摄）

兰花剧社

2018 年 10 月 16 日，青龙满族自治县凉水河乡石山沟村。

“不凑巧，我们昨天才在三拨子乡的二拨子村和四拨子村演出了两场，今天轮空。”听说记者来采访兰花剧社，侯玉梅不无遗憾地说。她现在是“手拉手评剧艺术团”团长，其前身就是“兰花剧社”，如今已经注册走上市场。

2009 年 9 月采访“兰花剧社”时，演员是在村部会议室演出，因为全村只有这里的房间大。如今老村部也拆除了，在原址上建起了样式新颖的村民委员会，除了村部、卫生室、图书室还有村民活动室。当日，村部前正在建设文化广场和百姓大舞台。

67 岁的杨翠清是剧社最老的成员，她说：“ 1958 年村里组社时我就是其中一员，那会儿正在读高小。我自小就喜爱文艺活动，喜欢唱，评剧、京剧都学。我们村里的文化娱乐活动丰富，一说要演出，村里人就都来了，对我是莫大的鼓励。”

在评剧里，杨翠清是多角色饰演，唱旦角却大多是配角；但在京剧里就唱主角了，如现代京剧《红色娘子军》的吴琼花、《沙家浜》里的阿庆嫂等。“我老伴过去唱小生，后来岁数大了就改唱老生了。我现在也只唱老旦了。”老两口这么多年以来总是同台演出，夫唱妇随。

村党支部书记王井贤介绍，“兰花剧社”追溯起来要到 1958 年了，至今村民们一直沿袭着民国时期对评剧的称谓“大口落子”。早年就是村里评剧爱好者自发组织

鼓师刘凤银（2009 年 9 月 16 日摄）

鼓师刘凤银（2018 年 10 月 16 日摄）

板胡王然（2009 年 9 月 16 日摄）

板胡王然（2018 年 10 月 16 日摄）

王艳军（2009 年 9 月 16 日摄）

王艳军（2018 年 10 月 16 日摄）

起来，利用农闲、节日在村里演出。除了传统曲目，还结合工农业发展创作新曲目，“文化大革命”时期主要是唱八大样板戏。

1982年建社之初，成员仅为12人，直到2009年才正式挂牌“兰花剧社”，当时已经发展到了38人，所有的编、演人员全部是本村村民。

剧社在继承和发展传统评剧的基础上，立足身边的典型人和事，根据农村的农业生产和生活中出现的新变化新气象，创作出如“先进文化进山乡”“好干部圆梦大学生”“秧歌扭到青龙桥”“贪毁一生”等，以评剧表演唱的形式歌颂新人新事、鞭挞劣迹恶习。与此同时，剧社还走乡串户义演，宣传党的方针政策，歌颂社会主义新农村建设。

43岁的王艳军，现任村委妇女主任。当年正在村部演出《花为媒》，她饰演张五可，她自嘲道：“ 2009年我刚开始学习评剧，多亏县文化馆的李艳肥手把手地教，我进步很快。赶上建国60周年村里演出，我鼓着劲就上去了。”

板胡师王然今年67岁了，他回忆，学习板胡时大概三四十岁了吧，当年村里老哥几个一起玩评剧，就喜欢上了。这中间断了几年，那会儿还年轻，要外出打工挣钱啊。如今离开剧团也有三四年了。因为剧团注册后正规化管理，演奏都使用曲谱，看不懂曲谱就无法上台演奏。我年纪大了，学习曲谱有困难，就主动退出了，那种凭自己理解自拉自唱的日子一去不回了。

鼓师刘凤银乐呵呵地说：“当年一心要加入剧社，但是我一不会唱曲、二不会拉琴，大家一合计，说你就打鼓吧——底鼓。其实，底鼓是整个乐队的总指挥，乐队要跟着鼓点的节奏，轻重缓急、抑扬顿挫，演绎剧情起伏。”刘凤银说自己还年轻，且能玩几年呢。评剧、大秧歌，这底鼓很能派上用场，离开了鼓就玩不起来。

张鹤珊陪同美国《国家地理杂志》记者采访长城故事（2010 年 11 月 6 日摄）

守望者

2019 年 3 月 6 日，天阴风劲山朦胧。

“待在屋里冷，还不如上山去转转暖和。”张鹤珊从里屋取出照相机挎在脖子上，把笔记本揣在上衣口袋里，走到院门口顺手抄起一把镰刀拎着。此时，老伴儿正在制作老豆腐。穿过城子峪城门，过一条街道即拐弯上山，是距离长城最近的。每一次出发都是这样随心，这就是张鹤珊日常巡视长城的开始。

在秦皇岛，熟悉长城的人都知道张鹤珊，他因为保护长城而出名，久而久之他在当地就变成了一个“长城符号”。虽然离不开各种媒体的报道和长城旅游者的口口相传，但是有一个说法很中肯：“张鹤珊‘成就’了长城，长城也‘成就’了张鹤珊。”从 1978 年开始，张鹤珊巡视保护从董家口至平顶峪这一段长城，原貌最为完整、人为损毁最少，迄今为止已经长达 41 年。

那还是2002年春天，适逢董家口长城旅游开发，记者在频繁的采访中结识了张鹤珊，当时得知他是义务长城守护员，已经有20多年，且是全市长城沿线唯一一个自觉守护者。春暖花开时节，走进他家地头，耕地里矗立着两块完整巨大的青石碑，一块为明万历二十三年立，另一块为清同治四年立。张鹤珊如数家珍地向时任市委书记王建忠一行介绍碑文和义务保护的那段长约数公里长城及几十座敌楼的现状。张鹤珊讲得很详细，让人不由得想，如果没有常年对长城守护的坚持和付出，一般人只能是一知半解。

张鹤珊是城子峪村的一个普通农民，却有着一个响亮、令人肃然起敬的称呼——戚继光率领的镇守长城的义乌兵的后代。

每处长城村都与长城有着不解情缘，张鹤山是附近7个行政村辖区长城及31处敌楼的巡查员，主要工作是防止羊群踩踏城墙并制止一些游客的不文明行为。看似简单的工作，他一干就是41年。守着几百年历史的长城，也难怪村里人把60岁出头的他称为“老玩意”。他对村民的戏称不以为然，而是语重心长地说：“是啊，保护长城不能仅仅靠我们老一辈，将来还要指望你们年轻人啊！”

巡视长城，随时随地向登山客讲述长城故事和保护长城的意义（2014年8月3日摄）

立于明万历二十三年和清同治四年的石碑至今完好地伫立在自家的耕地里（2002年春摄）

冬去春来，绵延的长城上始终能看见张鹤珊不知疲倦的背影（2019年3月6日摄）

作为优秀保护员依然不忘农时，耕种是本色（2019年2月27日摄）

来自澳洲的游客钦点张鹤珊当向导，聆听他讲解长城故事（2019年3月18日摄）

“长城是老祖宗留下来的珍贵遗产，不能毁在我们这一代。”（2016年11月2日摄）

守望长城已然成为张鹤珊人生意义的全部（2019年3月6日摄）

义务守长城几十年，张鹤珊尝遍了酸甜苦辣，村里很多人疏远他，因为“他刻薄不近人情”。那些年，到长城上放羊、翻蝎子、挖药材是当地村民的副业，可是他从来不留情面，这就断了一些村民的财路，附近几个村庄的乡亲没少戳他脊梁骨。

如果说，张鹤珊所做的这些开始时还是出于一个山民的朴素感情和对古老长城的敬畏之心，那么延续数十年的坚守和执着，则是他逐渐认识到，长城不仅仅是一块砖、一块石头，或者是一座敌楼、一面城墙，它是一个来自久远的人文符号，体现出一个民族坚韧无畏的性格与决心。由于张鹤珊的执着和呼吁，越来越多的人意识到保护长城的重要性，他也从最初的义务守长城变成了正式上岗的长城保护员，政府给他颁发了工作证，这是对他无私付出的肯定和褒奖。

这么多年来，张鹤珊闲不住，一有空闲就给报纸杂志写稿件，向外宣传家乡的长城。2009 年，他撰写的《长城民间传说》出版，收录了 20 多个民间故事。如今又出版了中英文对照版本。现在他又开始着手搜集资料，把他所了解的长城历史沿革、民俗文化都整理进去，只为讲好长城故事。

守望长城让张鹤珊成了当地的名人，以他为原型摄制的电影《父亲的长城》在中央电视台电影频道播出，各路媒体纷纷来到城子峪这座小村庄，将他的事迹传播到四面八方。美国地理杂志记者和他交上了朋友，数次来到城子峪采访，都是点名张鹤珊陪同。

张鹤珊的家里渐渐地变成了来长城考察、观光的人们的聚集地，从五大洲到祖国的大江南北，不同肤色、不同语言、不同层次的人因为对长城的关注和热爱，纷纷走进这个农家小院，倾听他讲述长城的故事，跟随他领略长城的雄奇。

破天荒地，张鹤珊以一名农民的身份加入中国长城学会。当时的抚宁县在全国首先建立了“长城保护员”制度，县政府拟定的保护长城“五定”规则，被写入中国《长城保护条例》。

因为张鹤珊的坚守，城子峪村不再寂寞，这段长城蜚声世界，世界研究长城的专家、学者来了，世界知名风光摄影家来了，记者来了，世界著名旅行家来了。

朋友们无不为张鹤珊的执着所打动，他们给张鹤珊送来了手机、相机、电脑甚至汽车，帮助他改善保护长城的工作条件，而更多的朋友则是慷慨购买由他代销的乡亲们的土特产，这不但带火了当地村庄的经济，也让他增加了收入：“殊不知，我在女儿上寄宿高中时，寄宿费曾经捉襟见肘过。”

保护长城也研究长城，张鹤珊喜爱读有关长城的书。朋友们得知他的这个偏好时，一有机会就给他带来几本新出版的关于长城的书。而他关注长城保护的话题和见解也时常见诸报刊，作为秦皇岛市政协委员，他每年都会就长城保护问题提出提案。

对于张鹤珊而言，41 年已不再是一个时间概念，而是一段光阴，一部人生。

猴打棒（2016 年 1 月 6 日摄）

铿锵炫舞猴打棒

2016 年 1 月 6 日，小寒。记者驱车 3 个多小时来到青龙满族自治县三拨子乡四拨子村，走进村里，一片寂静，来到村民王春清没有院墙的小院，却见门上着锁。几经电话联系得知，他在后山砍条子，准备夏秋季编筐子用。

王春清把记者让进清冷的老屋后，听明来意，搓握着双手说："巧了，我 4 号刚从迁安打工回来。"已经 63 岁的王春清是村里数得着的果树种植能手，虽说现在年纪有点大了，但是在外打工仍是抢手人物，现在他每年除了伺候自家的几百棵板栗树、核桃树，大部分时间还是在外地打工度过。

说起满族民间舞蹈猴打棒，王春清说道："我父亲是省级非物质文化遗产传人，我是市级传人。父亲去世后，这棒子传到我的手上。我年纪也大了，也该往下辈传了。”作为列入 2006 年河北省首批非物质文化遗产名录的猴打棒，秦皇岛市只有王春清一位传人。

王春清有两个儿子，王明明和王亮亮，且都在村里务农。虽然也能跟着父亲学打棒，但是心思似乎犹豫不定，毕竟年轻，为了生计，孩子们总要外出打工。哥哥王明明甚至还不怎么会化妆。王春青说：“我也不强求他们，顺其自然，想学我就好好教。”

为了抢救这份满乡遗产，青龙县教育局在 20 世纪 90 年代就将县职教中心作为猴打棒教学基地，2015 年县文化局组织主创人员加紧绘制和设计猴打棒的动作分解图、服装服饰，撰写猴打棒人物传记、起源与发展，准备出专著。

王春清早年也曾带过十几个年轻徒弟，逢年过节的时候就到十里八乡去串花会，如今已很难再组织起来了。王春清说，村子里过年也有好久不打棒了，更多的时候，两根花椒棒和头饰服装都整齐地放在红色的板柜里。

猴打棒 1

猴打棒 2

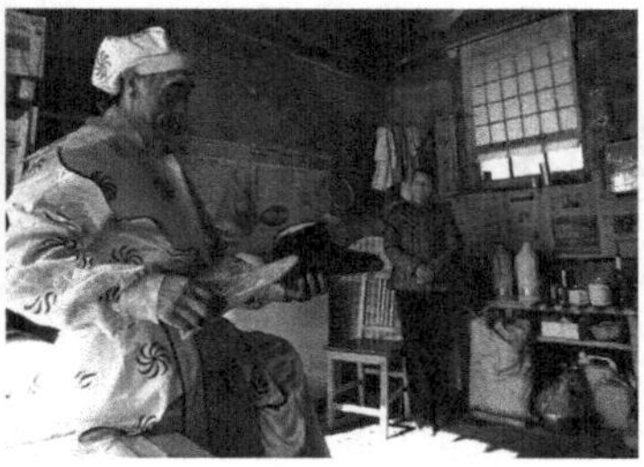

猴打棒 3

王春清

宋福田和沈素英及大孙子在自家门前（2010 年 4 月 30 日摄）

五楼路 7 号的人与事

2020 年 6 月 1 日下午，再次来到卢龙县刘家营乡桃林口村五楼路 7 号，宋福田家院门开着。炕头上只有他的儿媳妇罗芝展陪着不到两岁的小孙子在看动画片，她给公公打电话后得知，公公在地里间苗呢。

出了城里村往西北方向约一里路，郁郁葱葱的梯田上，宋福田蹲在不大的地里，手握小锄正在除草、松土、间苗。这里只有 2 分地，却分散在两处梯田上。已经破土而出的红高粱苗在阳光照射下呈现出惹人喜爱的嫩绿色。宋福田说这点高粱一般年景里只能打一百五六十斤，磨面后做年糕吃，一年也吃不完。现在如果不及时间苗、除草、松土，收秋时会颗粒无收的。

宋福田老人说家里四口人只有 1 亩 2 分地，今年春天分别种上了玉米、花生和红高粱。3 分玉米地里有不少速生杨树，是响应政府号召栽种的，现在还小，就间种了玉米。一年下来基本上能满足口粮，另外自己还有每月 111 元的社会养老保险金。

还是 5 月 25 日在村里寻访时巧遇宋福田，他骑电动车刚从北山地里干完农活往家走。已经 80 岁的老人比起前两年又瘦了一圈，耳朵背得厉害，问话需得大声喊才行，老人倒是不介意，只是微笑着点头应答，黝黑的脸满是歉意。

宋福田是村里的老党员，曾经在生产队时期担任过会计。膝下只有一儿一女，这在那个年代的农村家庭里是不多见的。女儿嫁在本村，儿子也在村里务农。儿子宋文富 45 岁了，他的两个儿子的年龄却不大，大的 13 岁，小的 2 岁多点，相比较农家青年结婚是很晚的，他的媳妇来自广西南宁。

记者曾在 2018 年 5 月 10 日来到村子里采访宋福田，那一天老人不在家，他的儿子宋文富很吃力地从炕上坐起来说，父亲到滤马庄走亲戚了。农闲时或者心里不

夫妻俩捡拾石头准备垒墙（2006 年 6 月 6 日摄）

除草、松土、间苗，2 分地的红高粱幼苗正是需要呵护的时候（2020 年 6 月 1 日摄）

家里没人时，宋福田会落寞地坐在破旧沙发上（2020 年 5 月 25 日摄）

宋福田与大孙子在自家门前（2018 年 5 月 10 日摄）

正房三间给儿子结婚用后，拥挤狭小的西厢房成为宋福田的住处（2020 年 6 月 1 日摄）

宋福田的老伴儿沈素英正在喂驴（2003 年 3 月 17 日摄）

舒畅，宋福田就会外出走走亲戚，一般两三天才回来。宋文富说，爸爸那辈曾经有兄弟五个，现在还剩三个。大伯是光棍，一直和老叔家一起生活；还有一个大姑，也在村里。

宋文富以前都是靠外出打工赚钱，近几年得了严重的腰椎间盘突出，由于没有足够的钱去看病治疗，腰疼就只能卧床休息。“没想到现在疼得无法干活了，大部分时间就只能躺在炕上。”因为基本丧失了劳动能力，宋文富被村里评定为低保户，又安排他担任村里的防火员，这样能有点收入。如果腰疼无法值班巡视时，差事只好由年迈的父亲替代。

宋文富说：“过去家里也曾经养猪养驴的，院门口还有棵杏树，现在这一切都没了。猪圈拆了盖起一个三马车棚子，杏树砍伐了，因为邻居家翻建房子碍事，那点地也都让堂兄弟种了，父亲年纪大了，加上几年前母亲去世打击太大，有一段时间没多少心思管地里的活计，体重也减到了 92 斤。我腰不好实在是干不了。”

今年以来，宋文富的腰疼病好些了，父子俩情绪不错，就把自家的 1 亩 2 分地种上了玉米、高粱和花生。父亲是个老农民，几天不下地看看还不习惯呢。那边地里有几十棵核桃树，只是品种老也缺乏管理，总也长不好。

傍晚时分从田里回来，宋福田在自己单独居住的西厢房洗洗脸欣慰地说：“儿子现在二道河一处工地给人家看场子。老伴去世后原本想自己开伙，儿媳妇不同意，说是一家人还是要一起吃饭的。”

秧歌队伍扭上长城，像彩练一样飘舞

秧歌扭上古长城

2018 年 3 月 18 日上午，春雪过后，山头萦绕着白雾，形似卧龙的长城上铺上了一层白雪。抚宁区台营镇石碑沟村村民们已经按捺不住喜悦的心情，成群结队地涌向长城，他们要在长城上擂起大鼓、吹奏唢呐扭秧歌，庆祝传统的民俗节日“龙抬头”。

村党支部书记付桂凤高兴地说：“昨晚大家伙还担心这场雪呢，天刚亮村主任就沿着山路上去查看，说没问题，可以搞活动。大家伙劲头十足，村头大喇叭一广播，不到 9 点，几十号秧歌队的男女老少就来到了城下。不光是我们村的，邻边的王家沟村、青山口村、程家沟村，还有城外青龙的罗汉洞村和樊家店村的秧歌迷们也都来了。”

村主任刘发说：“去年，国家把村里这段长城进行了修缮，村民们看到了曙光，要搞长城旅游，这是村子的福气，所以心气可足了。春节从初一开始就没停下过，天天扭秧歌。十五那天不知谁倡议，就扭到长城上来了。昨天大家说，长城是龙，龙抬头这一天必须上长城可劲地扭。”

农历二月二又被称为“春耕节”“农事节”“春龙节”，是中国民间传统节日。传说是龙抬头的日子，庆祝“龙头节”，以示敬龙祈雨，让老天保佑五谷丰登。期盼石碑沟村乡亲们日子越来越好。

大新寨镇程家沟村的村民方海静带着女儿，和几位同村的秧歌迷坐着三马车也赶到了，迅速套上戏服，一转身就扭进了秧歌队伍。她说，这里的秧歌会热闹，我就是个追秧歌会的迷妹，大过年的，哪个村有场子我就去哪里，图个乐呵。

扭秧歌少不了吹鼓手，刘发逐一介绍说，他们来自不同的村庄，大新寨镇牛栏甸村的、卢龙燕河营镇梁仁庄村的、青龙隔河头镇樊家店村的、小杨各庄村的、袁家沟村的，他们说自己平日里在村里务农，有事就出门，不耽误。

元宵节为每年农历正月十五日，是我国春节年俗中最后一个重要节令，习俗自古以来就以热烈喜庆的观灯习俗为主。村书记付桂芬说：“我们这个山村偏僻，条件有限，但凡节庆都是以秧歌为主，气氛浓烈，大家也喜欢，所以学习和参加秧歌队的人越来越多。”

2008 年 6 月，元宵节入选第二批国家级非物质文化遗产。

心气足则秧歌劲

村书记付桂凤把自己的行头给热切希望扭秧歌的大姐穿上

来自王家沟村的王忠川边扭边唱

踏上昔日的长城敌楼，踩着皑皑白雪抒发对美好生活的热爱

铿锵有力的唢呐，似号角声响彻长城

杨晓志为前来参观学习的小学生讲解长城与村落的历史（2016 年 11 月 12 日摄）

长城驿站

2019 年 5 月 2 日，五一长假中。出了承秦高速抚宁北出口车辆明显减少。继续往北 20 分钟车程，中国传统村落界岭口村就在眼前。此时的古老村庄却门可罗雀，城门下却早已有不少村民在地上摆上了自家的水果和山货，静待游客购买。安静的村里偶尔有三两游人东张西望，向着长城金顶方向走去。

此刻，村里唯一的艳华农家乐饭庄，杨晓志、陈艳华夫妻俩正紧张有序地忙碌着。陈艳华择菜、洗菜、切墩，小鸡炖山蘑准备就绪，家常大鲤鱼早已下锅，此时正在文火慢炖，鱼香气息四溢；杨晓志抱来劈柴，在院子里架锅生火，这是准备蒸蛋羹。

杨晓志家的门很有特点，红色的普通农家大门两边各挂有匾牌，“摄影驿站”“长城守护者之家”“与风同行户外”“快乐蜗牛户外”把这里作为根据地；大门东侧高高竖起一木质仿古广告牌，上书汉英对照“长城驿站”“导游讲解”“旅游地接”以及“艳华农家乐”。

前院东厢房北京平两间，一间是小卖部，一间是厨房。西厢房则是仿古门窗的砖木平顶屋，作为民俗室，除了用于陈列不少的长城书籍、画册和图片，还可以接待游客就餐。

大清早，杨晓志就骑电动车前往 10 里外的落轮峪村，他要请村里的吴少文和王希信两位老木匠来家里做木工活儿。后院里的西厢房曾经改建成了棚屋，现在已经拆除，准备建仿古屋。院子里堆满了拆下的木架和砖瓦，都做了编号。杨晓志说，到了夏季，游客上得多，几张桌子不够用。再说了，自己孩子们回来也得有个住的地方。

后院很大，坐北朝南六间老屋，杨晓志年近九十的父母依然住在两间东屋，其余四间产权分别是他大哥和弟弟的。杨晓志说，当年分家给了他前院的三间新房。

西厢房改建成民俗室，成为传承长城文化的展览室（2019 年 5 月 2 日摄）

独特的农家乐招牌很容易让人仿佛回到数百年前的古村街道（2019 年 5 月 2 日摄）

拆了棚室建仿古屋，杨晓志专门请来了两位老木匠（2019 年 5 月 2 日摄）

长城以北有 2 亩耕地，杨晓志栽种上 80 棵桃树苗，还间种了玉米（2019 年 4 月 26 日摄）

陈艳华很享受主厨这一角色，集采买、备料于一身（2019 年 5 月 2 日摄）

这天上午，把杨晓志两口子忙得够呛。原本是没有订餐的，但是准备上长城的和从山上陆续下来的散客看见门口的招牌，先后有 20 多位游客进来打听可有饭吃，这让他俩手忙脚乱的，要的菜也是五花八门，又不能来了生意不做，只好抓紧备菜。

59 岁的杨晓志是界岭口村人，他和妻子在村里开办唯一一家农家乐至今已有 10 个年头。开始几年游客不多，带带拉拉的勉强经营着，正式挂牌开办农家乐刚 5 年。

在开办农家乐饭店之前，杨晓志除了在家务农，还参股开加油站。他说，那还是 2000 年前后，因为家位于村的主街道，距离城门 30 米，爬长城都要经过。那时候就经常有驴友到家里来要求吃饭，当时也没有准备，给人对付着做点家常饭吃饱就行。转眼一想，这兴许是个来钱的道啊。这么的，渐渐地就把心思放在家里了。古人说，有朋自远方来不亦乐乎，我是个热心肠人，人家大老远来到你家歇脚，是看得起你，人困马乏的，做点实惠可口的饭菜，我们有这个能力，既来之则安之嘛。

加油站不干了，回到村里继续务农，农闲时和妻子在家经营农家乐饭店，慢慢地有了口碑，驴友都到这里来订饭吃。杨晓志人缘好，懂得联络人，还是“长城民俗专家”。几年下来，国内国外的游客都慕名来吃饭，特别是旅游旺季，农家饭店总是宾客盈门。

去年春上，杨晓志在长城以北的 2 亩地里栽种下 80 棵桃树苗，今春利用树小低矮间种玉米，另外一处 3 亩地也是如法炮制地桃树地间种玉米，七八亩山地则是六七百棵板栗树。2018 年秋收的成绩让杨晓志很是尴尬，所有农作物和林果只卖了 7000 块钱。他自嘲道，我的果树管理技术上不去，投入也少，水、肥、技术都不过关。他称自己不是个好农民，心思和精力大多都放在农家饭店了。粗略统计，2018 年先后接待过大小 200 多桌，平均一桌饭 200 至 300 元不等。因为没有高端菜，都是普通的农家菜，成本低、利润少，农家乐纯收入是 4 万元，这两年行情看涨逐年翻番。

杨晓志说，这几年农家乐有起色，得益于在北戴河工作的弟弟，他是公家人，见多识广，他给的许多合理化建议我都逐步实施兑现，效果果然好。弟弟要我抓紧阅读和学习长城历史和知识，他说身为长城古村落人，不了解村庄历史和长城知识，怎么接待八方游客，他搜集了许多种有关长城的书籍让我学习，还委托朋友帮忙寻找更多的长城旅游的画册和图书。

为此，杨晓志在 2017 年翻建了厢房，作为民俗室，陈列了部分长城书籍、画册和图片，还能接待三桌客人。他得意地说，我赶上好年景，这些年政府一直在不遗余力地开发界岭口古村落，我也借力办好农家乐，传承长城文化。

第六辑

创业之艰

终于可以安居乐业的安洪章（2020 年 4 月 23 日）

安居乐业

正式采访安洪章，时间已经是 2019 年 9 月 5 日。

1971 年出生的安洪章实际上是郭庄村人。虽然只担任一届郭庄村委主任，他却信誓旦旦承诺要为村民实实在在办十件实事。除此之外，也就是在这一届任期内，他在长城村投资开发了农家乐项目——山里人家。他说自己撞到了好运赶上了机遇，当年驻操营镇提倡个人上村域旅游项目，他选择了长城村这块风水宝地。2009 年 10 月开始规划、征地，2010 年春季开始动工建设，2011 年开张营业。一切都顺风顺水。

安洪章从原抚宁县职业高中毕业（职教中心）之后就回到郭庄村务农。骨子里从来就不安分的他并没有一门心思在村里务农，从 1997 年开始倒卖出口日本的柠椤叶。2004 年开始，水泥、水果、中草药、羊、山楂，凡是能倒腾的都干，目标只有一个，快速挣钱。这期间还收购了一座加油站，并且承包了一座小煤矿（刘江华的）。安洪章说，感觉那时候钱就在面前，只要你想挣，没有挣不来的。

安洪章决心启动山里人家乡村旅游，也是当时政策开明和镇政府的鼓励。他说选址在长城村并不费劲，因为打小就熟悉这里的山水。和村里用时不长就很顺利谈下了 100 多亩山场，签订了 70 年的承包合同。

2010 年 8 月 17 日，正在建设中的“山里人家”

2010 年 9 月 9 日，山里人家初具规模

2011 年 9 月 22 日，山里人家正式开张

2019 年 9 月 5 日，增加了水上餐厅

“长城村是一个小村，只有50多户人家，村里几乎没有年轻人。我当年召集全村老少开会，甚至把外出打工的青年人都叫回来，告诉他们，我愿意每家投入1万元，让他们把自家的老房子收拾一下，有客人来了，我助力村民们搞农家乐。但是没有什么反应。他们太懒了，不知道怎么想的。后来有一家搞农家乐，因为没有几个客人也黄了。我的初衷是好的，借助山里人家，能够带动村里百姓致富，但是没有实现。”安洪章无奈地说。

“村民们的思想意识太落后，加上家家没有多余的人力和技艺，这也是现实状况。山里人家只要来旅游团，我就在喇叭上喊话：谁家有山货的都拿出来卖啊！唉，这都不干，我也是无语了。”安洪章有点恨铁不成钢了。

在山里人家承包的100多亩山场里，有一段河北与辽宁的省界线，约定俗成地以长城划定，长城以内属于河北，长城以外属于辽宁，但是从地图上标注看是虚线。早在1989年时，河北和辽宁两省曾经就这一模糊的边界签订过协议：谁开发谁受益。既然安洪章先行开发，况且这块地在长城以内，理应属于山里人家。但是为这块有争议的山地两边争执不下，发展到后来，安洪章被辽宁警方以故意伤害罪逮捕。安洪章回忆：事发时，他人是站在辽宁界那边，而对方挑起事端的却是安洪章十多年的辽宁籍朋友，安洪章曾经借过他的钱。他这才意识到是被人设了圈套。对方说是被打掉了七颗牙……

绥中县法院受理后对安洪章作出无罪判决，但是对方上诉到葫芦岛中院，结果以故意伤害判了安洪章3年有期徒刑。安洪章到沈阳上诉，不予受理，维持原判。之后，安洪章在凌源监狱服刑了两年（2015年至2016年服刑，2017年刑满释放回家），因为表现突出，减刑11个月。这期间，令人匪夷所思的是安洪章的党籍被葫芦岛开除，这对安洪章来说是百思不得其解。

安洪章说：“我在担任村主任期间，建设了村部办公场所，安装了新的自来水管道，安装了路灯，打了水泥路，我应村民的十件事只完成了7件，如果不发生那件事……现在想来很寒心也很无奈，关键时刻没人帮你。”

山里人家的投入自那以后基本停下来了，因为建设得也差不多了。除此之外，安洪章还继续经营着加油站，养了两台铲车、两台钩机、三台大货车。他说经历了这么多以后才明白一个道理，保持平常心，做回初心，就是安居乐业。

效益不好时小工厂裁员，夫妻齐上阵（2019 年 8 月 5 日摄）

夫妻返乡创业

2020 年 7 月 8 日，偌大的工棚里，李志和妻子马飞正在娴熟地按照尺寸切割不规则玻璃。今年疫情以来，他们的工厂先是陷入停工，两个月后生产又进入时断时续状态，效益下滑。李志苦笑道，大家都一样，我们也得挺着。现在物流没问题，但是订货少产品走量不大。你看见了，这里就剩下我们夫妻俩了。

第一次采访深藏于白家坊村的“旭日工艺玻璃厂”还是 2014 年 4 月 15 日，那时小厂很红火，雇佣村里的年轻人就有十多位。数年后的 2019 年 8 月 5 日，因为还惦记着那位返乡创业的年轻人记者再次来到卢龙县燕河营镇白家坊村。

人到中年的李志，初中毕业后就外出打工，在秦皇岛经济技术开发区利华玻璃加工有限公司，从学徒到出师一干就是 15 年。之后选择辞职回乡创业——筹资自己开办“旭日工艺玻璃厂”。

2010 年，他在村子里租借了村委会两间房子建厂，投入生产后的几年里效益不错，当时小工厂员工有十二三个，都是村里的年轻妇女。近几年来效益开始滑坡，外面的订货减少了。“我们的工艺玻璃是走东三省、内蒙古、重庆、青岛，没有出口产品。我们的产品单一，主要是工艺玻璃门、窗。效益好的那些年产值能达到百十来万，这几年也就三十来万。”李志说。

李志说：“我家就哥俩，我是老大。兄弟曾经也在这里干活，当年办厂时他投资 12 万元，加上我的一部分，东拼西凑了 39 万元。用了不到两年就还清了饥荒。哪像现在，活儿总是接不上。”

李志一边干活一边倒着苦水，这几年最难的是总遇上资金周转困难，这里的产品出去了，要账却很费劲。客户那边不好要钱，他们总压几批货的钱。遇到这种情况时，我只能向亲戚朋友借钱，这样才能继续购买原材料，保障生产加工不要断了。

工艺玻璃的主要原材料其实就是铜条、焊锡，以及 3.2 和 5.0 毫米的玻璃。产品

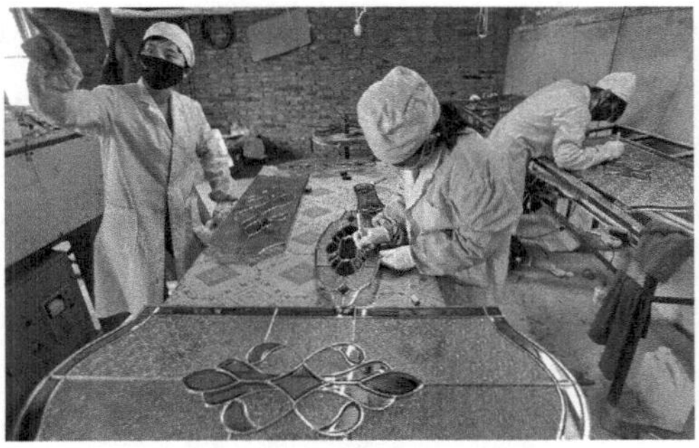

工厂生产形势好的那些年，村里有十多位年轻妇女在这里干活（2014 年 4 月 15 日摄）

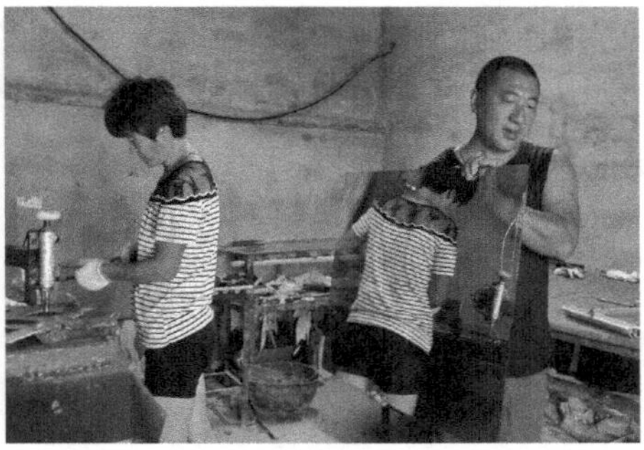

工厂里只剩下夫妻二人，为了生计还要坚守（2020 年 7 月 8 日摄）

活多人手不够时，妻子和兄弟都在尽一份力（2014 年 4 月 15 日摄）

试验田里充满了希望和不确定（2019 年 10 月 21 日摄）

都是走物流，破损得很少，物流的装卸和运输还是有保障的。“我从不跑到客户那里要账，通常都是电话催账，他们有钱了就转账。”

妻子马飞是抚宁人，两人是经人介绍认识、恋爱、结婚的。婚后李志介绍妻子也去了开发区利华工艺玻璃加工厂做工，不过只干了三年，因为她要照顾幼小的孩子。马飞一直在小厂子里兼职，有活时就从村里找几个熟练工做帮手，活儿少时就夫妻俩。

李志停顿一下说，现在只靠这活感觉有劲使不上。今年春天买了中草药苍术种子，现在自家的三分地上育苗，准备发展药材种植。计划试种 10 亩，我得承包一部分土地，我家里没有那么多。人在农村，除了地没有别的，我家总共才有 5 亩地。

李志说可以到地里看看他栽培的苍术苗，已经有 20 公分高了。村东头一小块台地上，也就三分地，李志开春时投下了 6 斤苍术种子。他说明年春天就可以移栽了，大概还需要承包 5 亩地，因为家里地少。

想着再种点别的，如中草药白薇。苍术的周期是 5 年，白薇的短点。李志站在地里环顾四周说：“其实我们这里适合种植中草药，比种玉米强多了。苍术去年的价格是每斤 7 元呢。不过这里就是缺水，如果上规模了就需要打深井。”

2020 年严重的疫情让李志家这样的小微企业陷入困顿，但是他前瞻性预测到还是要回归土地，10 亩地的中草药苍术和白薇正在茁壮成长，对李志也许是一次机会，要不了几年，他会从药材种植上得到回报，以弥补工艺玻璃的损失。

铺筑通往长城的石头路，让他们更加接近自己的愿景（2018 年 5 月 8 日摄）

父子仨

2019 年 10 月 8 日，寒露。长城下的拿子峪村上空万里无云，阳光依旧很烈。身穿迷彩服的蔡永财独自在山上砍着油葵。因为秋旱无雨，也缺乏人工浇水，油葵不仅只长到四五十厘米高，葵盘也比往年小了一半。低矮枯黄的油葵间种在同样不算高大的板栗树下，干枯的地上散落着褐色的长满毛刺的板栗空壳。

蔡永财说今年的板栗产量不高，都是三年四年的小树，还没到盛果期，加上太旱，只打了 2000 斤左右，卖了 1.5 万元，今年价格不错。砍完油葵后就剩下梨了。

海港区驻操营镇拿子峪村，距离市区 30 公里。从秦青公路下去，穿过义院口村和一矿区就到了拿子峪村，其实村庄距离秦青公路只有 1.5 公里。

在村子里，蔡永财家的子女算多的，五个闺女两个儿子。生产队解散前，经济拮据，生活困难不言而喻。土地承包制实施后，温饱逐渐解决了，但是由于山村耕地少，限制了靠土地致富的路子，蔡永财五个女儿中的三个先后到城里打工生活，凭着一己之力站稳了脚跟。

蔡永财的大儿子、时任拿子峪村书记的蔡文龙介绍说，拿子峪村现有 100 余户 320 口人，常住人口基本上是 40 岁朝上的，五保户 1 个，低保户 4 个。村民收入主要来源是外出务工和林果树。大户的板栗平均年收入有两三万元，小户也就三五千元。确权后的耕地面积 800 亩左右，实际上现在耕地不超过 500 亩，那 300 亩撂荒了，因为没有劳动力。

在通往古长城的山腰上，三马车吃力轰鸣着拉运石头，烈日下，几位村民正在砌石路面。蔡文龙指着他们说，你看这 5 位正在修路的村民，年龄最小的 52 岁，最大的 72 岁，他们不仅干农活儿经验丰富，修山路也很在行，关键是上了年纪的村民肯干会干。村里现在也找不到年轻人，他们不愿意干这种活儿，也不会干。

早年担任过生产队长的蔡永财凭着自己的农业经济头脑，在改革开放后不久承

蔡永财不会让土地闲着，幼树下可以间种点玉米（2018 年 4 月 25 日摄）

蔡文龙、蔡黑龙哥俩在长城上勘察，谋划着农家乐的未来（2018 年 5 月 3 日摄）

春季里，蔡永财和体弱多病的老伴儿一起给林果树浇水（2019 年 4 月 8 日摄）

邻居家请客，蔡文龙的烤全羊手艺派上了用场（2018 年 5 月 8 日摄）

即使收获季也是蔡永财独自忙碌（2019 年 10 月 8 日摄）

包了长城下的一片山地，那里是村里的不毛之地，山高坡陡，杂草灌木丛生，乱石林立。蔡永财是传统的农民，种地是本性。因为家里子女多、耕地少，生活上总难免有转不开的时候，唯有多整点儿地，才能多挣点儿生活费。他承包这片几十亩山地的期限是40年。

蔡永财的小儿子蔡黑龙说，当初选择拿子峪村承包并开垦荒山、搞长城旅游农家乐的想法很单纯，它源于父亲承包的那片山场。“父亲承包时我还小，正在上学，也不懂。每次回家，看见父亲的白发一年年增多，陡然间回想起小时候总听他念叨，在山上干活很费劲，除了一条经人踩踏出来的羊肠小路，连个避风避雨的窝棚都没有。收获季节更要命，果实只能身背肩扛手提。冬季里打柴总是摔跟头，冻土地坚硬，脚下容易打滑。那片山地是父亲用一己之力一锄一锄开垦出来的，年复一年地栽种下板栗树苗，当初的幼苗现在有碗口粗了。”

“我就想，父亲都70多岁的人了，至今还像个小伙子一样地一门心思干活，起早贪黑的，就是放不下山上他的那些树。不如把紧挨父亲山地的那片山都包下来，好好修条路，打口井，建个水塔，再搭个遮风避雨的窝棚，以后他上山下山省力，管理果树庄稼方便，就计划着实施了。”蔡黑龙说。

蔡黑龙在家里排行老七，1983年出生。现在是秦皇岛地区格力电器总代理。2000年初中毕业后即前往市里投奔姐姐，经介绍在一家电器商店做空调学徒。

学徒期间，蔡黑龙学习维修和安装。两年后到天洋电器商场做销售，六七年间逐步积累了经验和人脉，感觉时机到了，就辞职离开，开始自己创业。他做销售的主业是格力电器，创业也是从格力电器开始。当时的创业启动资金只有自己攒下的20万元，好在格力有青年创业相关扶持政策，起步顺利。当初没有自己的商业门店，主要是给天洋电器商场供货，再后来也有了自己的门店。他说，有了自己的销售门店，就不担心了。

蔡永财说，干好了能带起村里致富，干不好我们还是一样种地。蔡黑龙于2015年发包运作，2016年1月1日正式承包土地，期限40年。根据测绘局测算，山场面积约在200亩左右。开春后雇用钩机开始挖出一条1.3公里的山路，在保护原生态灌木的前提下，栽种下桃树、苹果树、梨树以及少量的板栗和樱桃，同时打一眼深井，建了两座水塔，房、电、水、通信、网络逐步建全。

蔡黑龙说，下一步计划借势搞农家乐，这是在承包山场的同时想到的。拿子峪村很封闭，全市发展长城旅游快20年了，其他许多长城村都逐步发展起来，而拿子峪村始终沉默着。

竭国守夫妻到王各庄村一家苹果园里帮工给苹果套袋（2019 年 5 月 22 日摄）

竭国守的农耕生活

2019 年 5 月 27 日，抚宁区台营镇王各庄村周文华家的苹果园里，竭国守夫妻正在烈日下给苹果套袋。“他家需要帮手，我就在村里联络了几个人。凌晨 4 点半起床喂好牛后，开着三马车就赶到这里。你看，这个村满山满坡的都是苹果树。”竭国守一边说着，手却不停地套袋。

按理说现在是给自家苹果套袋的时候，竭国守却摇头说：“前不久天气不好，家里的五六百棵苹果树都受了影响，当时还开着花呢，没救了，今年是没指望了。所以提前就外出打打短工，能弥补一点损失，前天还在抚宁高速口铺路呢。”

结识竭国守夫妇很偶然，那是 2012 年 5 月 21 日，在青龙满族自治县官场乡头道窝铺村采访时，看见他们夫妻俩正在长城另一侧边上的玉米地里拔草。当时他解释说："我家是台营镇竭家沟村的，这是村里别人家的山地，他不种，我们就来开荒了，我自家的地太少，养牛需要饲料。"

竭国守一家现在并不在竭家沟村里住，而是在山下的青山口村租住。他说一家四口人只有自己有地，老婆和孩子没赶上分地，即使算上后来老婆补分的几分地，加起来也才两亩。"你那年在长城旁拍照时，那是我们在'老边地'自己开荒了不到一亩坡地。开始的两年还能得点玉米，这些年却种啥啥不长，为啥？防不住野鸡、野兔子啊，我们又不能住在那里整天看着，地里不能撒药，野鸡受保护，所以不去那里种地了。"

说起林果树，竭国守来了情绪，他说整个村里都缺水，特别是遇上干旱年份，全村家家都有果树，但是没有水利灌溉系统，直到现在也没有一口机井。

竭国守、张素娥夫妇有两个儿子，大儿子虽说结婚了，但是竭国守两口子也是一

竭国守夫妻俩用三马车把自家的牛粪运上山，给果树施肥（2019 年 4 月 25 日摄）

竭国守家的主要收入来源是养殖肉牛，意味着全身心的投入，丝毫不敢怠慢（2019 年 4 月 25 日摄）

租借的棚房单薄简陋四处漏风，冬冷夏热，为了养牛挣钱，夫妻俩也是拼了（2019 年 4 月 25 日摄）

竭国守、张素娥在"老边地"开荒种下玉米（2012 年 5 月 21 日摄）

养牛需要大量的饲料，自家地少就只能去开荒或者耕种别人家的地（2012 年 5 月 21 日摄）

很难想象，一筐百十斤重的牛粪要背到山上每一棵果树下需要怎样的气力（2019 年 4 月 25 日摄）

言难尽。家里没有钱给儿子盖新房，就一直拖着婚期，家里人拼命挣钱攒钱，直到儿子 27 岁时才办了婚礼。“新房就在我们的老屋里举办，为了好看，我们把老屋粉刷一新，拆掉了东西偏棚，在院子里用钢架和透明瓦搭建了一个巨大的拱棚，请客吃饭就在拱棚下。”竭国守内疚地说。

新婚过后，儿子儿媳双双外出打工去了，一直在秦皇岛市里租住，儿媳是河口村的，“当年因为没有婚房，娘家人很不乐意。”竭国守说。

“我养牛早，现在存栏 7 头。还是 8 年前吧，因为村里实在是缺水，养牛、过日子、干农活儿都不方便，加上小儿子要去青山口村小学上学，我们就搬到山下的青山口村租住别人废弃的杂物房，一年房租 1100 元。这里有房有场地，就在村旁公路边。房子挨着生产队时期的奶牛站。我们借它的山墙搭建了牛棚，住的房子说是窝棚更合适，墙单窗薄，四处漏风，冬天简直能冻死人。”竭国守说，但即使这样，也比在竭家沟生活方便。

竭国守的小儿子如今上中学了，在台营镇住校，每星期回来一次。校车费是 16 块钱，一个月 64 元。伙食费每天 15 块钱。“儿子每周回来都没好脸子给我们，总是埋怨说，自己是全班带零花钱最少的，同学们老是笑话他。你想不到，每周我们只给儿子 4 块零花钱。”竭国守说。

虽说如此忙碌，竭国守一家对生活的体会是刻骨铭心的，对生活的敬畏也是刻骨铭心的。

坐落在长城脚下的城子峪村迎来了长城旅游大开发的好年景（2019 年 9 月 5 日摄）

历经劫难而后生

2019 年 9 月 5 日上午，如约在城子峪山庄见到张会明，实际上结识他有整整十年了，这是一次迟到了许多年的采访，因为不忍碰触他的伤疤。

张会明 1963 年生人，海港区驻操营镇城子峪村人。初中毕业后（16 岁）作为合同制工人在柳江煤矿下煤窑做一线采煤工两年多。

张会明简要地叙述了自己的简历。

1983 年至 1996 年间，张会明一直在刘江华（最早发轫的私企老板）位于长城村的豆岭（自然村）村民组一家工厂制作围棋、象棋，他既是工人也是生产管理人员。

当时的象棋是用曲柳木制作的，不开裂；围棋是玻璃制成，刘江华是豆岭村人。在1993年至1996年间，是这个作坊式工厂围棋生产的鼎盛时期。围棋除了本市、天津、北京等地需求，还要外贸出口。

1997年刘江华在蔡庄买下一座煤矿后，让张会明在此矿担任管理，1998年成为矿长、法人。这座煤矿是1995年投资建设，张会明在矿上主要负责安全生产，拿年薪。1997年至2003年，张会明主持蔡庄煤矿生产。自2003年开始至2013年十年，全国小煤矿整合期间，蔡庄煤矿停止生产。2013年中煤集团收购蔡庄煤矿后，至今没有复产。但是煤矿在，张会明也依旧担任矿长，他和五名工人一起，成为煤矿看守，工资照发。就是说，自那以后，煤矿只允许国有企业经营，不许私营。

小煤矿整合前，全市大约有170多家小煤矿，除了青龙有两家，其余大部分集中在石门寨和驻操营两镇。还是在2008年，时任抚宁县安监局局长卢士林劝说张会明，从今往后私营小煤矿无法继续干了，转行吧；时任驻操营镇书记董立华、镇长杨杰也

在现场接受采访的张会明对未来充满信心（2011年4月21日摄）

城子峪山庄如今天澄水静，一片祥和（2019年9月5日摄）

数百年平静的山村开发注定不会一帆风顺（2010年4月8日摄）

拦河筑坝后的河套蓄水，将长城倒映在水面上（2010年8月17日摄）

雨季山洪暴发，冲毁了山庄的漫水桥和护坝（2012年6月18日摄）

找张会明面谈：董家口有山没水的都能把乡村旅游搞起来，你们城子峪村有山有水有长城的，为什么就不想开发搞搞长城旅游项目呢？

张会明心动了。

张会明最早是计划做四期，2009年开始谋划一期，到2010年春季动工实施，平整河滩两边、清理河滩、河道改造，拦河筑坝蓄水等，张会明说他承包的地是东西两公里的河套，河套两边都是砂石荒地，起始于辽宁界碑处，一直延伸到董家口界桥为止，早在2012年就已完成。

2013年秋季，天不怨人怨，张会明遭遇了平生第一次劫难。当时山庄里有一排客房正在建设中，他雇佣的一位村民看守工地。那天下大雨，工地停工。到了夜里，在庄园工地干活的工头带了几个农民工便到别家鱼塘偷鱼，然而折腾了半天一无所获，就到工房避雨打牌，结果大雨把山墙泡塌了，这些人被砸在下面，被压死5人，3个外村的，2个本村的。

张会明被法院定性为重大责任事故罪，判三年有期徒刑，缓刑两年；民事诉讼这块就是赔偿抚恤金、丧葬费、误工费等300多万元。

张会明说，其实那天一整天都在下雨，工地没法干活就停工了。那位工头也在休息，可是他跑到别处去干零活，晚上召集几个工友想搞几条鱼下酒，知道我的鱼塘里有鱼，就冒雨赶过来，结果就出事了。

“事故发生后，一系列的调查、勘察、取证、官司等整得我焦头烂额，情绪降到了极点，也没心思管工地上的事情。”张会明摇着头说。

后来的两年，即2013年、2014年我这块项目几乎没动，停下来了。2015年驻操营镇划归海港区后，连续两年搞长城旅游开发建设，圈地、植树、修建公路，城子峪村也被划进了旅游圈，我这才有了信心重整旗鼓，接着干。

直到2018年，张会明的二期工程才开始起步，包括鱼塘、房子（农家乐餐饮住宿一体）、泳池，以及河道两岸路基、绿化以及2公里公路。三期准备清理河滩、筑坝，打造一片湿地。但是这一项目海港区水务局还没有批复。他们解释说：这种工程不允许私人搞。

如今，张会明的山庄除了散客，主要是接待周边省市来这一带写生和创作的美院学生。他自嘲地说，慢慢会好起来的，干事情总得往长远看，遇到点事不能就此趴下。

采摘后待售的香菇始终要在 0～2 摄氏度下保鲜，商客上门提货络绎不绝（2015 年 12 月 10 日摄）

两个 70 后的种植梦

下煤矿、学汽修……少年时，他们离开了生养他们的土地，在城市打拼，事业有成；平土地、建大棚……人到中年，他们毅然回到家乡，毫无种田经验的他们，毅然玩起了现代科技农业——

2015 年 12 月 10 日，海港区驻操营镇义院口村。

河套边上一块冲击平地上，几座高规格的暖棚伫立在寒风中，棚内却是一派盎然春意，十多位被雇佣来的“田保姆”正在选摘成熟了的香菇。

“第一批香菇是今年 10 月 15 日开始采摘售卖的，因为是第一茬，质量不是很好，所以价格不高，1200 斤只卖了 2300 多元。但是接下来的香菇市场行情越来越好，价格自然就高了，卖到了 3 元一斤。现在第二批香菇还没有卖完呢。你看，这位小伙子又来进香菇了。”海港区拓新家庭农场场长王学良喜滋滋地说：“现在虽然产量不高，但是我们的香菇已经定点售往海阳蔬菜批发市场和辽宁建昌县养马店子乡的香菇收购市场。”

王学良今年 40 岁，板厂峪村人，16 岁初中毕业后就去城里学习汽车修理，从学徒到厂长，这一干就是 18 年。如今在海港区有了自己的汽车修理厂和营运车辆二次维护站。说到这次合伙建大棚种植香菇，王学良乐了：“其实就是贾文强一个电话，我感觉好像是一直在等这个电话一样，满口答应了。贾文强是我的同学，他说想在村里上香菇种植项目，约我入伙。”

王学良和贾文强从毫无经验到行家里手，得益于两人的坚持与学习（2018 年 3 月 15 日摄）

王素凤和十多名“田保姆”都是地道的农家女，每人每天能采摘 500 斤香菇（2018 年 3 月 15 日摄）

春意盎然的大棚里，朵朵香菇一茬接一茬地生长（2018 年 3 月 15 日摄）

邹香红说，一个菌棒上能结出两斤香菇（2018 年 3 月 15 日摄）

贾文强今年42岁，义院口村人，初中毕业后开始下井干活，从义院口大煤矿到父亲的煤矿，他干了整整12年。2006年煤矿整改后，他前往青龙满族自治县安子岭陡沟金矿干活，期间又承包一家义院口煤矿。2010年在北戴河海滨盖起了属于自己的房子，并做起了宾馆生意。

贾文强说："这事是我在镇政府工作的同学说的，说国家正在扶持香菇种植项目，你有余力，可以试着干干。2015年3月中旬，镇里组织各村有意向的村民前往承德平泉考察。回来后，我几番琢磨，觉得不妨试一试。就联络同学王学良，结果一拍即合。"

自小就是玩伴，如今已到中年的两个汉子，说干就干。2015年3月底，他们在村里考察选址，准备大棚建设的基建材料。4月18日，在村委会协调下与几户村民签订了35亩地15年承包合同，每亩一年承包金1000元。

这之后的日子，义院口村整个河套里沸腾了，挖掘机、装载机、卡车机声隆隆、人来车往，平整土地、起大棚，两个再次创业的汉子干得不亦乐乎。截至6月2日，6个高4米、长130米、宽9米高标准、高规格暖棚拔地而起，每个大棚的种植面积近2亩。紧接着，陆续购进制作菌棒的全套设备：粉碎机、搅拌机、装棒机、封口机、高温消毒锅炉，仅杂木就一次购买了20万元的。6月30日开始生产菌棒，每天5000至6000只，随做随入棚，一刻都不耽误。6个大棚里先后放置了21.5万个菌棒。

"现在粗略算下来，这个项目有国家扶持资金9.6万元，主要用于大棚建设的建筑材料；剩下的大头我们已经投入了150万元。"王学良咂咂嘴说道。对于两个没有种地经验的中年汉子来说，香菇种植需要熟练的技术，而且得是最好的。于是，他俩从辽宁建昌县杨马店子乡高薪请来了技术员。大棚管理雇用了义院口村的12个村民，生产高峰时需要20多人。

站在河套平整的土地上，王学良心情舒畅地说："我们选择紧挨河套的这块洼地，虽然距离河套太近，但采光好、地势开阔，有扩大生产规模的余地。明年准备再建几个大棚。另外，也可以带动附近村庄村民一起干。我们还可以在形成规模后成立合作社，统一收购和销售。产量再大的话，可以做深加工产品，利用互联网销售。"

还是在建设大棚的初期，两位合伙人就同时筹建起216立方米的保鲜库，使采摘后待售的香菇始终能在零至2摄氏度环境下保鲜。

王学良说："我是家里的独子，父母现在年岁大了，需要有人在身边照顾，我出去这么多年了，现在也算是事业有成，选个合适的项目在家附近干，也可以常回家看看他们，尽尽孝道。"

高耸的东崖山下，寄托了夫妻俩致富的梦想（2020 年 5 月 12 日摄）

山民的幸福生活

一

2020 年 5 月 12 日，艳阳天下的抚宁区台营镇扶崖沟村一片葱郁。山野花、梨花、苹果花次第开败后，东崖山上的山楂花毫无顾忌地盛开起来。贾玉刚、谢占玲夫妻二人驾驶的三马车轰鸣着，沿着狭窄、颠簸、蜿蜒的山道一直向山上蠕行约一公里，来到村民们俗称为东崖山旁一个突出的山脊上，脚下就是夫妻二人多年来付出艰苦和心血的山楂园，他们要给自己家的山楂树修枝。

贾玉刚在承包这片荒山后，第一个想到的就是解决果树浇水难题，因为这里山地自然条件很差，没有水源，附近也没有机井，等靠老天下雨不行。拓荒初期就在山脊上自建了一个不大的水窖，用大功率水泵从村中的大口井抽水上山，费时费力费钱。

后来购买了 1 万米黑色胶皮水管埋设在树下，采用滴灌，并紧挨着水窖建了一块水泥抹的面积约 10 平方米的凹形积雨面，水窖下有一根水管从上而下自流。贾玉刚说使用滴灌浇树后，人力物力成本降低不少，但是幼树每年管理要花费很多精力。

30 亩山坡梯田栽种的山楂树花开得正浓。贾玉刚说，山楂树一般不梳花，而是修枝。山楂树的枝头上花骨朵多，都在七八个甚至更多，为了保证山楂果的质量，要剪去那些争抢营养的枝头。山楂果型小，一个枝头结果又很多，在花季里，它们开花有先有后，先开花的生长期长养分足，而后开花的生长期短养分少结果就小，所以修剪时要把后开花的枝头剪去。

“当年承包荒山开垦出 30 亩山地栽种山楂树，就没想着买家苗，而是从山野里刨挖野山楂树苗。只有 10 公分高的幼苗栽在山上要精心管理，等到生长两三年时才需要嫁接。你看这些树都不大，其实许多树都有五六年的树龄了。这两年结果少，因为还没有到盛果期，去年只收获了 2000 斤，这样的山楂果型大、圆润好吃。另外我家的山楂都是人工采摘下来的，而不是用杆子打下来的，基本上没有外伤，这样的山楂走商品路线才好卖。”贾玉刚很满意自己的思路。

到了给果树施肥的时候，夫妻俩人力不够，就专门雇人，将成吨的农家肥一车一车运上山，再用挑担送到树下。他说都是自家的猪粪，有机肥能让果树无公害成长，吃着放心。

两场春雨过后，漫山遍野的野草疯长，每一棵山楂树下都密布着各种野草。谢占玲一边拔草一边说：“这些拉拉草过些时日就要专门去除，不然它长大了就会缠上树，不但影响果树的光合作用，还会抢养分，果树会死的。到时候就要上割草机，割下的杂草留在树下做肥料，一举两得。”

“现在都讲科学种植，除草是一方面，还要杀虫呢，我们不使用杀虫剂。那边是一盏太阳能杀虫灯，昨天才安装在果园里。你看已经有不少飞虫钻进网子里了，只是没死，可能电量还没充足。”贾玉刚很兴奋地说。

站在山脊上举目望去，村庄就在脚下，成片的红钢瓦屋顶被绿色环抱，很鲜艳。“我们这里山陡坡大，还尽是石头，当年劈山开路时费了不少功夫。我想，现在政策好，村子里又有的是山场，趁着我们还年轻有力气，守在村庄里也一样能致富。”贾玉刚信心满满。人到中年的贾玉刚，一直没有停止思索如何利用现有的自然资源和日新月异的信息源，并付诸行动去挣钱。

二

“去年囤储的 10 万斤苹果都出手了，6 万斤红梨也被一位客商都包了，他陆续拉走了4万斤。只是后来冬季市场上各种梨都不好卖，剩下的2万斤也没了下文，说白了就是毁约。至今剩下的2万斤红梨还在冷库存放着没有销路。”贾玉刚苦笑着说。

挣钱不能等！贾玉刚自家的林果树并不多，多年以来却一直在做水果冬储。去年他收购冬储红梨6万斤、富士苹果10万斤，把在村里租赁的冷库都堆满了，为的就是错季挣钱。他说这几年想自建一个冷库，但是手续一直批不下来。

贾玉刚说现在信息太发达了，过去的老套路不行了，观念要变，思路要跟上，还要不断学习线上线下的营销。我们村是个林果村，村委也一直很重视林果业的发展，只是村庄距离大公路太远了，到镇政府都有15公里。

贾玉刚很聪敏，始终关注市场行情，去年在市场看好的形势下出栏140头成猪，每斤平均17元；后期眼看着市场行情有下落的趋势，审时度势地果断收手，避免自

现代科技林业辅助技术为果农提供了质量和产量的保障（2020年5月12日摄）

在院子里盖楼养猪、在荒山上开垦种果树，夫妻俩累并快乐着（2015年4月17日摄）

贾玉刚的精明在于他时时把握天时地利，收购并冬储的水果总能出奇制胜地赚钱（2019年12月11日摄）

现代科技林业辅助技术为果农提供了质量和产量的保障（2020年5月12日摄）

作为村里的文艺骨干，谢占玲载歌载舞录制视频，教授村民学习广场舞（2019年12月11日摄）

在猪市低迷的2018年，凭着夫妻俩的坚守挣到了“运气钱”（2019年12月11日摄）

追求幸福的贾玉刚夫妻俩感觉家乡处处都美（2020年5月12日摄）

己损失，现在家里还存栏着 110 头成猪。

记者曾于 2019 年 12 月 11 日如约来到扶崖沟村采访。贾玉刚和妻子谢占玲正在两层楼的猪舍里忙碌，他们是给存栏的 70 多口猪注射（猪瘟）疫苗。贾玉刚说，自从发生非洲猪瘟疫情以来，但凡是养猪户都减少了自家的存栏数，尽力降低市场风险，我们也不例外。

贾玉刚回忆，从 2019 年 5 月末 6 月初开始，猪肉价格上涨，到 9 月底开始暴涨。其实毛猪价格从正月里就已经开始呈上升趋势。虽然受疫情（东北猪瘟）影响，但贾玉刚的育肥猪从春到现在已经出栏卖出 110 多口。“去年人家赔钱，我家挣钱，这都是运气好！”贾玉刚有点不好意思地笑了。

擅长养猪的贾玉刚家这些年也因为市场形势严峻，改变了养殖思路，变繁育养殖为育肥养殖，这样周期短，一般 6 至 7 个月就能卖了，价格随行就市，尤其 2019 年受东北的猪瘟影响，价格低到崩溃，但还是能挣点，不至于赔得精光。

贾玉刚说：“在村里土地流转费劲，因为没有地方，养猪规模始终上不来。”当年，为了扩大养殖规模，贾玉刚用自家分散的耕地置换了家门口的邻家地，盖起了二层楼猪舍和几个养殖棚，一时成为村里村外一大奇闻。家里已经没有耕地可种，仅有的几分地种点时令蔬菜留作自家吃用。

贾玉刚是一位精明能干且热情似火的中年农民，38 岁时，他敏锐地感觉到养殖业的乏力，遂在村里承包了 30 多亩山场，栽种下 1000 多棵山楂树苗和少量的核桃、板栗树苗。精心养猪的同时把重点转移到果树管理上。2019 年的山楂价格很好，但是因为是刚挂果的幼树，只收了 700 斤；今年达到 2000 斤，这让已经 45 岁的贾玉刚看到了希望，证明当初的决定是正确的。

贾玉刚说，感觉就这两年挣到钱了，一年四季里夫妻俩忙得团团转。谢占玲说家里就两个女儿还都在上学，家里的活计指望不上她们。大女儿贾婷婷正在读幼师大专，现在天津实习。她曾说，等毕业了考教师证，这样好找工作。小女儿贾欣欣刚上初二，还没有想法。

贾玉刚说：“这几年政府狠抓环境污染，山村也不例外。我少量地养猪，猪粪可以用到果树，省钱还绿色。”他郑重其事地说，等到条件允许时，要在村里办个家庭农场，扩大养殖规模，同时发展品牌农业，种养结合，走绿色农业道路。

今年 3 月 4 日，贾玉刚、谢占玲注册了一个工商执照——抚宁区台营镇玲姐水果种植园，就是为转型做好准备，建设和发展绿色生态园。

修复长城，机械无从谈起，全凭手工作业（2002 年 3 月摄）

往事不堪回首

写董家口村的人和事，陈彦民是个绕不过去的人物。早就想写写陈彦民，却因为年代已久，加之他有一段不堪回首的往事与经历，多年以来每逢见到他或是在他家做客吃农家饭总是欲言又止，也曾试探着把话题往上靠，他却总是黑着脸回避，答非所问。

董家口村开发长城旅游和农家乐至今已经 18 个年头，从一个偏僻默默无闻的小山村到我市乃至周边的辽宁省、京津两个直辖市逢游必选的胜地之一，除了古长城，董家口村的烤全羊闻名遐迩，有口皆碑。作为董家口长城开发的发起者、领导者、实施者，董家口村的旅游经济发展到今天的规模，时任村书记的陈彦民理当特写一笔，遗憾的是就在 2002 年到 2003 年董家口长城旅游如火如荼的巅峰时刻，他却从一时的风云人物跌落下来……

2016年4月5日采访。

如今的陈彦民早已由一个纯农民变成了“非农”，从2002年起到2010年，陈彦民一家逐步搞起了自己的农家乐饭店，拥有7个客房，200平方米的餐厅，还推出了自己的烤全羊品牌。2016年董家口村划入海港区后，环长城旅游路修建到家门口，大部分农地也承包给了政府，一家人的主要经济来源都依靠着农家饭庄，因此生意好坏直接影响他一家的日常生活。

说起闻名的烤全羊，陈彦民说是自己率先搞起来的。这之前山里人谁也没有接触过，他自己其实压根就没学过。当时董家口旅游开发开展得红红火火的，有一次市林业局的几位客人在爬完长城后感觉到累了，大家商议在他家住下，并询问他能不能做烤羊肉？这无疑就给了陈彦民一个提醒，也是一次不容错过的机会。他说虽然没学过，但是从电视上见过怎样烤，一家人现学现卖就比画着试着烤了。

他说当时的烤炉其实就是个篦子，也没有盖子。当年不知道使用排刷，而是用棉花代替，蘸着清油往羊肉上刷。归根结底，董家口村的烤全羊一开始是自创的。后来村民意识到这是个来钱的道，纷纷前往承德学习烤全羊的手艺。2002年当年，全村首开农家乐的只有9家，现在发展到20多家，家家的农家乐主打品牌就是烤全羊。

陈彦民说在村子里开农家乐也要看天时地利人和，合适了才能开，仅老陈家就有四家开饭店。董家口村烤全羊现在很出名了，但是这个村并不饲养所需的羊，都是进羊，一年下来有上万只羊。那些没有开办农家乐的村民依靠农家乐的产业链，做其他的工作，比如，屠宰、帮厨、饭店服务、向导、卖土特产以及矿泉水和饮料等，也都能提高收入。村里各个饭庄的烤羊能手不只限于在村子里，还接外活，带着烤羊器具驾车到客户家去烤呢！

2020年4月26日下午采访。

因为疫情的影响，董家口村的农家饭庄陷入沉寂。陈彦民独自一人在饭店闲待着，于是沏一壶白茶，两人面对面地坐在麻将桌前，老话重提，陈彦民憨笑着问：“从头说起？”“对，从头说！”

1986年，在河北定州当兵四年的陈彦民从部队复员回村，1987年担任村支委和会计。陈彦民自1995年至2003年9月29日期间担任董家口村党支部书记，期间的2002年，因为亲自主持董家口村长城旅游开发，受到全体村民拥护，遂由全体村民直选又兼任村主任，他成为当时一个普通的行政村极少见的书记主任一肩挑的个案。

扒房拆墙下来的城砖准备运上山（2002 年 4 月摄）

长城砖垒砌的棚舍边拆边砌（2002 年 4 月摄）

陈彦民（右四）陪同市委领导查看清理后的孙家楼及复原的功德碑（2002 年 5 月摄）

陈氏曾经是董家口村一大家族，位于破城子自然村的陈家大院早已破败（2016 年 9 月 24 日摄）

村民们正在修复城墙（2002 年 3 月摄）

1995 年，市商贸局工作组进驻董家口村帮扶整整半年，在和工作队成员一起工作的日子里，当兵复员回来还不熟悉农村工作的陈彦民对农村工作逐渐有了一定的认识和能力，也启发了他在以后工作中的思路。

董家口村拥有 18000 亩山场，林木资源丰富。大包干后，山场被分包给了每户村民，一是作为村民生活用的柴山，二是福利。灌木归个人，松树是国家的，属于生态林，没有许可的砍伐违法，是要依法追究的。

那些年柳江煤矿一带的个体小煤窑非常多，哪个小煤矿都需要大量用油松加工的矿柱，这就在村子里催生出一个营生：伐树卖钱。陈彦民说，那时候一台三马车几个村夫，都是利用夜间在山场偷采乱砍油松，层出不穷频繁地毁林，根本阻止不过来，当时因为受山场自然地理环境限制，不可能做到每天巡山。

陈彦民在村子里建有一个木头加工作坊，有一项为出口加工板材的生意。1997 年时，加工厂做多层片，用于原纸的包装，后来改为做木片，用于打纸浆。那时候进厂的木料都是去皮的硬杂木和阔叶林木，他说为了保护山林资源不受破坏，凡是本村村民送来的木头一概不收。加工好的木片运送至山海关船厂，通过码头出口到日本做纸浆。木材加工厂虽然不大，但是在厂子里打工的村民就有十几位，陈彦民说也是帮助他们挣点钱。

那几年，陈彦民开着自己的大货车，往返于京沈高速。听闻眼见山海关角山长城旅游搞得风生水起异常红火，他开始思考：角山长城可以发展旅游，那么我们董家口村守着现成的长城是不是也可以按照这个模式发展乡村旅游？

1999年秋冬季的一天，一行记者慕名来到董家口村游览长城，后在陈彦民家用餐，席间记者们对长城旅游开发畅所欲言，为陈彦民依托长城搞开发带领村民致富出主意想办法，帮助他拓宽思路。从此他对农村发展旅游有了一定认识，萌生了依靠本村长城优势发展旅游的念头，但是一没经验二没资金，无从下手。

2002年春，董家口村“长城”后裔自发集资拆墙扒房修长城、办旅游的举动，一时间不仅让省市媒体聚焦董家口村，更引起中央几大媒体的关注。短短的两个月之后，董家口村长城旅游和农家乐饭庄异常火爆，游人如织，也引来了承包商……然而仅仅一年半时间，陈彦民就从村书记和村主任位置上退了下来。

20世纪90年代末，为了修建通村公路、建村小学、桥及闭路电视，村里向抚宁县林业局申请放树，总计三次。以树换钱搞建设。结果，放树超出了申请的立方量，仅此一条，陈彦民在2003年秋被判三缓四，这之前他已经在看守所待了10个月（不算在刑期内）。刑期满后又给了留党察看一年。如此整整6年过去了。

2012年又被村民选举为村民委员会主任，但干了一届，就再也不愿意干了。“在村里搞旅游尽心竭力，原本想着带领村民致富，欠了不少人情，啥也没落着，最后只剩下了朋友。”陈彦民伤感地说。

末了，他补充的一句话让我一时无语：“所谓全体村民集资10万元修复长城其实就是一个美丽的谎言，实际是我从山海关一位朋友那里借款30万元，用于村民拆房搬砖垒长城。不久这一项目被两家公司承包，那30万元借款直到我刑期结束才还清。”陈彦民狡黠地一笑。

几近波折又大起大落的方立平，终于在长城脚下站稳了致富脚跟（2016 年 5 月 16 日摄）

一位有思想的山民

“以鸡养树，以树育人。”这句言简意赅的话出自一位只有初中文化的山民之口，你信吗？黝黑帅气的中年汉子方立平在简述了自己的成长故事后，我信了。

2016 年 5 月 17 日，站在长城上，头顶是湛蓝的天空，脚下葱绿一片，微风中时断时续地传来铁器碰撞声，寻声望去，山坳里的梯田上，一位农民正低头缓慢地移动着。下了城墙走近询问得知，他叫方立平，青龙满族自治县隔河头镇罗汉洞村民，此时正在为嫁接后的板栗树除草。

“这里如果开发长城旅游，我就在这块 1000 多平方米的平台上建一个农家乐，再把附近几个山头也包下来，散养上几千只溜达鸡。”方立平似乎已经看见了美好远景。这个初中毕业就回村务农的年轻人，一路走来并不顺利。不甘于被动种地的他，曾经养过牛、羊、猪，但均以失败告终。仅 2011 年至 2013 年，他在养殖上就投入了 26 万

三马车、草棚、午餐，方立平一天的农活从这块台地开始（2016 年 5 月 19 日摄）

方立平在山上用玉米秸秆搭一个窝棚，中午可以在里面吃饭、休息（2016 年 5 月 19 日摄）

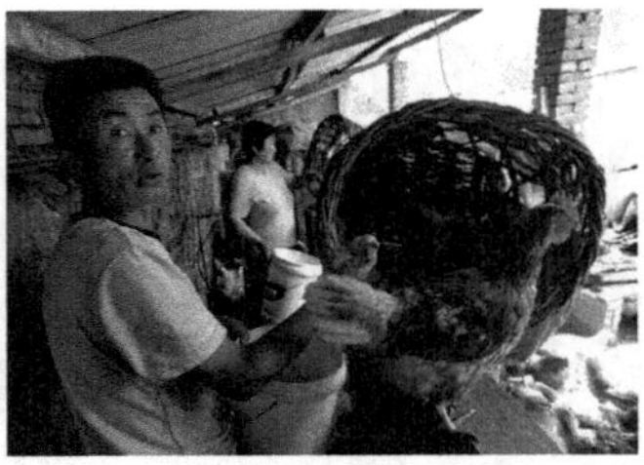

院子里散养的溜达鸡，每天收蛋 50 斤，2 至 4 天就要运走一批（2016 年 5 月 19 日摄）

懂事的两个儿子放学回家要去鸡窝捡拾鸡蛋（2016 年 8 月 25 日摄）

凌乱的农家院，却是一家人走上致富路的起点（2016 年 5 月 19 日摄）

元，却赔了十几万元，拉了好多饥荒，那多半钱可都是借的！2012 年，眼看市场形势不好，方立平就开始琢磨着包山造林，种板栗。“你看这三座山估计有 150 亩，我花了十多万上钩机开荒，栽种了 3000 棵板栗树苗，并套种了草药黄芩。今年春天树苗都已经嫁接完，黄芩的三年种植周期也已到，可以收获了。再有两年，这些板栗也到了盛果期，一年怎么也能有一万斤收成。”努力劳动的日子承载着方立平的生活希望。

方立平的家当不止这些。他还拥有三个苹果园，分散在三座山上，此时花期刚过不久，妻子刘晓杰正在进行疏果。“700 棵富士苹果树从去年开始都到了盛果期，即使市场价那么低，我家也卖了 7 万元呢！”刘晓杰自豪地说。

那几年，方立平的养殖处于低迷期，苹果树只有到了秋天才能见着钱，家里家外的日常开销主要依靠 500 只蛋鸡产蛋的收入。“那几年眼看着牛羊猪养殖走下坡路，情急之下我马上进了蛋鸡，两个月后就开始产蛋，这隔三岔五的活钱救了我。”方立平回忆那段往事还心有余悸。

12 年来，为了掌握好果树管理技能，方立平订阅了《河北科技报》，从中了解学习最新的果树管理知识，在这个过程中，他的苹果园也由一个变成了三个。方立平说：“我家三个孩子，两个小子还在读小学，大女儿今年中考，学习很优秀。我希望她能上大学，也为两个弟弟做个好榜样。”

至今，方立平一家仍然住在木格窗户的老房子里，他没有闲钱翻建，也没有时间。夫妻俩一门心思干活挣钱，只为了三个儿女有一个美好未来。对于他们，一年只有农忙，没有农闲。

后　记

《长城下的农耕者》能够结集成书，始于 7 年前的一次对一个长城村落的重要回访，那次采访后，我决定将自己对秦皇岛域内长城沿线村落采访重点放在对几十个长城村农耕者的回访与田野调查上。在此之前，我作为秦皇岛日报社摄影记者，已有对秦皇岛区域长城沿线几十个村落十几年的采访积累。

这是 2014 年春夏之交，几天里，我只为一件事奔忙，回到曾经“驻访帮解”两个月的贫困长城村卢龙县燕河营镇上兴隆庄村，寻访 10 年前采访过的 8 位少年。时隔整整 10 年，我渴望知道他们的生活如何变化、人生如何走向。10 年，8 位少年在艰难家境中，在父母要让孩子读书的信念里，有的一路求学读到研究生，有的最终因家庭贫困终止学业，但每一个孩子都在逆境中坚韧地向阳而生。

正是这一次跨越 10 年的长城村回访，开启了我对长城沿线几十个村落十几年采访人物的回访之路。

在新闻摄影的路上结缘长城村，源于生长于城市的我对农村的认知曾经是一张白纸，仅在小学时到城郊农场参加过几次学农劳动。草原白云、阳光麦浪、山峦树林、农田溪水、村舍炊烟，还是早年通过学校组织观看新闻纪录片和电影停留在脑海里的美好观感。做记者 20 多年，钟情于农村题材的广阔天地，目的只有一个，就是认识农业、农村、农民。

秦皇岛市域面积 7802 平方公里，横亘燕山东脉的 223.1 公里明长城贯穿秦皇岛东西全境，经过 18 个乡镇 85 个村。以长城为坐标，以长城村为范围，以长城村的人与事为寻访采写重点，是我 20 多年记者生涯里每每记挂于心的主要工作。

对长城村的感性认识始于 2002 年冬春的董家口长城保护开发。董家口村是一个长城村落，依托古老的长城发展乡村旅游，是当地群众文化意识的觉醒，是贫困山区百姓脱贫致富的期盼……这年连续三个月，每隔几天我就要去一趟董家口长城，亲眼见证了这个长城村、这里父老乡亲誓让脱贫致富梦想变成现实的苦苦努力。从这一年的五一开始，董家口长城旅游至今已走过 20 个年头。20 年，我用镜头记录了董家口村父老乡亲努力奔走在脱贫致富路上的每一个足迹，记录了他们在乡村振兴的路上越走越幸福的一个个温暖的瞬间。

给了我一次宝贵的沉浸式深入长城村机遇的，是 2003 年、2004 年，秦皇岛市在全市 2282 个村全面开展“驻千村、访万户、帮民富、解民忧，推进农村小康建设”行动，我作为秦皇岛日报社第二批驻村工作队队员之一，被派驻到卢龙县燕河营镇上兴隆庄村。两个月，我与村民同吃同住同行，8 位少年的故事就是在此时先后进入我的采访视线。和他们深谈后深感农村教育喜忧参半，农村学生求学不易。10 年后，我再次来到上兴隆庄村，一一了解昔日 8 名孩子 10 年间的成长经历以及家庭环境对他们人生走向的影响，更加深切地感受到阻断贫困的代际传递，根本在教育；乡村振兴的后劲，根本也在教育。

我用镜头记录长城下农耕者故事的 20 年，正是中国农村快速改革发展的 20 年，脱贫攻坚、乡村振兴，在长城沿线的每一个小山村，都激荡起一波波誓要摘掉穷帽子、不要再过苦日子的奋斗热浪。但同样是农村，因长城沿险峻山势而筑，长城沿线村庄多为山区，山区与平原的农耕生活差距很大，不仅耕地面积小且可拓荒山坡地更是有限。山区的土壤薄砾石多，水源紧张，靠山吃饭，石缝刨食，都需要付出数倍于平原农事的体力、精力。比起平原，山区交通不便、信息不畅、教育滞后、生产和生活更加艰辛，农业经济发展更加缓慢，也由此决定了山区摆脱贫困、实现振兴更加任重道远。

用新闻记者的镜头视角，我想向大家呈现的是万里长城秦皇岛段的长城村落，这里的父老乡亲爱国爱家不懈追求美好生活的故事，让大家和我一起听见脱贫攻坚、乡村振兴在长城村落里铿锵有力的阵阵回响，一如中国故事大海中的一滴，闪耀着特别的光芒。

《长城下的农耕者》成书之际，我要感谢秦皇岛日报社原总编辑李春泽和燕山大学出版社社长陈玉为本书撰写序言，感谢我的同事常虹为书稿几度正字酌句。

2021 年 12 月 6 日于浙江义乌